MALHERBE

POINTS OBSCURS ET NOUVEAUX

DE

SA VIE NORMANDE

PAR

L'abbé V. BOURRIENNE

PROFESSEUR D'HISTOIRE AU COLLÈGE SAINTE-MARIE DE CAEN

MEMBRE DE LA SOCIÉTÉ DES ANTIQUAIRES DE NORMANDIE

Portrait d'après un tableau du temps

PARIS

ALPHONSE PICARD ET FILS, ÉDITEURS

Libraires des Archives nationales

et de la Société d'Histoire contemporaine

82, RUE BONAPARTE, 82

1895

MALHERBE

POINTS OBSCURS ET NOUVEAUX

DE

SA VIE NORMANDE

Phototype de M. P. Desmarez.

Photocollographie J. Royer, Nancy.

REPRODUCTION

D'UN

PORTRAIT DE MALHERBE

Ce portrait de Malherbe, provenant des legs de M. P.-A. Lair, se trouve au Musée de Caen. Il est rangé dans le *Catalogue des tableaux* (1891), p. 115, sous ce titre :

> « *342. — Malherbe (portrait du poète) avec son écusson.*
> *Haut. 0ᵐ51ᶜ. — Larg. 0ᵐ63ᶜ.* »

Figure, demi-nature; toile; en buste; de face; cheveux et barbe hirsutes; pourpoint noir; large col blanc légèrement rabattu.

A gauche, en haut, les armes du poète : d'argent, à six roses de gueules, 3, 2 et 1, semées d'hermines sans nombre.

Derrière la toile, on lit :

FRANÇOIS DE MALHERBE
GENTILHOMME ORD.
DE LA CHAMBRE DU ROI.

Et au-dessous, l'inscription latine suivante de J.-B. Reboul :

SIC ORA GESSIT AMOR CHORI PARNASSI
MALHERBA QUI NOVUM DECUS
NOVOS LEPORES PATRIÆ LINGUÆ ATTULIT
ET GALLICAM POETICEN
GRÆCA EXPOLIVIT AC LATINA PUMICE
NOVAMQUE PRORSUS CONDIDIT.

Ce tableau, parfaitement inconnu des biographes de Malherbe, pourrait bien être l'original du premier portrait du poète fait, en 1607, par D. Dumonstier. L'artiste a fait œuvre de puissant réalisme. Malherbe est dans la force de l'âge et donne l'impression d'un caractère peu sociable. Sa mise, le col qui remplace la fraise, les cheveux en broussaille, la barbe laissée hirsute en collier au lieu d'être allongée en pointe, dénotent le provincial encore rude que deux ans de séjour à la cour n'ont pas entièrement dégrossi. C'est bien là le type dont Dumonstier eut à fixer la ressemblance, et il le peignit sans le flatter. — Au contraire, dans le second portrait fait en 1628 par le même D. Dumonstier (Voir *Collection de M. L. Lalanne*), le poète porte bien 70 ans et même davantage : les cheveux et la barbe sont blancs; le crâne découvert; la figure et le nez amaigris; les muscles du front saillants sous la peau ridée. C'est un vieillard, et l'identification s'impose uniquement avec le second portrait, et non avec le premier, celui de 1607.

MALHERBE

POINTS OBSCURS ET NOUVEAUX

DE

SA VIE NORMANDE

PAR

L'abbé V. BOURRIENNE,

PROFESSEUR D'HISTOIRE AU COLLÈGE SAINTE-MARIE DE CAEN,

MEMBRE DE LA SOCIÉTÉ DES ANTIQUAIRES DE NORMANDIE

Portrait d'après un tableau du temps

PARIS

ALPHONSE PICARD ET FILS, ÉDITEURS

Libraires des Archives nationales
et de la Société d'Histoire contemporaine

82, RUE BONAPARTE, 82

—

1895

« Le siècle connoît mon nom, et le
connoît pour un de ceux qui y ont quelque relief par-dessus le commun. Et
néanmoins ne sais-je pas qu'il y a de
certains chats-huants à qui ma lumière
donne des inquiétudes, et qui, se trouvant en des lieux où la foiblesse de ceux
qui les écoutent leur laisse tenir le haut
du pavé, font, avec je ne sais quelles
froides grimaces, tous leurs efforts pour
m'ôter ce qu'il y a si longtemps que la
voix publique m'a donné? »

(Lettre de Malherbe à Balzac).

INTRODUCTION

« Malherbe n'est plus à la mode, à ce que l'on prétend ; mais
il a fait quelques strophes qui sont restées classiques : je conviens
qu'elles datent seulement de deux siècles et demi. On dure ce
que l'on peut. »

Que M. le vicomte H. de Bornier nous pardonne de ne pas entièrement partager cette opinion émise par lui dans son discours de
réception à l'Académie française (1). « On dure ce que l'on peut » :
sans doute que Malherbe pouvait beaucoup ; car il n'a pas cessé
de durer, et il durera longtemps encore, si, comme nous aimons
à le croire, les siècles à venir ont à cœur de ne pas faire mentir le
poète qui, un jour, fut assez osé pour dire :

« Ce que Malherbe écrit dure éternellement. »

Sans préjuger l'avenir, nous pouvons présentement affirmer
que Malherbe est de plus en plus à la mode. Depuis cinquante ans
et plus, il est souvent parlé de lui dans le monde des savants.
Après les articles de critique et les travaux si consciencieux de
M. Roux-Alphéran (2), de MM. Trébutien, Alph. Le Flaguais,
G. Mancel et Ph. de Chennevières (3), de M. Fr. de Gournay (4),
de Sainte-Beuve (5), et surtout de M. Ludovic Lalanne (6), il sem-

(1) Jeudi 25 mai 1893.
(2) *Recherches biographiques sur Malherbe et sur sa famille* (Mémoires de
l'Académie des Sciences, Agriculture, Arts et Belles-Lettres d'Aix, t. iv, 1840).
(3) *Instruction de Malherbe à son fils*, avec une *Appréciation* de M. G. Mancel, et une *Introduction* par M. Ph. de Chennevières (1844-1846). — *Lettres
inédites de Malherbe*, mises en ordre par G. Mancel (1852).
(4) *Malherbe : Recherches sur sa vie et critique de ses œuvres* (Mémoires de
l'Académie des Sciences, Arts, et Belles-Lettres de Caen (1852).
(5) *Malherbe* (Revue Européenne, 15 mars 1859). — *Nouveaux Lundis*, (t. xiii,
1870, p. 356-424).
(6) *Les grands Écrivains de la France : œuvres de Malherbe*, 5 vol. (1862).

— 4 —

blait qu'il n'y avait plus rien à dire sur notre vieux poète; et voici
que, depuis douze ans, tout le monde s'en occupe. On dirait que
les érudits se sont entendus pour lui élever, chacun dans son
genre, un monument nouveau.

En 1882, M. J. Carlez pose la première pierre (1). En 1888,
M. E. Roy publie une *pièce inédite de Malherbe;* M. Armand Gasté
continue en 1890 et nous donne sa remarquable brochure sur *la
Jeunesse de Malherbe.* En 1891, M. le comte Auguste de Blangy
tire à quelques exemplaires, aussi rares que soignés, *la maison
de Malherbe à Caen.* Toujours en 1891, Malherbe est étudié, à
divers points de vue, par MM. N. Weiss (2), F. Brunot (3), G.
Allais (4). En 1892, M. M. Souriau publie *la Versification de
Malherbe* (5); M. Ch. Dejob, *l'Antipathie contre Malherbe* (6);
M. Brunetière, *La Réforme de Malherbe et l'évolution des genres* (7);
M. L. Arnould, *Un Reporter au XVIIᵉ siècle; anecdotes inédites de
Racan sur Malherbe* (8), article complété, en 1893, par une bro-
chure avec ce titre : *Anecdotes inédites sur Malherbe.*

Ce sont là les pierres de taille du monument éternellement
durable que notre fin de siècle a voulu élever à la gloire de
Malherbe.

Nous aussi, nous avons apporté notre modeste pierre, espérant
que l'élite des savants ne la traitera pas de *moilon* (9), comme
jadis l'impitoyable réformateur le faisait des vers de Ronsard et
de Desportes.

Mais, nous nous empressons de le déclarer, nous n'avons nulle-

(1) *Malherbe et les musiciens* (Mémoires de l'Académie de Caen, (1882).

(2) *La Religion du poète Malherbe* (Bulletin de la Société de l'Histoire du
Protestantisme, t. XL).

(3) *La Doctrine de Malherbe.*

(4) *Malherbe et la poésie française à la fin du XVIᵉ siècle (1585-1600).*

(5) *Bulletin de la Faculté des Lettres de Poitiers* (mars-décembre 1892).

(6) *Revue Internationale de l'enseignement* (15 mai 1892).

(7) *Revue des Deux-Mondes* (1ᵉʳ décembre 1892).

(8) *Revue bleue* (3 décembre 1892).

(9) « Il mettoit à la marge de tout ce qui ne luy plaisoit pas dans Ronsard,
Moilon, Moilon; comme s'il eust voulu dire, que ces endroits là ressembloient
au moilon, dont on ne se sert, dans les bastimens, que pour remplir les fonde-
mens, et pour faire des murs; au lieu que la pierre de taille est ce qui les
rend solides et beaux. » (*Anecdotes inédites sur Malherbe,* 3ᵐᵉ anecdote, par
M. L. Arnould, p. 36).

ment la prétention de dire le dernier mot sur la vie normande de Malherbe; nous sommes simplement arrivé, après de longues et laborieuses recherches, à éclaircir quelques points obscurs de cette vie, à en découvrir de nouveaux ; et il serait vraiment regrettable que le monde des érudits ignorât plus longtemps ces détails, mal connus ou encore cachés, de l'existence de notre poète.

La suite de cette publication dira à quelles sources nous avons puisé les documents qui nous ont servi à la faire.

CHAPITRE PREMIER

NOBLESSE D'ANCIENNE RACE DU POÈTE

L'*Instruction de Malherbe à son fils Marc-Antoine* (1) sur sa parenté et l'état de ses biens, tant en Normandie qu'en Provence, débute par ces lignes :

« Il y a d'autres que nous qui portent le nom de Malherbe en Normandie, mais à la distinction de ceux-là nous nous appelons Malherbe de Saint-Agnan.

« La terre de Saint-Agnan, à cinq lieues de Caen, du côté du Bocage, n'est plus aujourd'hui à notre maison, quoique toujours elle s'appelle Saint-Agnan-le-Malherbe. Elle fut vendue par l'un de nos prédécesseurs pour le voyage de la Terre-Sainte.

« Plusieurs autres terres portent encore le nom de notre maison, comme Neuilly-le-Malherbe (2) et autres, et toutefois ne sont plus à nous; les unes ayant été aumônées aux églises, comme Bléville, par Fouques Malherbe, à l'abbaye de Caen, comme il se voit par la fondation; les autres vendues, et les autres, par mariages, passées en maisons étrangères, comme celle de Jouy, en Picardie, fut par une fille de notre maison, avec plusieurs autres, emportée en la maison de Pellevé, où elle est encore aujourd'hui.

« En la chronique de Normandie, il y a un chapitre exprès des

(1) Cette pièce, de très-haute valeur, a été publiée, pour la première fois en son entier, d'après le manuscrit de la Bibliothèque d'Aix, par MM. Alph. Le Flaguais et Trébutien, avec une *Appréciation* signée G. M., 12 août 1846, et une *Introduction* par M. Ph. de Chennevières (Aix, février 1844).

(2) Neuilly-le-Malherbe, comme Saint-Aignan-le-Malherbe, dans l'arrondissement de Caen.

seigneurs, princes, chevaliers et barons qui accompagnèrent le duc Guillaume à la conquête d'Angleterre, entre lesquels est la Haye-Malherbe, d'où nous sommes sortis, lequel étoit baron de la Haye en Cotentin ; et parce que l'on pourroit dire que ce pouvoit être de l'autre race des Malherbes que l'on appelle Malherbe de la Meauffe, cela se résout pour nous, parce que le duc Guillaume, ayant fait peindre toutes les armoiries des maisons illustres qui l'avoient suivi au voyage d'Angleterre, les nôtres se trouvent en ce nombre tant en une salle de l'abbaye de Saint-Etienne de Caen, qui est de sa fondation, qu'en une de l'abbaye de Saint-Michel au rivage de la mer, en la Basse-Normandie. Nos armoiries sont d'argent à six roses de gueules et des hermines de sable sans nombre.

« Il se trouve force documents de notre maison en la Chambre des Comptes, et en celle de Rouen, en plusieurs fondations d'églises, et ailleurs en beaucoup de maisons nobles avec lesquelles nous avons eu alliance par le passé, comme de Nocy, Pellevé, Tesson et autres.....

« Mon grand-père étoit cadet de sa maison. Son aîné étoit seigneur de Mondreville (1), Merville et plusieurs autres terres.

« Ma grand'mère étoit de la maison d'Elbeuf (2). »

Quelques érudits de nos jours, ne pouvant, faute de preuves, s'expliquer l'empressement que Malherbe a mis dans cette Instruction et dans plusieurs de ses lettres (3) à affirmer sa noblesse d'ancienne race, ajoutent peu de foi à ses assertions, mais ne vont pas jusqu'à dire avec le poète satirique Berthelot, dans sa parodie d'une chanson de Malherbe :

> Vanter en tout endroit sa race
> Plus que celle des rois de Thrace,
> Cela se peut facilement ;

(1) Mondrainville, à quelques lieues de Caen.

(2) Cfr. M. L. Lalanne : *Les Grands Écrivains de la France : Œuvres de Malherbe*, I, p. 331-332.

(3) Voir, entres autres, les lettres de Malherbe à François de Malherbe, sieur du Bouillon, en date du 16 juin, du 2 août et du 27 septembre 1618 (M. L. Lalanne, IV, p. 41 et seq.). — Lettre à Louis XIII (M. L. Lalanne, I, p. 349-351), etc.

> Mais que pour les armes d'hermine,
> Il ait beaucoup meilleure mine,
> Cela ne se peut nullement.

C'est ainsi que M. Ludovic Lalanne, dans sa belle édition des *OEuvres de Malherbe*, écrit ces lignes (1) qui demanderaient, elles aussi, des preuves de plus de valeur : « François de Malherbe naquit à Caen, en 1555, d'une famille qui possédait les premières magistratures de la ville. Dès 1518, on trouve un Mᵉ Jean Malherbe, sieur d'Arry, pourvu de la lieutenance générale du bailli de Caen, charge qu'occupait en 1532 un autre Jean Malherbe, sieur de Mondreville. Suivant le poète, sa famille se rattachait à la maison de Malherbe Saint-Agnan ; *mais les preuves qu'il en donne en divers endroits de ses écrits ont si peu de valeur qu'il n'y a pas lieu de s'y arrêter.* Le 2 janvier 1644, une sentence de la Potherie, intendant à Caen, confirmée le 19 septembre 1645 par arrêt des requêtes de l'Hôtel du Roi, maintint les sieurs de Malherbe en leur noblesse comme sortis de cette antique maison. Cependant, en 1666, lors de la recherche de la noblesse faite par Chamillart, ils ne furent point placés dans la classe des anciens nobles, mais seulement dans celle des nobles ayant justifié quatre degrés. »

D'autres érudits, moins nombreux et aussi moins consciencieux, ne veulent voir dans les assertions répétées du poète que le fruit d'une sotte vanité qui ne craint pas de mettre le mensonge à son service. Ils s'appuient sur une page de ces généalogies satiriques qu'on a si justement dénommées le *Sottisier de Chamillart*, et qui portent pour titre véritable : *Anecdote de Caën ou Mémoire sur une partie des familles de Caën donné par les Traittans à feu M. de Chamillart pendant sa Recherche en 1666* (2). Voici ce que nous y lisons à l'article *Malherbe* (3) :

(1) M. L. Lalanne, loc. cit., I, p. IX.

(2) Manuscrit in-fol. 159 de la Bibliothèque de Caen : *Recueil de pièces concernant la noblesse de la généralité de Caen; IIᵉ anecdote,* etc., communiquée par M. Blanchard, secrétaire du Roy et trésorier à Caen, qui l'avait eue du cabinet de Mʳ de Chamillart. Cette anecdote est reproduite dans un autre manuscrit, in-fol. 147, de la même bibliothèque, intitulé : *Familles normandes.* Ce dernier manuscrit fait remarquer *qu'une pareille hypothèse est contre le bon sens.* — Nous la trouvons pareillement, avec quelques variantes, dans le ms. in-4° 111 de la Bibliothèque de Caen, *Catalogue alphabétique des Personnes de Normandie qui ont été anoblies,* etc., par Ch. de Quens, p. 322-323.

(3) P. 11-12.

« Il y a plusieurs anciennes familles de ce nom portants armes différentes dont les unes sont extinctes et les autres subsistent encore, ceux dont est question n'en sont nullement descendus. Jacques Malherbe lieutenant du viconte d'Orbec se fist inquiéter avec deux autres pour prouver sa noblesse et eut un arrest de la Cour des Aydes en 1519, s'estant supposé descendu des anciens Malherbes de Saint-Agnan dont la race est exteinte dès l'an 1410. Les Malherbe dont estoit le poète si fameux viennent de paysans de Missy dont l'un d'eux s'establit à Caen et y fut tanneur, dont on voit encore la maison en la paroisse Saint-Estienne. Du tanneur sortit Guillaume Malherbe avocat père de François Malherbe conseiller au présidial qui trouva moyen de s'enter sur les Malherbe du Bouillon dont il estoit allié et contrefist l'arrest de 1519 où il se fist employer, et passa ensuite devant les commissaires en 1598. Ayant esté depuis inquiété par les de la Rivière de Missy, en 1640, ils obtinrent un arrêt de maintenue par le crédit des jésuites, (et au moyen de quelque argent qu'ils donnèrent) (1) au procureur (chez qui estoit le père Malherbe et par de l'argent) des requêtes de l'Hôtel. Ce François, qui établit le premier cette noblesse fut père d'Eléazar aussi conseiller à Caen et de François le grand poète. De Eléazard sortit un autre Eléazar pareillement conseiller qui a laissé plusieurs enfants. Le poète illustre n'eut qu'un fils. »

Dans le même manuscrit in-fol. 159, sous le titre : *III° Origine de quelques familles de la ville de Caen*, nous lisons encore (2) :

« *Malherbe du Bouillon* :

« Ils prétendent venir des Malherbes de Saint-Aignan, et le premier qui la soutenu fut Jacques Malherbe lieutenant du viconte d'Orbec, et ensuite lieutenant-criminel à Caën qui obtint arrest aux Aydes en 1519. Les autres Malherbes dont était le poète viennent de Guillaume Malherbe, avocat desnommé audit arrest et se fist de la famille des du Bouillon. »

Ne croirait-on pas entendre, en lisant ces deux textes, l'insinuation calomnieuse d'un pauvre plaideur qui vient de perdre son procès et se console en maudissant ses juges? Loin donc de nous effrayer, outre mesure, des assertions de mauvais aloi que ren-

(1) Les mots entre parenthèses sont ainsi écrits dans le manuscrit in-fol. 159.
(2) p. 8.

ferment ces pièces, nous voulons en démontrer la fausseté : ce qui sera chose bien facile, quand nous aurons établi que Malherbe était de *la noble famille d'ancienne race des Malherbe de Saint-Agnan* (1).

Les Malherbe sont incontestablement l'une des plus anciennes familles féodales de la Normandie. Leur origine se perd dans la nuit des temps; et, si nous voulions ajouter foi à un document, plus curieux qu'indiscutable, les auteurs de cette famille auraient été, ni plus ni moins, les compagnons de Rolf ou Rollon, premier duc de Normandie en 911, et ils auraient eu ainsi pour berceau le Danemark ou la Scandinavie. Ce document, copié par Claude de Malherbe, sieur de Gathemo, près Vire, le 15 décembre 1630, sur le manuscrit original, au greffe du bailliage de Mortain (Manche), est, dit-on, un extrait des œuvres manuscrites de Vincent l'Historien (*Vincentius Historialis, Speculum* IV, *lib.* XXV, *cap.* XLV *et* XLVI), ou Vincent de Beauvais, savant dominicain du XIIIe siècle, auteur d'une espèce d'encyclopédie dont fait partie le *Speculum Historiale*, que Jean de Vignay et Antoine Vérard ont reproduit en caractères gothiques sous le titre : *Miroir historial de Vincent de Beauvais, translaté du latin en françois* (5 vol. in-fol., Paris, 1496). Vincent de Beauvais aurait lui-même tiré ces chapitres 45e et 46e de la *Chronique de Normandie*, écrite par saint Odon, abbé de Saint-Martin de Tours, et ensuite de Cluny, de 927 à 942, presque contemporain de Rollon. Voici ces passages d'après la copie de M. de Malherbe, au XVIIe siècle :

« Cap. XLV : de vastatione Galliæ per Hastingum et Rollonem.

Hastingus fugat ab Anglia ab Elfredo Rege, ut supra dictum est, cum suis transfretavit et Parisios et Turones et multas alias urbes quæ supra Secanam et Ligerim sitæ sunt : civibus evacuans : usque ad Tirrenum mare grassatus est : Odo Cluniacensis abbas : hic Hastingus vastatis superioribus partibus Galliæ : obsedit Turonum... currit ad corpus sancti Martini, et defert istud ad locum debiliorem mortuum pro vivis defensorem facientes. Mox fugerunt Dani... tria lustra fugæ Hastingi venit ab eisdem finibus Rollo qui victis Britonibus et Flandrensibus et urbibus eorum et oppidis succensis venit Cenomanum et obsedit eam : constituit... et fideles Heboldum Carbonel videlicet et Hardetz Laudum *Malherbe* et Heberdum Paynel, et misit eos ad Turones...

(1) Nous écrirons indistinctement *Saint-Agnan* et *Saint-Aignan*.

« Cap. XLVI :

Rollo autem iste, de quo supra dictum est, nobilis quidem, sed
per vetustatem obsoletâ prosapiâ Norticorum (1), aliæ Regis præ-
cepto patriæ pulsus (2), prænuncupatos Carbonnel, *Malherbe*
atque Paynel, nec non quosdam Piffardum Tesson, Heroldum
Avenel, Ramibaldum Patry prædictarum finium, generosorum
virorum natos, Rollonisque, ut dictum est, consanguineos, mul-
tosque quos vel æs alienum, vel conscientia scelerum exagitabat,
magnis speciebus sollicitatos, secum adduxit... »

Il est vraiment regrettable que le texte, soit latin, soit français,
de Vincent l'Historien ne cite aucun des noms de familles inscrits
dans la copie de M. de Malherbe, et ce serait grandement s'éloigner de la vérité que de donner à ce renseignement une valeur
généalogique qu'il n'a point. Quoiqu'il en soit, le berceau connu
des Malherbe de Saint-Agnan semble avoir été la baronnie, non
pas de la Haye-Malherbe, près de Pont-de-l'Arche, comme l'indique
le dictionnaire de la Chesnaye des Bois (3), mais plutôt de la
Haye-en-Cotentin, ainsi que l'a écrit Malherbe lui-même dans son
Instruction à son fils Marc-Antoine.

C'est de cette baronnie que dut partir celui des la Haye-Malherbe
qui suivit en Terre-Sainte (1034) Robert Ier, duc de Normandie.

C'est d'elle, sans doute, que partit Raoul de Malherbe, chevalier
et baron, pour rejoindre son suzerain, Guillaume le Bâtard, et
l'aider dans sa conquête de l'Angleterre (1066).

C'est d'elle, peut-être aussi, que Jean de Malherbe, chevalier
banneret, seigneur de Saint-Agnan-le-Malherbe, se rendit à l'ar-
mée de Robert Courte-Heuse et de Godefroy de Bouillon, lors de
la 1re croisade ; d'elle, qu'un de ses frères partit en Angleterre où
il s'établit, laissant après lui des descendants qui possédèrent
pendant plusieurs siècles la terre de Bocton-Malherbe (Kent) (4).

(1) d'hommes du Nord, peut-être de Norvégiens.
(2) du Danemark, en 875.
(3) Article *Malherbe*.
(4) Voici, à ce sujet, une pièce écrite de la main du poète, et qui se trouve
au tome Ier, no 126 bis, du manuscrit de la Bibliothèque nationale. Elle est
précédée d'une gravure qui représente les armes des Malherbe de Saint-Aignan,
et dont une reproduction fidèle a été jointe à l'édition de M. L. Lalanne.

    « Généalogie de la maison de Malherbe, qui est
      en Angleterre, en la comté de Sufolk.

C'est d'elle, enfin, qu'un certain Payen de Malherbe, contemporain de Philippe-Auguste, dut tirer sa noblesse. Mais, hâtonsnous de le dire, ce ne sont là que de pures conjectures, et nous passons, sans plus tarder, à la souche certaine des Malherbe de Saint-Agnan dont nous donnerons, aussi brève que possible, la

GEFFROY MALHERBE.

|

HENRY MALHERBE.

|

ROGER MALHERBE.

|

RICHART MALHERBE.

|

MARGUERY MALHERBE,
fille et héritière de Richart,
et épouse de Thomas Carhurta.

|

ROGER CARHURTA.

|

SAHRA CARHURTA,
fille et héritière de Roger Carhurta,
et mariée à Jean Cotel de Yonbrige,
en la comté de Devon, où cette famille est demeurée.

Cette généalogie a été transcrite d'un livre appartenant à M. Segar, roi de la Jarretière, demeurant à Londres, en Angleterre.

Le sire Malherbe de Saint-Aignan porte d'hermines à six roses de gueules; et le sire Malherbe de la Duncasse porte d'or à deux jumelles de gueules et deux lions de même passant l'un contre l'autre en chief; et le sire de la Meauffe porte de sinople à trois fleurs de lis d'or; et le sire de Fonteney-Vaquetot porte de gueules à trois bezans d'argent, comme il appert ci-dessus.

Ceci a été tiré d'un livre de parchemin, écrit à la main, au commencement duquel il y a ces mots, en vieille lettre françoise :

« Cest liure deuise la circuite du païx de Caux et combien il a de tour; et les abayes, prieurez et chanoineries qui y sont, et qui les fonda, et de quel temps, et quels corps sainctz y sont saintiz à chacune place; et avec ce tous les noms, armes, cris et surnoms de tous les sieurs et nobles hommes qui y sont de présent; et les noms et armes de cheux qui y ont esté au temps passé dont lesditz noms et armes sont failliz; et avec ce la creation de chevalerie; et comme syrs et gentz nobles doiuent gouuerner; et en especial, princes et gentz de grande authorité, et la création de l'ordre des héraultz et poursuiuans; et comme ils se doiuent gouuerner, et ce qui appartient à leurs offices, et les blasons d'armoirie aneque plusieurs armes d'empereurs, syrs et barons de France. »

Ce mémoire me fut apporté par M. de Valavez à son retour d'Angleterre, en l'année 1609.

filiation jusqu'au poète. Les documents, qui nous ont aidé à établir cette filiation, nous ont été fournis par un manuscrit sur parchemin, grand in-folio, sorte de registre ou mémorial de famille, précieusement conservé dans la branche aînée des Malherbe, seigneurs du Bouillon. Il renferme la généalogie des Malherbe de Saint-Agnan, et les inventaires d'anciens rôles, lettres et écritures, depuis 1200 jusqu'à 1519, fournis, à cette époque, par Jacques de Malherbe, sieur du Bouillon, à la Cour des Aides de Normandie (1). Les différentes générations de la branche des Malherbe, seigneurs du Bouillon, ont soigneusement inscrit dans ce registre, de 1520 à 1771, avec plus ou moins de commentaires, non-seulement leurs mariages, naissances et décès, mais encore les faits qui pouvaient concerner leur famille (2). Ce manuscrit se trouve dans les archives

Je crois qu'il y a erreur en ce mot de la Duncasse et qu'il faut lire de la Meauffe, pource qu'il se trouve ainsi en tous les livres qui parlent des anciennes maisons de Normandie, et ce mot de Duncasse ne se trouve en livre du monde. » (Cfr. M. L. Lalanne, I, p. 596-598).

« Nous avons dit au commencement de cette généalogie, écrit l'abbé Béziers (*Dictionnaire de la Chesnaye des Bois*, article *Malherbe*), qu'il y avoit plusieurs branches de cette ancienne race établies en Angleterre ; et en effet elles ont sollicité plusieurs de celles de France d'y passer, où elles auroient eu un sort distingué. Mais nos Malherbes françois attachés à leurs souverains ont toujours préféré d'être simples officiers en France, aux grades supérieurs qu'on leur faisoit espérer dans ce pays étranger. Ils y ont même abandonné ce qui leur appartenoit par l'extinction de quelques branches de la famille d'Angleterre, par le même motif qui les a toujours conduits et animés. »

(1) Cfr. *Généalogie baillée à la Cour des Aides en 1643*. Collation faite sur l'original, le 20 juillet 1643, à la requête de François de Malherbe, sieur du Bouillon, conseiller du Roy et trésorier général de France au bureau des finances de la généralité de Caen. (Arch. du château de Juvigny).

(2) Sur le recto du premier feuillet on lit : « Ce Registre de généalogie a esté recouvert de neuf parce que le premier couvercle estoit à l'antique à la façon de ces viels livres d'Eglise : ou le ver s'estant mis dans le bois a traict de temps auroit peu ronger et gaster l'escripture de ce présent qui doibt estre curieusement conservé puisqu'il peut servir à la postérité des Malherbes pour leur enseigner la qualité de leurs prédécesseurs. »

« Ce soing a esté pris par Françoys Malherbe, escuyer, sr du Bouillon, conseiller du Roy en ses conseils et premier président au bureau des finances de la généralité de Caen, aisné de la dite famille des Malherbes de Saint-Agnan, en l'an de grâce 1620. »

Avant sa nouvelle reliure et la suscription que François du Bouillon, cousin du poète, y écrivit de sa main, le manuscrit portait pour titre :

Cy en suit la généalogie extraction et propagation des Malherbes procréés, du château de Juvigny (1), et nous a été gracieusement communiqué par M. le comte Auguste de Blangy. C'est dans ce mémorial de famille, bien plus que dans le dictionnaire si incomplet et parfois si erroné de la Chesnaye des Bois, que nous avons puisé les documents de la filiation des Malherbe jusqu'au poète.

Ier degré : *Jean de Malherbe*, 1er du nom, chevalier, seigneur de Saint-Agnan-le-Malherbe, était à Bouvines, en 1214, et à la 7e croisade, en 1248.

D'une alliance restée ignorée il eut, entre autres enfants :

1° *Raoul*, qui continue la filiation ;

2° *Marie*, qui épousa, en 1247, Jean d'Esson ou du Désert, écuyer.

IIe degré : *Raoul de Malherbe*, chevalier, seigneur de Saint-Agnan-le-Malherbe et de Sainte-Honorine-la-Chardonne, prit part à la 7e croisade et se trouve cité dans deux chartes, en janvier 1250 et en juin 1273.

D'une alliance inconnue il eut, entre autres enfants :

1° *Jean*, qui continue la filiation ;

2° *Agnès*, mariée à Thomas du Voelley.

IIIe degré : *Jean de Malherbe*, 2° du nom, chevalier, seigneur de Saint-Agnan-le-Malherbe, est employé, avec qualité de chevalier, dans deux chartes, la 1re du jeudi après la mi-carême 1292, la 2me du mercredi après la Purification 1299.

D'une alliance restée inconnue il eut un fils, nommé *Jean* qui continue la filiation.

IVe degré : *Jean de Malherbe*, 3e du nom, chevalier, seigneur de Saint-Agnan-le-Malherbe, est cité dans un acte du dimanche après la Sainte-Croix, en septembre 1327, comme ayant épousé *Jeanne Bacon*, fille de feu Messire Guillaume Bacon (2), seigneur du Molé-Bacon, et sœur de feu Messire Robert Bacon, chevalier, sieur du Molé-Bacon et de Planquery. Il est encore cité dans une sentence arbitrale du jeudi avant la Saint-Marc 1349 portée contre l'abbé

---

nés, extraits et descendus d'ancienne noblesse des Malherbes de Saint-Agnan-le-Malherbe pour autant qu'il en est mémoire et que l'on en trouve par lettres et chartres anciennes. (V. *Pièces justificatives*, II).

(Cfr. *La maison de Malherbe à Caen*, par M. de Blangy, p. 9, note 2.)

(1) Commune du canton de Tilly-sur-Seulles (Calvados).

(2) Portait : de gueules à six roses d'argent, 3, 2 et 1.

et les religieux de Fontenay relativement au droit de présenter à la cure de Saint-Agnan-le-Malherbe. On le trouve enfin nommé, en 1358, dans un arrêt de l'Echiquier qui confirmait la sentence susdite.

De son mariage avec Jeanne Bacon naquirent quatre enfants :

1° *Jean*, 4° du nom, chevalier, seigneur de Saint-Agnan-le-Malherbe, marié, par contrat du 7 décembre 1365, à *Guillemette* d'Escorchebeuf fille aînée de Guillaume d'Escorchebeuf (1), écuyer, seigneur dudit fief et lieu d'Escorchebeuf situé dans la paroisse de Lacy (2), et de Thomasse de Samoy, fille de Robert de Samoy, chevalier, seigneur de Samoy près de Condé-sur-Noireau. Jean de Malherbe mourut en 1398 et fut enterré dans l'église paroissiale de Lacy. Sa veuve, Guillemette d'Escorchebeuf, épousa, en secondes noces, Colin de Missy. Du mariage de Jean de Malherbe et de Guillemette d'Escorchebeuf étaient nés trois enfants :

(a) *Guillaume*, chevalier, seigneur de Saint-Agnan-le-Malherbe, de Savenay et de Landes. Suivant un titre en date du 19 décembre 1394, il partagea les acquêts de son oncle, Pierre de Malherbe, seigneur de Landes, avec son autre oncle, Guillaume de Malherbe, écuyer, seigneur de Landes et du Bouillon (3). Il épousa, le 17 avril 1396, Jeanne de Missy, fille aînée de Colin de Missy, écuyer, seigneur de Missy, et mourut en Hongrie, dans une bataille contre les Turcs, sans laisser de postérité.

(b) *Alix*, qui épousa, en 1392, Jean de la Haye, écuyer, seigneur de Feuguerolles et baron de Coulonces.

(c) *Guillemette*, mariée à Pierre Aupoix, écuyer, seigneur des Pins et Croisilles.

2° *Guillaume*, qui a continué la filiation;

3° *Pierre*, panetier du roi, mort sans enfants;

4° *Nicolas, dit Colin*, qui laissa des descendants.

V° degré : *Guillaume de Malherbe*, écuyer, seigneur de Landes et de Savenay (4), comparut, en 1371, à la revue des gentils-hommes qui eut lieu à Pontorson. En 1382, il acquit de son frère

(1) Portait : de sable à deux fasces d'argent accolées de six merlettes de même, 3, 2 et 1.

(2) Maintenant Lassy, commune du canton de Condé-sur-Noireau (Calvados).

(3) Fief de la commune de Courvaudon, canton de Villers-Bocage (Calvados).

(4) Commune de Courvaudon.

Pierre le fief du Bouillon, devenant ainsi le chef de la branche des Malherbe, seigneurs du Bouillon. Il épousa, le 7 avril 1396, *Richette d'Escorchebeuf*, fille puînée de Guillaume, seigneur d'Escorchebeuf, et sœur de Guillemette, femme de Jean de Malherbe, 4° du nom. Il en eut six enfants :

1° *Guillaume*, curé de Hamars.

2° *Pierre*, seigneur de Landes et de Bonneville, capitaine de 40 hommes d'armes pour la garde de la frontière du château de Caen. « Il périt en la journée d'Azincourt en laquelle il avoit été fait chevalier ainsy qu'il est notoire. » Il avait épousé *Gravette de Missy*, fille puînée de Nicolas, seigneur de Missy, et en avait eu quatre filles :

(a) Catherine, mariée à Henry de Miharenc, écuyer, seigneur dudit lieu ;

(b) Jeanne, mariée à Enguerrand de la Rivière, écuyer, seigneur du Mesnil-Salles (Mesnil-Eudes) ;

(c) Tassine, mariée à Jean de Nocey, écuyer, seigneur de Boussey ;

(d) Jeannette, mariée à Guillaume du Vivier, écuyer, sieur de Grumilly.

3° *Jean*, qui continue la filiation.

4° *Enguerrand ou Guerot*, mort sans postérité.

5° *Jeanne*, qui épousa noble homme *Jean de Malherbe*, écuyer, seigneur d'Amayé-sur-Seulles, des *Malherbe de la Meauffe*, portant en leurs armes « un écusson d'or à deux jumelles de gueules, deux lionceaux en chef passant l'un en l'autre. » D'où les noms de *Malherbe aux roses* et de *Malherbe aux lions* donnés à ces deux branches distinctes d'une même famille dont l'origine commune se perd dans la nuit des temps.

VI° degré : *Jean de Malherbe*, 1er du nom de sa branche, écuyer, seigneur du Bouillon et de Savenay, partagea, le 21 janvier 1410, avec son frère aîné Pierre, les biens paternels et maternels, et ceux de leur frère Guillaume, curé de Hamars. En 1432, le 8 décembre, il donna à l'église d'Arry (1) six boisseaux d'orge de rente pour avoir droit de sépulture dans cette église, pour lui, sa femme et ses descendants. Par acte passé devant les tabellions de Caen, le 17 mars 1421, il épousa *Jeanne du Bois*, fille de Geffroy

____

(1) Commune du Locheur (canton de Villers-Bocage, Calvados).

du Bois (1), écuyer, seigneur de Saint-Manvieu, en partie en la vicomté de Caen; elle lui apportait la terre et seigneurie d'Arry dont elle était propriétaire. Il est à présumer que Jean de Malherbe dut prendre une part fort active dans la guerre contre les Anglais, si on en juge par la mention qu'en fait le Registre manuscrit du château de Juvigny. « Jehan Malherbe, escuyer, tenant le parti du Roy de France Charles VI, lors régnant, à l'encontre du Roy d'Angleterre usurpant le pays et duché de Normandie par acte ou mémorial donné devant Thomas de la Balle, lors lieutenant de Messire Jean Porpham, lors chevalier et bailly de Caen en l'an 1420, le mardi 14e jour de décembre, contenant comme le dit Jehan de Malherbe se comparut devant le dit lieutenant et demanda raison et justice lui être faite d'un nommé Thomas Coredon ou Gordon du pays d'Angleterre que le dit Jehan Malherbe avait prins prisonnier en bonne guerre et lequel Gordon s'estoit obligé pour sa rançon païer audit Jehan de Malherbe la somme de 50 nobles d'or. »

Ce *Jean de Malherbe* est la souche commune des deux branches des *Malherbe seigneurs du Bouillon* et des *Malherbe seigneurs d'Arry*. A la première appartient François de Malherbe avec lequel le poète, son cousin, eut une correspondance et des rapports si suivis; le poète lui-même se rattache à la seconde.

Du mariage de Jean de Malherbe et de Jeanne du Bois naquirent :

1o *Jean*, qui continue la filiation dans la branche aînée des Malherbe seigneurs du Bouillon.

2o autre *Jean*, dit le *Jeune*, qui continue la filiation dans la branche puînée des Malherbe seigneurs d'Arry, et dont nous parlerons après avoir sommairement indiqué la descendance de son frère aîné jusque vers le milieu du xviie siècle.

3o *Guillaume*, écuyer, homme d'armes des ordonnances du Roy en la compagnie de M. de Torcy; capitaine de Thérouenne; mort sans postérité.

4o *Guillemette*, mariée à Raoul du Boys, écuyer.

5o *Catherine*, mariée au sieur de Chastelier.

6o *Pierrette*, non mariée.

7o *Jeanne*, mariée à Jehan de Noccy.

---

(1) Portait : d'azur à l'aigle éployée d'or.

1º *Malherbe, seigneurs du Bouillon.*

VIIe degré : *Jean de Malherbe*, 2e du nom de sa branche, écuyer, seigneur du Bouillon, partagea les biens paternels et maternels avec ses deux frères et ses quatre sœurs par acte passé au Tabellionage de Villers et d'Evrécy le 8 mars 1453. Il épousa, le 3 juin 1452, *Tiphaigne Hérault*, fille de Guillaume Hérault, écuyer, sieur de la Mare de Bouillon près du Mont-Saint-Michel. De cette union sortirent :

1º *Guillaume*, qui continue la filiation.

2º *Jeanne*, qui épousa Thomas de Morsan, écuyer sieur de la Chevalerie.

VIIIe degré : *Guillaume de Malherbe*, écuyer, seigneur du Bouillon et d'Escorchebeuf, acquit, le 2 septembre 1485, ce dernier fief, aliéné en 1401 par Guillaume de Malherbe, seigneur de Saint-Agnan. Il épousa, par contrat passé le 14 septembre 1484 devant les tabellions de Bernay, *Robinette de Grieu*, fille de Gabriel de Grieu, écuyer, seigneur de Saint-Aubin-le-Vertueux. Il mourut à Caen et fut inhumé dans l'église paroissiale de Saint-Etienne-le-Vieil. Il avait eu dix enfants :

1º *Jacques*, qui continue la filiation.

2º *Richard*, archer de la garde du Roi.

3º *Gabriel*, prêtre, curé de Bény.

4º *Claude*, religieux.

5º autre *Gabriel*, religieux.

6º *Catherine*, mariée à Jacques du Houlley, écuyer, sieur du Mesnil-Regnard.

7º *Isabeau*, mariée à Henry Thiault, sieur de Rucqueville.

8º *Jeanne*.

9º *Agathe*.

10º *Marie*.

IXe degré : *Jacques de Malherbe*, 1er du nom, écuyer, seigneur du Bouillon et d'Escorchebeuf, lieutenant-général du vicomte d'Orbec, inquiété sur sa qualité de noble par les habitants de ce lieu, produisit ses titres devant la Cour des Aides de Rouen, prouva d'une manière authentique qu'il était issu de l'ancienne famille et maison des Malherbe de Saint-Agnan, et fut maintenu en sa qualité de noble d'ancienne race par un arrêt du 3 décembre 1519 qui l'exemptait à ce titre de toutes charges (1). Il avait épousé, le 11 avril 1513, par contrat reconnu au bailliage d'Evreux le 12 juin 1514, *Charlotte Henry*, fille de Mathieu Henry, écuyer, sieur du Brouillard et de la Gueronde, vicomte d'Escouché et de Breteuil. Il en eut, entre autres enfants :

1° *Jacques*.

2° *Gabriel*, qui continue la filiation.

X° degré : *Gabriel de Malherbe*, écuyer, seigneur du Bouillon et d'Escorchebeuf, épousa, par contrat du 26 juillet 1547, reconnu à Caen le 10 avril 1553, *Jacqueline Beaussain*, fille de noble homme Jean Beaussain, baron de Curcy et patron de Montigny. De cette union sortirent :

1° *Jacques*, 2° du nom, qui continue la filiation.

2° *Marie*, qui épousa, le 22 avril 1583, Jean du Bousquet, fils aîné de Guillaume du Bousquet, écuyer, sieur de Rye.

3° *Marguerite*, qui épousa, le jour de Saint-Clair 1580, Olivier de Moges, fils de noble homme Robert de Moges, écuyer, sieur de Montenay et patron de Savenay.

XI° degré : *Jacques de Malherbe*, 2° du nom (2), écuyer, seigneur du Bouillon et d'Escorchebeuf, naquit à Orbec le 19 janvier 1549, et fut lieutenant-général civil et criminel au Bailliage et siège présidial de Caen. Il rendit aveu au roi Charles IX, le 17 janvier 1573, pour le fief de Savenay compris dans le fief du Bouillon (sergenterie d'Evrécy), et reconnut devoir à la Sainte-Chapelle 12 livres de rente annuelle aux deux termes de Pâques et de Saint-Michel. Il épousa, par contrat du 14 février 1580 reconnu à Caen la veille Saint-Clair de la même année, damoiselle *Marie Anger*,

---

(1) Le manuscrit du château de Juvigny renferme la copie de ces pièces généalogiques dont voici les titres :

1° *Généalogie des Malherbe baillée à la Cour des Aides* (1519). — Collation faite sur l'original à la requête de François de Malherbe, sr du Bouillon, conseiller du Roy et trésorier-général de France au bureau des Finances de la Généralité de Caen, 20 juillet 1643.

2° *Trois inventaires des lettres et écritures baillées à la Cour des Aides* le 29 juin 1519 par Jacques de Malherbe : de 1200 à 1518; de 1382 à 1405; de 1403 à 1519.

3° *Mémoire produit à la Cour des Aides* par Jacques de Malherbe (1519).

4° *Arrêt de la Cour des Aides* (3 décembre 1519).

(2) J. de Cahaignes : *Elog. 63.*

petite-fille du célèbre imprimeur, et sœur de Madeleine Anger, femme d'Antoine Turgot. Jacques de Malherbe mourut le 14 décembre 1592; sa veuve, en 1642. De leur mariage naquirent :

1° *Ludovique*, baptisée le 11 février 1583, et mariée, le 13 février 1600, à noble homme Jacques Bénart (1), sieur de Rotot, conseiller du Roy au siège présidial. Elle mourut le 22 janvier 1616.

2° *François*, qui continue la filiation.

3° *Marie*, qui épousa, en 1613, noble homme Pierre Blouet, sieur de Than.

XII° degré : *François de Malherbe*, écuyer, sieur du Bouillon, né à Caen le 23 octobre 1586, fut conseiller du Roi et trésorier-général des Finances au bureau de Caen. En 1599, il produisit ses titres de noblesse devant M. de Roissy, commissaire royal, et fut maintenu en sa qualité de gentilhomme, comme descendant des anciens seigneurs de Saint-Agnan-le-Malherbe (2). Il fut l'ami et le correspondant du poète. Il épousa, en premières noces, par contrat passé à Caen, devant les tabellions, le 10 février 1605, *Judith le Vallois*, morte le 27 mars 1619, fille unique de feu Jean le Vallois, écuyer, sieur d'Ifs et de Montenay. De ce mariage naquit, le 23 mars 1619, *Jacques de Malherbe*, 3° du nom, écuyer, seigneur du Bouillon et d'Ifs. Il épousa, en secondes noces, par contrat passé à Caen le 3 septembre 1622, *Anne le Clerc*, morte le 3 mars 1660, fille de noble homme Jacques le Clerc (3), sieur d'O, conseiller au bailliage et siège présidial de Caen, et d'Anne de Cauvigny (4). De ce mariage naquirent :

(1) Portait : d'azur à trois lys de jardin d'argent.

(2) Cfr. Manuscrits de la Bibliothèque de Caen et de la collection Mancel, 149, 51, 32 : *Recherche de la noblesse de la Province de Normandie, faite, en 1598-1599, par Mr de Mesme, sieur de Roissy, et autres commissaires a ce députés par le Roy dans la généralité de Caen.*

Du mardy 8e juin 1599 :

« François Malherbe, sieur du Bouillon et d'Escorchebeuf, fils Jacques, en son vivant lieutenant général criminel à Caen, y demeurant, ledit Jacques fils Gabriel, fils Jacques qui obtint arrest contradictoire en la Cour des Aydes comme d'antienne noblesse, du trois de décembre mil cinq cens dix neuf..... Veu leurs titres jouiront. »

(3) Portait : de gueules, à trois têtes d'autour arrachées d'argent, au chef d'azur chargé de trois étoiles d'or.

(4) La famille de Cauvigny portait : d'argent, au chevron de sable, accompagné de 3 merlettes de même; au chef de second, chargé de 3 coquilles du champ.

1° *François*, né le 8 novembre 1623, chevalier, seigneur de Juvigny et de Saint-Vaast, et *tige des seigneurs marquis de Malherbe.*

2° *Anthoine*, baptisé en octobre 1628.

3° *Charles*, né en décembre 1633.

4° *Nicolas*, né en 1635.

5° *Marie.*

6° *Pierre.*

7° autre *Anthoine.*

II° *Malherbe, seigneurs d'Arry.*

VII° degré : *Jean de Malherbe*, dit le *Jeune*, écuyer, sieur d'Arry et du Buisson, tige des Malherbe seigneurs d'Arry, était le second fils de Jean de Malherbe, seigneur du Bouillon, et de Jeanne du Bois, et le frère puîné de Jean de Malherbe, auteur des Malherbe seigneurs du Bouillon. Il épousa *Catherine le Verrier*, fille de Jean le Verrier (1), écuyer, seigneur de Héron, et de damoiselle Perrette le Hérissy. Il mourut le lundi de Pâques 1480, et Catherine le Verrier, le jour Sainte-Catherine 1484 : ils furent tous deux inhumés dans l'église d'Arry. De leur union sortirent :

1° *Richard*, prêtre, licencié en droit, curé de la Madeleine de Bayeux et de Gathemo.

2° *Jean*, seigneur d'Arry, de Mondreville et du Mesnil-Patry, lieutenant-général au bailliage de Caen en 1518, et mis à la tête des juridictions en 1532, lors de l'entrée de François Ier et du dauphin à Caen. En 1540, il fut privé de son office et condamné à une amende de 4,000 livres pour « avoir donné faveur et autorité » au mariage de Jacques Duval, sieur de Mondrainville, avec Anne de Prestouville (2). Il épousa, en premières noces, *Jeanne d'Elbeuf*, fille de Jean d'Elbeuf, sieur de Fourmetot, et en eut un fils, *Jean*; en secondes noces, Marguerite-Isabeau de Moges, fille de Pierre de Moges (3), écuyer, sieur de Buron; il en eut deux fils et plusieurs filles, *Guillaume, Nicolas, Isabeau*, mariée à Christophe de Marguerie, écuyer; *Marie*, femme de Jacques Bateste, écuyer; *Michelette, Madeleine*, etc. Il épousa, en troisièmes noces, *Jeanne*

---

(1) Portait : d'azur fretté d'or au franc quartier d'argent, chargé d'une étoile d'azur remplie d'or.

(2) V. *de Bras*, p. 127.

(3) Portait : de gueules, à 3 aiglettes éployées d'argent.

de la Valette de Troismonts qui lui donna deux filles : *Jeanne*, mariée à Pierre le Bourgeois, écuyer, sieur de Navarre et de Beneauville, lieutenant-particulier au bailliage de Caen, et *Louise*, mariée à Etienne Duval de Mondrainville (1), receveur général des Etats de Normandie, mort le 19 juin 1578 et enterré à Notre-Dame de Froide-Rue.

3° *Pierre*, écuyer, sieur du Buisson et d'Arry, qui, dans la filiation des Malherbe seigneurs d'Arry, fut la tige des Malherbe sieurs d'Arry, du Bois, d'Escures, et des Malherbe seigneurs de Fresnay, d'Amanville et de Grandchamp. Il épousa, en premières noces, *Catherine de Lestanc*, et, en secondes noces, par contrat passé au tabellionage de Montpinçon, le 17 octobre 1496, *Suzanne de Fresnay*, fille de noble homme Guillaume de Fresnay, écuyer, sieur du Val. Il s'établit dans la paroisse de Notre-Dame-de-Fresnay (généralité d'Alençon, élection d'Argentan). De son second mariage il eut quatre fils et quatre filles. L'un de ses fils, *Colin de Malherbe*, écuyer, sieur du Buisson et de Clopée (vicomté d'Argences), eut, de son premier mariage avec *Guerenne Patrice* quatre enfants dont l'aîné, *Guillaume*, laissa une nombreuse postérité.

4° *Robert*, homme d'armes du duc d'Alençon.

5° *Guillaume*, qui, dans la filiation des Malherbe seigneurs d'Arry, est l'auteur de la branche des Malherbe sieurs de Missy, la Pigacière et Digny à laquelle appartient le poète.

6° *Jeanne*, mariée à Jean Gaalon, écuyer.

VIIIᵉ degré : *Guillaume de Malherbe*, écuyer, sieur de Missy, demeurant à Caen, paroisse Saint-Etienne-le-Vieil, obtint, en 1535, une sentence du bailliage qui condamnait Charlotte de Long-champs à faire regraver sur la pierre tombale de Jean de Malherbe, écuyer, sieur d'Arry, et de Catherine le Verrier, père et mère de Guillaume, les mots de « seigʳ d'Arry et du Bouillon » qu'elle avait fait effacer. Le Musée de la Société des Antiquaires de Normandie possède aujourd'hui cette pierre tombale dont la longueur est de 2 mètres, et la largeur de 84 centimètres environ. « Cette pièce, écrit M. A. Charma (2), était devenue à une époque indéterminée

(1) Portait : de gueules, à la tête de licorne d'argent, au chef cousu d'azur, chargé de 3 croisettes d'or.

(2) *Note sur deux bracelets et une pierre tombale conservés au Musée de la Société* (Mémoires de la Société des Antiquaires de Normandie, 3ᵉ série, 2ᵉ vol.,

la table de l'autel (de l'église d'Arry) ; elle avait alors reçu, comme marque de sa destination dernière, le carré de marbre de 30 centimètres de côté avec les 5 croix, l'une au centre, et les autres aux quatre angles, dite la *pierre sacrée*, qu'on y voit incrustée à peu près au milieu. Mais avant que la nécessité ne contraignit la pauvre paroisse à déplacer et à transformer ce monument, les fidèles le foulaient très vraisemblablement aux pieds dans la nef de l'humble église, où il recouvrait la dépouille mortelle d'un ancien seigneur du pays. Nous lisons en effet, comme on peut le voir par le fac-simile que nous devons à l'obligeance de notre confrère M. G. Lavalley-Duperroux, cette double inscription :

Cy gist noble home Jehn Malerbe escuier seigneᵘ d'Arry et du Boullon qui trespassa le lundi apres pasques lan mil ıııı [cc ıııı xx] ? — Damoiselle Katherine Leverrié sa femme trespassa le jour Sᵉ Katherine l'an mil ıııᶜᶜ ııııˣˣ et quattre.

« A une époque déjà ancienne, continue M. A. Charma, probablement lorsqu'on l'enleva à la place qu'elle avait occupée jusqu'alors, cette pierre avait été endommagée ; une partie de l'inscription qu'elle présente fut sans doute détruite, ce qui explique le soin pieux et intelligent qu'on prit de rétablir, sur un morceau rapporté, les mots « seigneᵘ d'Arry et du Boullon » que notre fac-simile a du reste séparés par les deux lignes qui les encadrent. C'est évidemment le même respect historique qui fit placer irrégulièrement la pierre sacrée, non, comme on l'aurait voulu probablement, à égale distance des deux extrémités de la table, mais à 12 centimètres environ plus près du côté droit que du côté gauche. Il fallait mutiler le moins possible l'écu qui occupait cette place, et sur lequel étaient gravées les armes du mort. Ces armes sont, comme on le reconnait sans peine, à six roses, 3, 2 et 1, avec des hermines sans nombre. »

Nous n'avons pu découvrir la sentence portée par le bailliage de Caen contre Charlotte de Longchamps, accusée d'avoir effacé une partie de la légende inscrite sur cette pierre tombale. A cette époque, en effet, les registres du bailliage font absolument défaut

xxııᵉ vol. de la collection (1856), p. 148-150). C'est M. de Caumont qui a fait transporter et placer cette pierre tombale au Musée des Antiquaires.

au dépôt des archives départementales. Cette sentence, nous en sommes persuadé, eût été du plus grand poids dans la question qui nous occupe présentement, celle de la noblesse d'ancienne race des ancêtres du poète Malherbe. On ne peut cependant nier que Guillaume de Malherbe, son grand-père, ait eu des rapports plus ou moins tendus avec Charlotte de Longchamps : dans les registres concernant la paroisse d'Arry (1), on trouve, précisément à cette date de 1532, une pièce en parchemin où il est parlé dans ce sens de Charlotte de Longchamps et de Guillaumé de Malherbe.

Nous n'avons pu semblablement trouver l'accord sur procès, en date du 18 juillet 1552, entre Guillaume de Malherbe et François de la Rivière, écuyer, sieur de Missy (2), accord dont nous avons eu l'indication dans une pièce inédite du Tabellionage, en date du 2 juillet 1612 (3). Cette même pièce signale un autre accord du 1er mai 1567 que nous n'avons pu pareillement découvrir. Nous avons été plus heureux pour un troisième, à la date du 31 octobre 1589 (4) : sa teneur donne un aperçu des rapports qui existaient à cette époque entre les de la Rivière-Missy et les ascendants du poète; rapports qui devinrent de plus en plus difficiles dans la suite (5), et s'expliquent mal, à cause surtout de l'absence des pièces originales. Nous avons bien songé à chercher ces pièces là où elles doivent être; nous avons même demandé la permission de les consulter. Mais leurs propriétaires, ou du moins ceux que nous croyons tels parce que nous savons qu'ils sont les représentants actuels de la famille de la Rivière-Missy (6), nous ont répondu par une fin de non-recevoir. Sans doute qu'ils ignorent le contenu de ces pièces, ou bien qu'ils ne tiennent pas à les montrer : en tout cas, l'histoire locale les touche fort peu et ils ne s'inquiètent

(1) Archives du Calvados.

(2) Portait : d'argent, à trois tourteaux ou anneaux de sable, 2 et 1.

(3) *Registre des minutes du tabellionage de Caen, depuis le 1er juillet jusqu'au 1er octobre 1612* (Archives du Calvados). (V. *Pièces Justificatives*, III).

(4) *Registre du tabellionage de Caen (Héritages), octobre 1589.* Archives de Me Moisy, notaire). (V. *Pièces Justificatives*, XIII).

(5) *Ibid.*

(6) L'héritage de cette famille s'est considérablement accru par l'acquisition des biens des Malherbe sieurs de la Pigacière, les descendants de Bertrand de Malherbe, oncle du poète. Ces biens étaient situés à Missy (commune du canton de Villers-Bocage, proche d'Arry).

nullement si la biographie d'un compatriote illustre demeure, peut-être par leur faute, obscure en quelques points.

Guillaume de Malherbe épousa, en premières noces, *Anne de Missy*, fille de feu Jean de Missy, en son vivant écuyer et sieur dudit lieu de Missy, et de damoiselle Jacqueline le Coustellier, fille du sieur de Vaux-sur-la-Mer. Il se maria, en secondes noces, à Damoiselle *Marie d'Elbeuf*, fille de Richard d'Elbeuf (1), écuyer, sieur des Portes et de Fourmetot. De cette union naquirent plusieurs enfants.

Trois de ces enfants n'ont été jusqu'à ce jour signalés dans aucun recueil généalogique connu, et leurs noms nous ont été seulement révélés par la généalogie que Jacques de Malherbe, sieur du Bouillon, présenta, en 1519, à la Cour des Aides de Normandie. Voici, en effet, ce que nous y lisons au sujet de Guillaume de Malherbe et de ses enfants :

« Et le cinquième, nommé Guillaume Malherbe, escuier, héritier en la paroisse de Missy, et demeurant en la paroisse de Sainct-Etienne de Caen. » Et plus loin : « Et pour le regard dudit Guillaume Malherbe, escuier, frère puîné des dessusdits maîtres Richard, Jehan, Pierre et Robert, il a été conjoint par mariage, en premières noces, avec Damoiselle Anne de Missy, fille de feu maître Jehan de Missy, en son vivant escuier, sieur du dit lieu de Missy, et de Damoiselle Jacqueline le Coustellier, fille du sieur de Vaux-sur-la-Mer; et, en secondes noces, avec Damoiselle Marie d'Elbeuf, fille de Richard d'Elbeuf, escuier, sieur des Portes, et à présent dudit lieu de Fourmetot. » Et ailleurs : « Et du premier mariage dudit Guillaume de Malherbe, leur frère puîné, avec la dite défunte Anne de Missy, ne sont aussi issus aucuns hoirs qui qui soit qui soient vivants; mais du second mariage avec ladite damoiselle Marie d'Elbeuf sont issus *deux fils* et *une fille*, le premier nommé *Pierre*, et le second nommé *Jehan*, et la dite fille *Anne...* »

Comment concilier cette dernière assertion avec les données usuelles des généalogies imprimées jusqu'à ce jour? Aucune, en effet, ne parle de ces trois enfants, *Pierre*, *Jean* et *Anne;* toutes, au contraire, nomment, comme enfants de Guillaume de Malherbe et de Marie d'Elbeuf :

(1) Portait : d'argent, à la fasce de gueules, accompagné de six merlettes rangées de sable.

1° *Bertrand*, écuyer, sieur de la Pigacière;

2° *Guillaume*, chanoine du Saint-Sépulcre, prieur, en 1555, de la Maison-Dieu de Caen sur la résignation de son oncle Jacques de Moges, conservateur des Privilèges apostoliques de l'Université de Caen, mort le 9 janvier 1573. Il est souvent fait mention de ce religieux dans les premiers registres de l'Hôtel-de-Ville (1); le poète en parle dans une lettre à son cousin du Bouillon, en date du 2 août 1618 : « Il me souvient qu'autrefois un de mes oncles religieux de Saint-Etienne..... (2). » Jacques de Cahaignes lui a consacré l'éloge 18°.

3° *François*, sieur de Digny, le père du poète, et le chef de la branche des *Malherbe sieurs de Digny.*

Ces données confirmeraient-elles par hasard l'assertion du *Sottisier de Chamillart*, et François de Malherbe, le père du poète, serait-il réellement le fils d'un Guillaume Malherbe, avocat, fils lui-même d'un simple tanneur, né à Missy et établi en la paroisse Saint-Etienne de Caen? Ce Guillaume Malherbe serait-il absolument distinct de Guillaume de Malherbe cité dans la généalogie donnée, en 1519, à la Cour des Aides? François Malherbe, son fils, aurait-il trouvé le moyen de *s'enter* sur les Malherbe du Bouillon dont il était l'allié? Aurait-il enfin contrefait l'arrêt de 1519 où il se serait fait employer, pour passer ensuite devant les commissaires de 1598? Ce sont là, en effet, les principales accusations intentées aux parents du poète, en 1666, devant l'intendant Chamillart.

Outre que ces assertions ne sont en aucune manière prouvées, ce qui déjà suffirait à les faire récuser, elles apparaissent, d'un autre côté, absolument contraires à la vérité, quand on les met en face de certaines conjectures et surtout de faits et d'actes qui prouvent juridiquement la noblesse d'ancienne race des ascendants du poète.

Nous pouvons, d'abord, raisonnablement supposer que ceux-là seuls sont mentionnés dans l'arrêt de 1519 qui existaient lors de l'action intentée en première instance. Or, ce procès avait peut-être commencé quelques années avant l'arrêt définitif. Et, pendant le cours de la procédure, il était né des enfants qui nécessairement

(1) Archives municipales de Caen.
(2) Cfr. M. L. Lalanne, iv, p. 44.

ne figurent pas dans l'arrêt de 1519. Il est arrivé que ce sont ces derniers enfants, Bertrand, Guillaume et François, qui ont seuls survécu et ont eu de la descendance : ce qui a permis de dire plus tard : « mais vos auteurs n'étaient pas compris dans l'arrêt de 1519. »

Nous serions même porté à croire que les aînés, Pierre et Jean, se sont mariés et ont eu des enfants. Nous expliquerions ainsi la raison d'être d'une certaine *Marie Malherbe*, fille d'un *Pierre Malherbe*, laquelle épousa Robert le Bocté, sieur de Marolles, que beaucoup d'érudits, après M. Fr. de Gournay (1), font à tort épouser, en secondes noces, par *Marie de Malherbe*, une des sœurs du poète (2). Quelle est cette Marie Malherbe, et quel est ce Pierre Malherbe qui, l'une et l'autre, ont eu certainement des rapports intimes de parenté avec la famille du poète (3), sinon la nièce et le frère de François de Malherbe, le père du poète?

Une autre Malherbe, baptisée le 1er février 1592 à Saint-Sauveur, est nommée *Marie* par la mère du poète et par Catherine le Boucher, femme de Pierre Le Neuf (4). Ne serait-elle pas la petite-fille de Pierre ou de Jean de Malherbe?

Ce sont là, nous l'avouons, de simples suppositions qu'on doit, malgré une certaine vraisemblance, ranger parmi les choses possibles, mais non parmi les choses démontrées (5).

Mais voici un problème bien autrement difficile à résoudre.

---

(1) M. Fr. de Gournay, loc. cit., p. 232, note 3.

(2) Cfr. *Registre du Tabellionage de Caen (Héritages) 1591.* (Archives de M⁰ Moisy) : « Du dix-huictiesme jour de decembre mil cinq cens quatre vingt et unze..... Furent présents nobles hommes M⁰ François Malherbe sieur Digny et Jehan le Coustellier, sieur de la Garenne, procureurs speciallement fondés... quand à ce qui ensuit de noble homme M⁰ Robert le Boctey, sieur de Marolles et damoiselle Marie Malherbe son espouse... fille et héritière de feu noble homme *Pierre Malherbe*..... (V. *Pièces Justificatives,* iv).

(3) Nous en trouvons la preuve dans plusieurs actes de tabellionage, et principalement dans celui que nous venons de citer en note.

(4) Cfr. *Manuscrit du Feugray* : (Analyse des 50 premiers Registres de l'Hôtel-de-Ville de Caen).

(5) Une pièce, en date du 1er février 1611 (*Série G., Evêché de Bayeux, Fief de Vendes, paroisse d'Arry,* Archives du Calvados), parle assez clairement de Jean de Malherbe, frère, selon nous, de François, père du poète et d'Eléazar : « M⁰ Eleazar Malerbe, escuier, fils de deffunct François Malherbe, escuier, et en partie son héritier et de *M⁰ Jean Malherbe, escuier, son oncle.* » Il ne peut y avoir de doute.

En plein XVIe siècle, un certain Guillaume Malherbe, fils d'un tanneur, ou, à son défaut, son fils François, l'un, grand-père, l'autre, père du poète, ont réussi, du jour au lendemain, à se faire passer pour le Guillaume de Malherbe dont le nom figure dans la généalogie présentée, en 1519, à la Cour des Aides; ils ont réussi, ni plus ni moins, à *s'enter* sur les Malherbe, seigneurs du Bouillon. De deux choses l'une; ou bien Guillaume de Malherbe et ses trois enfants, Pierre, Jean et Anne, vivaient encore à l'époque de cette supercherie, et certes ils n'auraient pas manqué de jeter les hauts cris; ou bien ils étaient morts sans laisser de postérité, et alors il restait assez d'autres Malherbe, seigneurs du Bouillon, d'Arry, du Bois, d'Escures, de Fresnay, etc., pour crier au voleur et intenter un procès, en bonne et due forme à ces Malherbe, fils ou petit-fils d'un tanneur, qui n'auraient pas craint de *s'enter* sur leur noble famille, à ce François Malherbe surtout, père du poète, qui, sans demander avis ou permission à ses prétendus oncles et cousins, aurait, sans vergogne aucune, fait placer, en 1582, sur sa maison de la place de la belle-Croix, paroisse Saint-Etienne-le-Vieil, ces six écussons de famille dont nous aurons bientôt l'occasion de parler. De telles suppositions sont inadmissibles, et la plus grande preuve de leur inadmissibilité se trouve dans le silence même des autres Malherbe, ou plutôt, dans les bons rapports de parenté et d'amitié qui n'ont cessé de régner entre ces Malherbe et les ascendants du poète, entre leurs descendants et le poète lui-même et son frère Eléazar. Admettre de telles suppositions serait faire injure au « très-cher cousin » du poète, François de Malherbe, sieur du Bouillon, et lui reconnaître, malgré son titre de conseiller du roi et de trésorier-général des Finances au bureau de Caen, une bien grande ignorance des choses concernant sa propre famille qui certes n'avait pas besoin des succès et de la faveur du poète pour devenir glorieuse. Et quant au Malherbe qui a résumé les différentes pièces du Registre ou Mémorial de famille conservé au château de Juvigny, il eût été par trop naïf d'y faire figurer, en première ligne, le document le plus compromettant qui dans la suite témoignerait, au premier chef, de l'imposture, si l'on supposait, même un seul instant, que les divers ascendants du poète avaient alors essayé de *s'enter* sur la noble maison des Malherbe de Saint-Agnan.

Soutenir que le grand-père et le père du poète n'étaient que de simples roturiers est chose vraiment inadmissible ; et, à défaut de biens seigneuriaux considérables, ils avaient du moins, et bien authentiquement, transmis au poète courtisan et gentilhomme de la Chambre du Roi cette noblesse d'ancienne race dont il était si fier.

Reconnaître la noblesse d'ancienne race du poète et de ses ascendants est le seul moyen d'expliquer les documents que nous avons rencontrés, aux Archives départementales, dans un carton concernant le fief de Vendes (1), paroisse d'Arry (Série G., évêché de Bayeux). Ce carton renferme plusieurs liasses de parchemins ; mais deux traitent plus spécialement de la famille Malherbe, et indiquent clairement que Guillaume, le grand-père du poète, descendait réellement de Jean de Malherbe, seigneur d'Arry, et de Catherine le Verrier. Une de ces liasses, la 14e, est ainsi résumée : « 14e liasse composée de 10 pièces en parchemin qui sont aveux et autres actes concernant le tenement Malherbe contenant dix-huit acres situées parroisse d'Arry sujet en six septiers de froment, douze septiers d'orge, laquelle rente en orge fut aliénée aux ventes ecclésiastiques à feu *Jean Malherbe*, escuyer. La 1re pièce est un aveu endommagé, usé par vétusté, et presque illisible, rendu par *François Malherbe*. La 10e et dernière est un aveu rendu par *Eléazard Malherbe*, le 15 juillet 1613, du tenement Malherbe contenant 18 acres sujet en six septiers de froment et douze septiers d'orge. » Dans la 2me pièce, il est parlé de « nobles hommes maistres *Guillaume, Pierre* et *François Malherbe*. » Ce Pierre ne serait-il pas le fils ainé attribué à Guillaume de Malherbe par la généalogie de 1519 (2) ?

C'est aussi le seul moyen d'expliquer les rapports certains de parenté entre les Malherbe sieurs de Digny et les Malherbe sieurs de Clopée. Les Carrés de d'Hozier (3) renferment un acte, en date du 12 janvier 1600, dans lequel François Malherbe, le père du poète, et son fils Eléazar sont cités comme « proches parents » de Charles, Henry et Pierre Malherbe, fils de Guillaume Malherbe,

---

(1) Commune du canton de Tilly-sur-Seulles, peu distante de Missy et d'Arry.

(2) Archives du Calvados.

(3) Vol. 405, pièce 90, original en parchemin (Biblioth. nationale). (V. *Pièces Justificatives*, VI).

sieur de Clopée, et arrière petit-fils, comme le poète, de Jean de Malherbe, seigneur d'Arry (1).

C'est encore la seule explication de la sentence portée par M. de Mesmes, sieur de Roissy, le mardi 8 juin 1599 : « François Malherbe, sieur du Bouillon et d'Escorchebeuf, fils Jacques..... ledit Jacques fils Gabriel, fils Jacques qui obtint arrest contradictoire en la Cour des Aydes comme d'antienne noblesse, du trois de décembre mil cinq cens dix-neuf..... Charles, Henry et Pierre, frères, enfans de Guillaume, cousin dudict François..... Pierre, sieur de la Pigassière, cousin remué de germain des dessusdits, *fils Bertrand, fils Guillaume desnommé audict arrest*, demeurant en la paroisse de Missy, sergeanterie de Villers, élection de Caen, et son fils André. *Veu leurs titres jouiront. — François Malherbe, s*^r *Digny*, oncle dudit Pierre, et *fils dudict Guillaume*, demeurant à Caen, pour enfans *François et Eléazard. Veu leurs titres jouiront* (2). »

Vingt ans après, le 13 juin 1619, cette noblesse d'ancienne race, reconnue par de Roissy, était de nouveau confirmée dans un procès-verbal relatif aux armes des Malherbe peintes en l'abbaye de Saint-Etienne de Caen. Ecrivant, le 2 août 1618, à son cousin François du Bouillon, le poète disait : « Ce n'est pas tout que de prouver que la maison des Malherbes de Sainct-Agnan est ancienne, il faut montrer comment nous en sommes sortis. Et là-dessus je vous dirai qu'il me souvient qu'autrefois un de mes oncles, religieux de Saint-Etienne, fit renouveler nos armoiries qui sont au

---

(1) « Du 12e janvier 1600..... Ensuit trois lotz et partages des héritages qui furent à noble homme Guillaume Malerbe, escuier, sieur de Clopée, venuz et escheuz par la mort et trespas dudit sieur de Clopée à nobles hommes Charles, Henry et Pierres Malerbe, ses enfants, ledict Pierres en bas age, et lesdictz lothz faicts par *les parents et amys dudict soubsâgé présents, à sçavoir nobles hommes maistres Françoys Malherbe, sieur de Digny, Eléazar Malerbe,* conseiller du Roy au siège présidial de Caen..... » Et plus ioin : « *Nobles hommes maistre Françoys Malerbe, sieur de Digny, maistre Eléazar Malerbe, conseiller du Roy au siège présidial de Caen... tous prothes parens et amys de Pierres Malerbe, enfant soubsâgé de deffunct noble homme Guillaume Malerbe, vivant sieur de Clopée..... »*

(2) *Recherche de la noblesse de la Province de Normandie, faite en 1598-1599, par Me de Mesme, sieur de Roissy, et autres commissaires à ce députés par le Roy, dans la généralité de Caen* (Mss. de la Bibl. de Caen et de la collection Mancel, 149, 51, 32).

nombre de plusieurs autres en la bordure d'une salle, où l'on dit
que le duc Guillaume fit mettre toutes celles des grands de son
Etat qui l'avoient accompagné à sa conquête. Je voudrais bien que
cela fût fait avec quelque forme de justice, et qui y eut assisté
quelque officier qui en eut baillé acte pource que de toutes les
preuves que nous saurions avoir, celle-là est la plus claire et la
plus illustre (1). »

Marie Lambert, veuve d'Eléazar de Malherbe, animée du même
désir que le poète, son beau-frère, fit dresser, l'année suivante
(13 juin 1619), un acte authentique constatant la vérité du fait
annoncé dans la lettre précédente. Elle voulait pouvoir « monstrer
et justiffier la noblesse de l'ung de ses fils qu'elle se promet suivant
l'advis des parents de son dict fils présenter au chancellier et
commandeur de l'ordre de Sainct-Jean de Hierusalem pour estre
reçeu chevallier audict ordre. » Gilles Hallot, avocat du Roi au
siège présidial, assisté de Michel Cricquet, greffier du bailli de
Caen, se transporta à cet effet en l'abbaye de Saint-Etienne; et
là, en présence de Charles du Vernay, sieur de Cristot, et d'Estienne Laisné, sieur du lieu, tous deux gendres de Marie Lambert,
et pour elle stipulant, ils firent comparaître Dom Jean de Baillehache, prieur de l'abbaye, et quelques autres religieux. Ceux-ci,
sur la demande qui leur en fut faite, conduisirent leurs visiteurs
dans deux salles où ils remarquèrent, principalement dans une,
plusieurs écussons portant les armes de diverses familles nobles
de Normandie, entre autres, un écusson « en forme anctique

---

(1) V. M. L. Lalanne, IV, p. 43 et seq. — Cfr. Lettre de Malherbe à Peiresc,
2 octobre 1606 (M. L. Lalanne, III, p. 5-6). — A la fin du XVIe siècle, vers 1582,
époque de la reconstruction de la maison que le père du poète habitait avec
sa famille, place de la Belle-Croix, à Caen, les armoiries des Malherbe de Saint-
Aignan, qui furent alors placées sur la façade de cette maison, se voyaient
encore dans plusieurs autres édifices de la ville. C'est ainsi qu'elles étaient
« peintes et figurées en l'église des Frères-Mineurs, en une verrière de la chapelle Saint-Bonaventure. » Elles étaient aussi représentées sur la pierre tombale
qui recouvrait dans cette chapelle les restes mortels de Messire Jean de Malherbe, avec cette inscription : « Ilic jacet miles dominus Johannes Malherbe.
dominus temporalis de Sancto-Agnano-lè-Malherbe. » Elles se voyaient encore
en l'église Saint-Etienne de Caen « en une table et aucuns piliers étant en la
chapelle Sainte-Paix, en laquelle est inhumée la première femme de noble
homme Jehan de Malherbe, seigneur d'Arry et de Mondrainville et du Mesnil-
Patry, lieutenant-général du bailly de Caen. »

portant d'argent à six roses de gueulles semées d'ermines sans nombre. » Les sieurs du Vernay et Laisné reconnurent l'authenticité de ces armes comme étant semblables à celles qui étaient gravées dans la maison du poète. Interrogés qui avait fait et peint ces armes, les Religieux répondirent « avoir appris par tradition des Religieux qui les avoient précédés qu'elles avoient été faictes apposer et paindre par le duc Guillaume en faveur de la noblesse qui l'avoit suivy en la conqueste du dit Royaume d'Angleterre, et avoir toujours ouy tenir que les dictes armes portantes d'argent à six roses de gueulles semées d'hermines sans nombre sont celles de la dicte famille de Malherbe Saint-Aignen, et de nostre part avoir congnoissance que les prédécesseurs des enfans de la dicte damoiselle portoient les dictes armes (1). »

Hallot et Cricquet avaient dressé procès-verbal; et, sur la demande des gendres de Marie Lambert, ils chargèrent Josué Gondouin, maître voyer et peintre à Caen (2), « de tirer un escusson des dictes armes et le mettre et incérer en la marge de l'acte de nostre dit procez-verbal qui sera délivré à la dicte damoiselle pour luy valoir qu'il appartiendra (3). » De fait, Josué Gondouin signait, le 17 décembre suivant de la même année 1619, un certificat accompagnant le dessein des armes (4). Un mois après, le 20 janvier 1620, le poète, de son côté, se faisait délivrer une expédition du procès-verbal de la visite officielle faite dans les salles de l'abbaye. Cette note déclarait que le présent procès-verbal était délivré pour « ..... la considération de Marc-Antoine Malherbe son fils, demeurant en Provence..., pour faire reconnoître au dit pays l'antiquité de sa noblesse et par ce moyen rendre leur postérité capable de tous les honneurs, estats, dignitez, franchises, privilèges, prééminences et prérogatives que les loix et coustumes de ce Royaume attribuent à ceux qui sont de noble et ancienne famille (5). »

(1) Cfr. *La maison de Malherbe à Caen*, p. 39 et seq.

(2) Et non pas *le peintre Voyer*, ainsi que l'écrit l'abbé Béziers, dans le dictionnaire de la Chesnaye des Bois, article *Malherbe*.

(3) Cfr. *La maison de Malherbe à Caen*, p. 32.

(4) *Ibid.*

(5) Cfr. *La maison de Malherbe à Caen*, p. 33. — M. Fr. de Gournay écrit (loc. cit., p. 229 et seq.) : « La tradition des moines, qui attribue à Guillaume les premières peintures d'écussons, est erronée. La peinture des armoiries date

Tenir pour certaine la noblesse d'ancienne race du poète et de
ses ascendants est enfin le seul moyen d'expliquer la sentence du
sieur de la Potherie, intendant de justice, police et finances en la
Généralité de Caen, qui maintenait en leur noblesse, comme sortis
de la famille des Malherbe de Saint-Agnan, André de Malherbe,
petit-fils de Bertrand, l'oncle du poète, non moins qu'Eléazar,
Jacques, Augustin et Pierre de Malherbe, les propres neveux du
même poète. Rendue le 2 janvier 1644, cette sentence fut confirmée, le 19 septembre 1645, par un arrêt que donnèrent les maitres
des requêtes ordinaires de l'Hôtel du Roi au bénéfice des mêmes
Malherbe contre Charles de la Rivière, écuyer, sieur de Missy. En
effet, nous lisons dans cet arrêt que « les dits maitres des requêtes...
ont maintenu et gardé, maintiennent et gardent les dits André,
Eléazar, Jacques, Augustin et Pierre Malherbe chacun en sa
qualité de noble d'ancienne race comme sorti de la famille des
Malherbe de Saint-Agnan..., ont fait inhibition et défense audit
de la Rivière et tous autres de le troubler en ladite qualité à peine
de 3,000 livres tournois d'amende et de tout dommage et intérêts (1). » Cet arrêt aurait dû, vingt ans plus tard, faire réfléchir,
s'il l'avait connu, le rédacteur de l'*Anecdote de Caën* que nous
avons déjà signalée au cours de cette question; et les Malherbe
auraient eu certes le droit de le poursuivre pour les avoir troublés
en leur qualité, juridiquement reconnue, de nobles d'ancienne
race. Ignorance de l'arrêt ou mauvaise foi chez le premier, négli-
gence, dédain ou crainte de la part des seconds : voilà sans doute
ce qui explique pourquoi Guy Chamillart, trompé par son Anec-
dotier, n'accorda, en 1666, que quatre degrés de noblesse, sans
anoblissement connu, à la famille du poète.

Malherbe et ses ascendants étaient donc bien réellement nobles
d'ancienne race, et ils appartenaient d'une manière incontestable
à la maison des Malherbe de Saint-Agnan. Par suite, et comme

seulement du xive siècle. » Et il fonde son affirmation sur celles de l'abbé de
la Rue (*Essais historiques sur la ville de Caen*, ii, p. 90), de Huet (*Origines de
Caen*), de Segrais (i, p. 202), de dom Jean de Baillehache lui-même (*Mémoires
historiques*). Quoiqu'il en soit, on ne peut nier l'existence des procès-verbaux
de 1619 et de 1620.

(1) Cfr. *De certain arrêt donné par M*⁰⁰ *les Maîtres des Requêtes ordinaires de
l'Hôtel du Roy, le 19ᵉ jour de septembre 1645, au bénéfice des Malherbe*
(Archives du château de Juvigny). (V. *Pièces Justificatives*, vii).

conséquence nécessaire de tout ce qui précède, il n'est pas vrai, comme le prétend le Sottisier de Chamillart, que Jacques Malherbe, lieutenant du vicomte d'Orbec, se supposa, en 1519, descendu des anciens Malherbe de Saint-Agnan « dont la race est exteinte dès l'an 1410. » Il n'est pas vrai que les « Malherbe dont estoit le poète venaient de paysans de Missy dont l'un s'establit à Caen et y fut tanneur. » Il n'est pas vrai qu'on voyait encore, en 1666, la maison de ce tanneur en la paroisse Saint-Etienne, puisque le père du poète la fit reconstruire en 1582, comme nous le dirons bientôt avec de plus amples développements. Il n'est pas vrai que du tanneur sortit Guillaume Malherbe, avocat, père de François Malherbe, conseiller au présidial; que ce François trouva moyen de s'enter sur les Malherbe du Bouillon et contrefit l'arrêt de 1519 où il se fit employer pour passer ensuite devant les Commissaires en 1598. Il n'est pas vrai que ce fut par le crédit des jésuites « chez qui estoit le père Malherbe (2), » et au moyen de quelqu'argent, que la famille du poète obtint, en 1645, l'arrêt de maintenue dont nous venons de parler. Il n'est pas vrai, enfin, que « le poète illustre » n'ait eu qu'un fils.

Et à qui nous objecterait le peu de fortune des parents nobles du poète, nous répondrions avec le poète lui-même dans son *Instruction* à son fils (1605) : « Mon père peut aujourd'huy posséder six ou sept cens escus de rentes, selon l'estimation que j'en ay ouï faire plusieurs fois, » et la raison qu'il en donne, c'est que « mon grand-père étoit *cadet* de sa maison; son aîné étoit seigneur de Mondreville, Merville et plusieurs autres terres. Ma grand'mère paternelle étoit de la maison d'Elbeuf où il y avoit alors cinq ou six terres nobles, desquelles, par mauvais ménage, il en est à peine demeuré une aux mains de l'héritier (1). » Fils et petit-fils de cadets, cadet lui-même, le père du poète aura été regardé comme un bien petit noble, nous allions presque dire comme un roturier, par certains esprits ignorants ou mal intentionnés (2).

(1) Nous aurons l'occasion, en parlant des lettres de Malherbe, de rechercher quelle pouvait être la parenté du poète avec le père Malherbe, jésuite.

(2) M. L. Lalanne, i, p. 332.

(3) Nous pourrions encore chercher, au profit des ascendants du poète, une preuve de noblesse dans cette possession de *colombier* nettement indiquée, en 1606, dans les lots et partages des biens paternels entre le poète et son frère Eléazar (*Registre du tabellionnage de Caen. Héritages, juin, juillet 1606* (Arch.,

Malherbe pouvait donc écrire, en toute vérité, le 27 septembre 1618, à son cousin François du Bouillon, chef de la branche aînée des Malherbe : « M. de Valles, dont vous parloit M. de Cagny en sa lettre, présenta, il y a environ un mois, une requête au conseil pour faire quelque recherche des faux nobles. M. de Valetot-Bailleul, maître des requêtes, lui fut baillé pour commissaire. Il me dit que si je le voulois aller voir, il me montreroit les papiers qu'il avoit produits, où nous et nos armes étions au rang des plus anciens. Mais je ne m'en suis point mis en peine, pource que ce n'est point chose qui soit remise en doute..... Je n'ai que faire de me travailler pour une noblesse reconnue partout comme la nôtre (1). »

Il pouvait, avec non moins de vérité, et sans jactance aucune, écrire au roi Louis XIII (2) : « Pour ce qui est de moi, Sire, il est bien vrai que la maison des Malherbe de Saint-Agnan, dont je suis et dont je porte le nom, est depuis deux cents ans en si mauvais termes qu'elle ne sauroit être pis, si elle n'étoit ruinée entièrement. Et quand je dis cela, je ne pense laisser rien à dire à mes ennemis. Mais il est vrai aussi que non seulement dans l'histoire de Normandie, mais en la voix commune de tout le pays, elle est tenue pour l'une de celles qui suivirent il y a six cents ans le duc Guillaume à la conquête d'Angleterre, et que pour le justifier, l'écusson de leurs armes est encore aujourd'hui parmi trente ou quarante des principales du temps, en l'abbaye de Saint-Etienne de Caen, dans une salle que la fortune, plutôt qu'autre chose, exempta du ravage que fit la fureur des premiers troubles en tout le reste de cette maison. »

de Me Moisy, notaire). (V. *Pièces Justificatives*, xv). Or, « dans le régime ancien de la Normandie, écrit M. J. Cauvet (*Le droit de Colombier dans la coutume de Normandie*), la possession d'un colombier était l'apanage exclusif des propriétaires de fiefs. Ce droit figurait, parmi les priviléges seigneuriaux, à côté du four et du moulin banal, de la possibilité d'avoir garenne ouverte, du droit de chasser et de pêcher, à l'exclusion de tout autre, dans le ressort entier du fief. L'adjonction d'un colombier, rempli de pigeons, aux bâtiments d'une habitation champêtre, était dès lors un signe précieux de noblesse et suzeraineté. »

(1) M. L. Lalanne, iv, p. 46-47.

(2) Lettre de Malherbe à Louis XIII : *Pour le Roi allant châtier la Rébellion des Rochelois, et chasser les Anglois, qui en leur faveur étoient descendus en l'île de Ré* (M. L. Lalanne, i, p. 349-351). Cette lettre accompagnait la pièce cIII, p. 277.

Enfin, pour venger Malherbe du reproche de sotte vanité et de vantardise que lui infligent certains érudits ennuyés de l'entendre insister, à tout propos, sur l'ancienneté de sa maison, nous indiquerons la raison qui, selon nous, le poussait à agir de la sorte, nous voulons dire, la volonté ferme et arrêtée qu'il avait de faire connaître à tous, Provençaux ou Normands, courtisans ou conseillers du Roi, l'antiquité de sa noblesse, et par ce moyen rendre son fils Marc-Antoine « capable de tous les honneurs, estats, dignitez, franchises, privilèges, prééminences et prérogatives que les loix et coustumes du Royaume de France attribuent à ceux qui sont de noble et ancienne famille. » C'est dans ces termes et uniquement pour cette raison que le procès-verbal de l'enquête des armoiries faite, en 1619, à l'abbaye de Saint-Etienne, lui fut adressé et délivré à Paris, le 20 janvier 1620, par M. le Bailli de Caen.

Nous ne saurions trop louer, chez le poète, ce désir qui avait son fondement et sa raison d'être dans l'amour profond de Malherbe pour son fils : Dieu permit un jour que cet amour fût cruellement trompé.

Il y a donc pour la noblesse d'ancienne race du poète Malherbe *force de chose jugée*.

Deux questions, tout-à-fait secondaires, se rattachent au sujet que nous venons de traiter.

Le lecteur aura sans doute remarqué, dans le cours de cet article, que le poète, à l'exemple de son père, se disait *sieur de Digny*, ou encore *sieur Digny*. Nous avons recherché la situation exacte du fief dont la propriété leur permettait à tous deux de se donner cette qualification, et nous l'avons découverte sans peine. Nous savions déjà, par les lots et partages faits en 1606, que ce fief devait être à Missy ou aux environs. Nous sommes allés aux deux mairies de Missy et de Noyers. Dans la première comme dans la seconde, le plan cadastral ne nous a rien fourni; mais le Registre de l'Etat des sections, que toute mairie possède, place le *fief Digny* dans les terres, principalement situées à Noyers, de la ferme de la Cour d'O. Le fief Digny correspond, à Noyers, aux numéros 36 et 37 (herbages), 38 (labour), 39 et 40 (prés), le tout actuellement en herbages; il se continue quelque peu sur la commune de Missy. Cette propriété de la Cour d'O (en face et à quelques pas de la gare de Noyers), appartient à Mme la marquise d'Auvers (Manche), demeurant à Pau, villa de Marancin (Basses-

Pyrénées). Le fief Digny est borné par le ruisseau d'O qui mêle ses eaux à celles du ruisseau de la Picardie. Le registre de l'Etat des sections écrit *Digny* et non *d'Igny*.

En second lieu, un détail frappe tout d'abord les yeux dans la 15e page des lots et partages de 1606 : c'est la manière toute différente dont le poète et son frère signent leur nom. Eléazar l'écrit sans la particule *de* et sans *h* : *E. Malerbe;* c'est ainsi d'ailleurs qu'il a toujours dû le signer sur le plumitif des registres du bailliage et dans les divers contrats qu'il a faits, car nous n'avons point trouvé d'exception dans toutes nos recherches. Le poète, au contraire, signe avec *de* et sans *h* : *Fr. de Malherbe.* M. L. Lalanne (1), après avoir cité la plus ancienne pièce connue où se trouve l'écriture du poète (2), fait remarquer que la signature du poète est d'un seul mot et sans *h*, et que c'est ainsi qu'il écrivit presque constamment son nom jusqu'au moment où il se fixa à Paris. Eléazar écrivait son nom à l'italienne; le poète crut devoir l'écrire à la latine, à partir surtout de 1610, peut-être lorsqu'une épigramme, où il était désigné sous le nom de *Mala herba* eut été lancée contre lui par un partisan de Ronsard (3). Après 1610, le poète signa tantôt *Fr. Malherbe,* tantôt *Fr. de Malherbe,* quelque fois encore *Fr. de Malherbe.* L'orthographe véritable du nom était cependant *Malerbe,* comme il résulte d'une pièce qui a pour titre : *Notice biographique sur le véritable nom de Malerbe,* Caen, 13 février 1829 (Bibl. nation., Mss. Fr. 14,544). Cette notice nous a paru être une communication ou un discours fait devant une société savante, peut-être celle des Antiquaires de Normandie. Elle est manuscrite, et nous doutons qu'elle ait été publiée. Voici un résumé des douze petites pages, sans nom d'auteur, qu'elle contient :

« Messieurs..., tous les biographes de Malerbe ont propagé une

(1) Loc. cit., I, p. XII.

(2) ..... Consulz de Montdragon, pour quelque occasion.....
..... au camp devant Meuerbe, ce XVIIIe
d'octobre 1577.
               « H. d'Angoulême. »
               « Par mon dit Seigneur,
                    deMalerbe »
                           (avec par.)

(3) V. *Pièces Justificatives,* xv.

erreur..... dans la manière d'orthographier son nom (Racan, Ménage, Garaby, de Brieux, Huet)..., bien que les actes prouvent que ses ancêtres et lui-même signaient *Malerbe* sans *h*..... Cette faute, signalée au xviii° siècle par le Père Martin, cordelier, l'a été de nouveau par Roux-Alphéran (*Recherches biographiques sur Malherbe*, adressées à MM. les maire, adjoints et conseil municipal de Caen. Aix, 1825)..... Malgré les lettres écrites par le Père Martin les 4 novembre et 6 décembre 1703 à Huet, celui-ci ne voulut pas, dans ses *Origines de Caen*, effacer l'*h* du nom de Malherbe... Des actes de 1236 (donation d'Hugues Malerbe et de son père à l'abbaye d'Aunay) et de 1254 (échange avec la même abbaye par Renaud Malerbe (Arch. départ.), portent *Malerbe*..... Un contrat d'échange du 5 décembre 1525 porte Jacques *Mallerbe* (2 *l* sans *h*) garde du scel des obligations de la vicomté d'Orbec..... Un procès du 8 octobre 1533 est jugé en présence de Jehan *Malerbe;* un autre de 1538, en présence de Jehan *Mallerbe*, lieutenant-général du bailli de Caen, etc... Dans les actes où le poète figure, il signe *de Malerbe* sans *h*... Eléazar signait souvent sans *h* (attestations de stage au bailliage) quoique les scribes rédigeant l'acte écrivent avec la lettre *h*... Le père du poète signe tantôt avec *h* tantôt sans *h*... Vous avez, Messieurs, fait placer sur sa maison : *Ici naquit Malherbe en 1555*. Il est regrettable que cette inscription ne soit pas conforme à l'orthographe de celle de la lucarne de la maison : Franciscus *Malerbus* hasce ædes extrui curavit 1582, etc..... Les chroniques sur la conquête d'Angleterre, une chronique mss. du xiv° siècle, les chroniques de Brompton et de Nagarel, le Livre-Pelut de Bayeux du xiv° siècle... portent tous *Malerbe* sans *h*..... L'une des deux éditions de ses œuvres, en 1630 et 1631 porte : *Malerbe*..... Ce ne sont que les parents de Malerbe qui, au xvii° et au xviii° siècles, ont écrit leur nom avec un *h*..... »

Dans toute cette question (1), comme dans celles qui suivront,

(1) Cfr. pour toute cette question : *Généralité de Caen : Recherche de la noblesse faite par ordre du Roy, en 1666 et années suivantes, par Guy Chamillart, intendant*.

Catalogue alphabétique des Personnes de Normandie, qui ont été anoblies, etc., par Ch. de Quens, avocat à Caen, et disciple du P. André (ms. in-4° 111 de la Bibl. de Caen, p. 124 à 171). (V. *Pièces Justificatives*, I).

Pièces originales (1816° volume, n° 41,954) (Bibl. nation.). (V. *Pièces Justificatives*, v).

nous avons préféré conserver l'orthographe communément admise par tous ceux qui ont parlé de Malherbe. La chose, d'ailleurs, est sans grande importance.

Familles normandes, ms. in-fol. 147 de la Bibl. de Caen, p. 234-236.

Notitia dignitatum urbis cadomensis ex chartis et aliis scriptis collecta et notis illustrata a Gervasio de la Rue, ms. in-fol. 170 de la Bibl. de Caen, p. 13-130.

Nobiliaire de Normandie, par E. de Magny, etc.

CHAPITRE II

LA RELIGION DU PÈRE DE MALHERBE

Fils cadet de Guillaume de Malherbe, sieur de Missy, et de Marie d'Elbeuf, François de Malherbe, sieur de Digny, conseiller du Roi au siège présidial de Caen, avait épousé, par acte privé en date du 13 juillet 1554 (1), damoiselle Louise le Vallois, fille de Henri le Vallois, écuyer, seigneur d'Ifs (2), et de Catherine le Joly. De ce mariage naquirent neuf enfants dont le poète, leur aîné, a pris soin de nous laisser les noms : « Nous avons été neuf enfants : François, Jeanne, Éléazar, Pierre, Josias, Marie, Jeanne, Étienne et Louise (3). »

Le poète est-il réellement né à Caen? Est-ce en 1555, ou seulement en 1556? A-t-il reçu le baptême dans l'église de Saint-Étienne-le-Vieil, paroisse de son père, ou ailleurs? Jusqu'à ce jour, tout moyen de contrôle nous a manqué pour résoudre ces questions. Mais, en l'absence des registres de catholicité, et contre l'opinion, généralement admise, qui le fait naître en 1555, à Caen, dans une maison sise à l'angle des rues Notre-Dame et Costy (4), paroisse Saint-Étienne, nous pourrions aussi bien suivre une certaine tradition populaire qui lui assigne comme lieu de naissance l'ancien château d'Arry, domaine de son père, où, ajoute-t-on, il fut élevé tout près d'une de ses tantes.

(1) Nous avons vainement cherché cet acte dans les registres du Tabellionage de Caen.
(2) Commune du canton de Caen (Est).
(3) *Instruction de Malherbe à son fils* (M. L. Lalanne, loc. cit. I, p. 333).
(4) Actuellement rues Saint-Pierre et de l'Odon.

                                    — 41 —

« La vie de Malherbe, écrit M. E. Charles (1), n'est pas une de
ces bonnes fortunes littéraires où l'histoire touche au roman, où
s'entassent les aventures, où les évènements, par leur grandeur
ou leur singularité, font jaillir de toutes parts l'intérêt. C'est une
existence calme et régulière, s'accomplissant sous l'empire d'une
seule idée à laquelle elle se dévoue; son éducation le prépara au
rôle qui lui était réservé; et son père, en l'élevant en vue d'en faire
son successeur, ne se doutait pas qu'il allait en faire un poète. »

Cette éducation première de Malherbe fut-elle aussi soignée que
le veut M. L. Lalanne (2)? Nous n'oserions l'affirmer. Faisant
allusion aux charges qu'il a pu imposer à sa famille, le poète, en
effet, nous dit dans son *Instruction à son fils* (3) : « De toutes lesquelles choses il se voit le peu de dépense que j'ai faite à mon
père; et pour l'entretien des écoles, je n'ai jamais été que six mois
en pension chez les Philippes à Caen, à Paris un an avec mon
cousin de Mondreville le jeune, puis derechef à Caen chez Varin (4),
un an sous l'Amy mon précepteur, et après sous Dinot (5) environ
six ou sept mois à Caen, et enfin sous lui-même en Allemagne. »
Et il ajoute, avec une certaine nuance d'amertume jalouse : « Mon
frère (6) a été aussi longtemps à Paris et en plusieurs pensions à
Caen. Quand il n'a point été en pension, il a eu un précepteur en
la maison. »

Si nous en croyons Daniel Huet, l'éducation de Malherbe fut
dirigée vers un but spécial, celui de continuer la charge paternelle
de conseiller du Roi au siège présidial de Caen : « Son père, qui
lui destinait sa charge, le fit étudier dans l'université de Caen où
il eut le bonheur d'avoir Rouxel pour maître dans l'étude de
l'éloquence (7). »

M. Fr. de Gournay (8) semble mettre en doute cette assertion
de Huet. « Etudia-t-il à Caen sous l'illustre Rouxel, professeur de
Rhétorique? Eut-il là, comme l'avance le P. Martin, pour condis-

____

(1) *Notice sur Malherbe*, p. 7-8.
(2) Loc. cit. I, p. x.
(3) M. L. Lalanne, loc. cit. I, p. 336.
(4) Ou Varion.
(5) Richard Dinoth, pasteur protestant, mort vers 1586.
(6) Eléazar.
(7) *Origines de la ville de Caen*, p. 364.
(8) Loc. cit., p. 235.

ciples Davy, Duperron et Bertaut qui devinrent par la suite, celui-là, évêque d'Evreux et cardinal; celui-ci, évêque de Séez? Malherbe, qui, dans son Instruction à son fils, cite jusqu'aux noms de Philippe et de Varin, au pensionnat desquels son père le fit entrer et demeurer quelque temps, ne pouvait guère oublier le nom de Rouxel, s'il avait été un de ses maîtres ou plutôt son principal professeur. »

Ce qui est certain, c'est que le père de Malherbe envoya son fils en Suisse et en Allemagne, où il prit, aux universités de Bâle et d'Heidelberg les leçons des maîtres les plus renommés, en compagnie d'autres Normands et Caennais (1).

(1) Nous avons recherché quelles traces Malherbe avait laissées de son séjour à Bâle et à Heidelberg, et voici, en substance, les réponses qui nous ont été adressées de ces deux villes par les bibliothécaires de l'Université :

1° : Universitäts-Bibliothek in Basel.

(7 décembre 1892).

« ..... Dans les registres de l'Université déposés à la Bibliothèque de l'Université, le nom de François de Malherbe est inscrit sous le rectorat de Huldricus Coccius, theol. d. et prof. ord. en *1571*. Malherbe venait en 1571 à Bâle en compagnie d'autres étudiants français dont les noms suivent :

69 D. Richardus Dinotus	
70 D. Nicolaus Grimoldus	
71 D. Guilelmus Grimoldus	
72 D. Jacob. Bonuillæus	
73 D. Francis. Malaherbæus	
74 D. Johan. Varinus	
75 D. Franciscus Varinus	Galli Nordmannj
76 D. Paulus Varinus	..... 3 th. »
77 D. Ludovicus Chaumontius	
78 D. Jacobus de S. Claro	
79 D. Ægydius de S. Claro	
80 D. Marinus Martinus	

2° : Universitäts-Bibliothek. Heidelberg, den 11 nov. 92.

« ..... François Malherbe se trouve inscrit au registre de l'Université d'Heidelberg (« Matrikel ») en 1573, au 29 mai, où se trouve cette notice (vol. III de la « Matrikel, » fol. 139 recto) :

« Franciscus Malarbeus Cadomensis 20 maij. »

Cette « Matrikel » est publiée par M. Gustave *Toepke*, « die Matrikel der Universität Heidelberg von 1386 bis 1662, » vol. III (1554-1662). Heidelberg, Carl Winter, 1886 (25 mark); voyez p. 67 n. 83.

Dans les actes de l'Université de l'année 1573 (« Annales Universitatis »), on ne trouve pas le nom de Malherbe. »

« Etant de retour à Caen, dit encore Huet, il fit des discours
dans les écoles publiques, ayant l'épée au côté; ce qui n'était pas
sans exemple; » témoin le jeune Vauquelin des Yveteaux, fils de
de Vauquelin de la Fresnaye. « Le P. Martin, qui raconte encore
ce fait, écrit M. Fr. de Gournay (1), ne cite pas la source où il l'a
puisé. Quoiqu'il en soit, le jeune Malherbe ne consuma point les
heures d'émancipation dans le far-niente qui souriait à plus d'un
disciple de son âge et de sa condition. De bonne heure, il eut, au
contraire, une grande rectitude d'esprit et le désir de laisser trace
de son passage dans le monde (2). »

Souvent lauréat du Palinod de Caen, si nous en croyons ce
passage d'un manuscrit de la Bibliothèque Mancel (3) : « ..... A
l'ancienne gloire qu'avaient procurée au Palinod les débuts de
Malherbe, de Bertrand, de Sarrasin, de Segrais, de Halley....., »
Malherbe ne doit plus être considéré, après la magnifique dissertation de M. L. Lalanne (4), comme l'auteur du *Bouquet des Fleurs
de Senèque* et des vers que le jeune homme était jadis censé avoir
dédiés soit à Michel Desprez, professeur d'éloquence et recteur de
l'Université de Caen, soit à Nicolas de Troismonts, sieur de Cham-
goubert, soit encore à Groulart, premier président du Parlement
de Normandie, soit enfin à Daniel de la Place, sieur de Fume-
chon (5). Mais ce qui est incontestable, c'est que la vocation
poétique se manifesta de très bonne heure chez le jeune Malherbe,
comme en fait foi un opuscule récemment publié sous ce titre :
La jeunesse de Malherbe, par l'éminent professeur de la Faculté
des Lettres de Caen, M. A. Gasté.

Malherbe avait à peine vingt ans quand il traduisit en vers
français l'épitaphe latine composée par Jacques de Cahaignes sur
la mort (27 mai 1575) d'une jeune fille, Geneviève Rouxel, nièce
de Jean Rouxel, professeur d'éloquence et de droit à l'Université
de Caen. Nous craindrions d'ôter quelque charme à la narration
si bien faite de cet épisode en y faisant des emprunts qui ne la

(1) Loc. cit. p. 235-236. (V. *Pièces Justificatives,* xi).
(2) Cfr. *Athenæ Normannorum : Biographie d'auteurs normands* (Ms. in-fol.
55 de la Biblothèque de Caen).
(3) *Essai sur le Palinod de Caen* (ms. in-fol. 159, p. 5).
(4) Loc. cit. i, p. cxvii et seq.
(5) Cfr. M. Fr. de Gournay, loc. cit. p. 235.

feraient qu'imparfaitement connaître ; nous préférons y renvoyer le lecteur qui s'y délectera autant que nous l'avons fait nous-même.

Un an après, au mois d'août 1576, Malherbe, muni de ce léger bagage poétique, quittait, à l'âge de vingt-et-un ans, la maison paternelle et partait pour Aix d'où il ne devait revenir que dix ans plus tard, en 1586.

Quelles furent les causes véritables de ce départ pour la Provence ? Quelles raisons déterminèrent le jeune Malherbe à s'attacher à la personne de Henri, duc d'Angoulême, fils naturel de Henri II, grand prieur de France, nommé gouverneur de Provence en l'absence du maréchal de Retz frappé de paralysie pendant son commandement ?

Nous lisons dans M. L. Lalanne (1) que les biographes de Malherbe ont, pour la plupart, ajouté foi aux assertions de Racan. D'après ce dernier, le père de Malherbe « se fit de la religion *un peu avant que de mourir*. Son fils en reçut un si grand déplaisir qu'il se résolut de quitter son pays, et s'alla habituer en Provence, à la suite de Monsieur le Grand Prieur, qui en était gouverneur. Alors il entra en sa maison à l'âge de dix-sept ans (2). »

Racan est loin d'être exact. Malherbe, né en 1555, « avait en 1576, date de son départ pour la Provence, non pas *dix-sept*, mais *vingt-et-un* ans. En outre, si le père de Malherbe, qui est mort en 1606, s'est fait protestant « un peu avant que de mourir, » ce n'est pas le changement de religion *in extremis* de son père qui a pu faire partir de Normandie le jeune poète en 1576, c'est-à-dire trente ans auparavant (3) ! » Chose vraiment bizarre, Huet, qui mettait tant de soin (sa correspondance avec le P. Martin le prouve surabondamment) à s'enquérir des plus menus détails relatifs à la vie et aux œuvres des « illustres Caennais » dont il se proposait de parler dans son livre des *Origines de Caen*, n'est pas plus heureux que Racan dans sa *Vie de Malherbe*. « Malherbe, nous dit-il (4), alla à Paris étant encore jeune. Il y fut particulièrement obligé par le chagrin qu'il eut du changement de religion que fit son

(1) Loc. cit. i, p. x.
(2) *Vie de Malherbe* par Racan. Cf. M. A Gasté, loc. cit. p. 3-4.
(3) M. A. Gasté, loc. cit. p. 4.
(4) 2ᵉ édit. p. 364.

.père dans les dernières années de sa vie. » A quoi M. A. Gasté
répond : « La question s'embrouille de plus en plus. Nous savons
par Malherbe lui-même qu'il alla très jeune (vers treize ou quatorze
ans) à Paris, avec son cousin de Mondreville, et que ces deux
jeunes gens y restèrent un an en pension (1). Donc, d'après Huet,
Malherbe serait allé à Paris vers 1568 ou 1569, par suite du chagrin
qu'il aurait ressenti de voir son père embrasser la religion réformée dans les dernières années de sa vie, c'est-à-dire vers 1604 ou
1605 (2) ! »

Un des biographes les plus consciencieux de Malherbe a voulu
révoquer en doute le changement de croyance du père du poète.
« On a écrit, dit M. Fr. de Gournay (3), qu'il s'était fait huguenot
vers la fin de sa vie; mais le docteur de Cahaignes, son contemporain, ne mentionne point ce fait grave dans l'article biographique
sur ce magistrat. Il était encore inscrit avec sa femme et ses filles,
dans les années 1593 et 1596, au catalogue des communiants de
Pâques, en la paroisse Saint-Etienne. Ainsi ce prétendu changement de religion, qui n'est attesté par aucun témoin du même
temps, reste dans le domaine de l'invraisemblance et de l'erreur. »
M. L. Lalanne ne partage pas entièrement cette opinion et fait
observer très judicieusement que « le médecin Jacques de
Cahaignes n'a point écrit une biographie du père de Malherbe. Il
a fait son *éloge* en une page dans la *Première centurie des éloges
des citoyens de Caen (Elogiorum civium Cadomensium centuria
prima)* (Caen, 1609, in-4°) (4), et encore une partie de cette page
est-elle consacrée à la louange du poète. Le silence du panégyriste
ne prouve donc absolument rien (5). »

Lorsqu'il parle du catalogue des communiants de Pâques en la
paroisse Saint-Etienne, M. Fr. de Gournay oublie d'indiquer la
source où il a puisé ces renseignements. A-t-il, comme se le
demande M. A. Gasté, emprunté ce détail au manuscrit de Quens (6)

(1) Cfr. *Instruction de Malherbe à son fils.* (M. L. Lalanne, I, p. 336).
(2) M. A. Gasté, loc. cit. p. 4-5.
(3) Loc. cit. p. 232.
(4) Cfr. N. A. de Blangy dans la traduction de ces *Eloges*, p. 359 et seq.
(5) M. L. Lalanne, I, p. x.
(6) *Catalogue alphabétique des personnes de Normandie qui ont été anoblies,*
etc., par Ch. de Quens, etc. (ms. in-4° 111 de la Bibl. de Caen). (V. *Pièces Justificatives,* I).

où on lit, p. 140 : « En 1593, M. de Digny, sa femme et ses filles...
M. Malherbe inscrits au catalogue des communiants de Pâques à
Saint-Etienne de Caen... En 1596, M. Manerbe *(sic)* et sa femme...
Mlle Digny inscrits de même. » S'agirait-il, comme le voudrait
M. A. Gasté, d'Eléazar de Malherbe lequel (même manuscrit) est
cité, à la date de 1594, comme trésorier de l'église Saint-Etienne?
Il est certainement question d'Eléazar, puisque nous lisons : « En
1593, M. de Digny, sa femme et ses filles... M. Malherbe, etc. » —
M. de Digny, c'est le père; M. Malherbe, c'est, à n'en point douter,
Eléazar : nous l'affirmons sans crainte, puisqu'à cette époque
Eléazar n'était pas encore marié et n'avait point de filles. Son
contrat de mariage, en effet, ne fut signé qu'en janvier 1595 (1).

Quelle que soit la source où M. Fr. de Gournay ait puisé le renseignement qu'il vient de nous fournir, il est des preuves authen-
tiques qui établissent, d'une manière indiscutable, qu'à une
certaine époque de sa vie, le père de Malherbe fut protestant et
protestant fanatique.

Déjà, en 1860, M. Charles Read avait signalé, dans la *Correspondance littéraire* du 25 juin (2), l'existence de deux registres de
baptêmes appartenant à l'ancienne église réformée de Caen. Il y
était dit que « François de Malherbe, sieur de Digny, conseiller
du Roi au siège présidial de Caen, » avait été le parrain de deux
enfants baptisés au temple, l'un, le 1er février 1566, l'autre, trente
ans plus tard, le 18 février 1596.

A ces registres sont venus s'en adjoindre quelques autres retrou-
vés, en 1860, par M. Ch. Read lui-même à la ferme du Bostaquet
(Seine-Inférieure), et actuellement, comme les deux premiers,
aux Archives du Calvados. Nous avons feuilleté onze de ces
registres, avec non moins d'attention et de soin que MM. A. Gasté,
S. Beaujour et C. Osmont (3), et nous avons relevé dix-neuf

(1) Arch. de Me Moisy. (V. *Pièces Justificatives*, xiv).

(2) Cfr. le *Bulletin historique et littéraire de la Société de l'Histoire du Protestantisme français* : t. ix (1860), p. 7, où est publiée la communication de
M. Ch. Read sur sa découverte du Bostaquet en 1860; — p. 358, où le même
Bulletin reproduit sous ce titre : *A quelle époque le père de Malherbe est-il
devenu protestant? Sa conversion a-t-elle pu motiver l'éloignement de son fils de
la maison paternelle?* l'article publié par M. Read dans la *Correspondance
littéraire*.

(3) *La Religion du père de Malherbe*, par M. S. Beaujour (*Bulletin*, t. xxii
(1873), p. 93-94), et *Renseignements nouveaux sur le père et la famille du poète*

actes (1) dont quatre nous prouvent que, de 1561 à 1568, le père
du poète eut quatre de ses enfants baptisés au temple protestant :

    Pierre, le 9 octobre 1561,
    Josias, le 15 décembre 1562,
    Marie, le 27 décembre 1566,
    Jeanne, le 8 mars 1568.

Cette Jeanne était la deuxième du nom, la première, probablement
née vers 1556, étant morte « en enfance, » pour nous servir des
paroles déjà citées du poète.

Sur les neuf enfants de François de Malherbe, sieur de Digny,
quatre ont donc reçu le baptême au temple protestant. Furent-ils
les seuls?

Il est à peu près hors de doute que l'aîné, François, vit le jour
en 1555 et fut baptisé dans l'église paroissiale de Saint-Etienne-
le-Vieil, ou même d'Arry. D'ailleurs l'église réformée de Caen ne
fut organisée qu'en 1558. Ce qui fait dire à M. N. Weiss (2) : « Si
le futur poète — sans doute l'aîné... puisqu'il naquit déjà en 1555
et fut appelé François comme son père — ne figure pas sur les
mêmes registres que ses quatres frères et sœurs que nous venons
de nommer, c'est qu'en 1555, comme on l'a d'ailleurs déjà dit, il
n'y avait pas encore à Caen d'église réformée « dressée, » c'est-à-
dire pourvue d'un ministère régulier, d'un consistoire, de registres,
etc. » M. N. Weiss voudrait-il entendre, par ces derniers mots,
que le poète fut baptisé au temple protestant, mais que les registres
seuls manquent pour en donner la certitude? M. S. Beaujour est
autrement réservé : « Le poète lui-même, né cinq ans trop tôt,
écrit-il quelque part, n'a dû qu'à cette circonstance de n'avoir pas
reçu le même baptême que ses frères et sœurs (3). »

Malherbe tirés des registres de l'Eglise réformée de Caen (*Bulletin*, t. xi (1862),
p. 239), et *Bulletin de la Société des Antiquaires de Normandie* (3ᵉ année,
1ᵉʳ trimestre, janvier-mars 1862). — Cfr. *Bulletin de la Société de l'Histoire du
Protest.*, t. xi (1862), p. i, pour le rapport de M. S. Beaujour; — t. xl (1891),
p. 387-389, et 447 : *La Religion du poète Malherbe*, par M. N. Weiss; — *Essai
sur l'histoire de l'Eglise réformée de Caen*, 1877, par M. S. Beaujour, p. 105. —
Nous avons relevé, au passage, plusieurs erreurs de M. C. Osmont. Il écrit six
fois *Igny* pour *Igny*; deux fois *Braulard* pour *Beaulard*; *may* pour *mars*; *26ᵉ*
pour *27ᵉ*; *Baron* pour *Bacon*; *mardy* pour *jeudi*, etc. (V. *Pièces Justificat.*, viii).

(1) V. *Pièces Justificatives*, viii.
(2) Loc. cit. p. 387.
(3) *Bulletin*, t. xxii (1873), p. 94.

Il reste donc quatre enfants de François de Malherbe, sieur de Digny, la première Jeanne, Eléazar, Etienne et Louise, dont nous n'avons pu retrouver l'acte de baptême, soit dans les registres de Saint-Etienne-le-Vieil qui datent seulement de la fin de 1606, soit même dans les registres des protestants qui, commençant en 1561, manquent du mois d'octobre 1568 au 8 avril 1570 par suite de la paix de Saint-Germain, et du 31 août 1572, quelques jours après la Saint-Barthélemy, au 27 avril 1576. « Toutefois, écrit M. A. Gasté, il est fort probable que les deux derniers enfants du sieur d'Igny, Etienne et Louise, nés depuis 1568, ont été baptisés par un pasteur protestant, comme l'avaient été, de 1561 à 1568, Pierre, Josias, Marie et Jeanne deuxième du nom. Si Jeanne, première du nom, est née avant l'établissement de la religion réformée, c'est-à-dire avant 1558, elle a dû être baptisée à l'église Saint-Etienne comme son frère aîné, François. — Pour Eléazar, je crois bien qu'il est né après l'établissement de la religion réformée et baptisé au temple. Le prénom d'Eléazar n'était jamais donné à des enfants catholiques (1). Du reste, le père d'Eléazar, qui semble avoir aimé tout particulièrement ce prénom, en a gratifié *trois* de ses filleuls protestants... Si Eléazar a été baptisé au temple protestant, il a dû rentrer plus tard dans le giron de l'Eglise catholique (2), » puisque nous lisons dans le manuscrit déjà cité de Quens, p. 140 : « En 1594, noble homme Eléazar Malherbe, conseiller au siège présidial de Caen, trésorier de ladite église (de Saint-Etienne) (3). »

Non-seulement le père du poète fit baptiser plusieurs de ses enfants par des ministres protestants; mais encore il présenta, en qualité de parrain, jusqu'à quinze fois, de 1563 à 1606, des enfants au temple de l'église réformée :

le 19 mars 1563, Jean, fils de Robert Vautier;

le 27 mars 1563, Anne, fille de Jean Loysel;

le 1er février 1566, Eléazar, fils d'Abel d'Esterville;

le 1er mai 1566, Marie, fille de Robert de la Beulière;

le 11 juillet 1566, Eléazar, fils de Thomas la Douespe;

(1) Cette dernière affirmation nous paraît exagérée. Le prénom d'*Eléazar*, comme beaucoup d'autres, n'est ni catholique ni protestant, mais juif. L'Eglise catholique compte plusieurs saints qui l'ont porté; et dès lors rien n'empêchait qu'il fût donné à des enfants catholiques.

(2) M. A. Gasté, loc. cit. p. 7-8.

(3) V. *Pièces Justificatives*, I.

le 29 décembre 1566, Daniel, fils de Thomas Byot, serg. ;

le 23 février 1567, Eléazar, fils de Guillaume Hébert ;

le 5 septembre 1568, Jacques, fils de Jacques de Cauvigny le jeune, s^r de Bernières ;

le 7 mai 1595, François Blascher ;

le 18 février 1596, Thomas Larcher ;

le 3 juin 1596, François Anger ;

le 1er janvier 1597, François de Bicy ;

le 6 janvier (1) 1602, Jeanne de Missy ;

le 20 mai 1603, Françoys le Fauconnier, fils de Jean le Fauconnier, beau-frère du poète, et de Philippine Lecourtois, sa seconde femme ;

le 5 février 1606, Marie le Révérend.

Il est donc bien établi que François de Malherbe, sieur de Digny, père du poète, était protestant. Il fut même un jour où, non content de professer plus ou moins ouvertement la religion dans laquelle il n'avait pas été élevé, il en poussa la pratique jusqu'au fanatisme le plus militant et le plus farouche. Voici, en effet, ce que nous lisons dans une *Notice sur la Chambrerie de l'Abbaye de Troarn* (2), publiée, en 1856, par M. Alfred de Caix, dans les *Mémoires de la Société des Antiquaires de Normandie* (3) :

« Les guerres civiles et religieuses du xvie siècle devaient leur (4) porter un coup bien autrement fatal. L'époque la plus désastreuse en Normandie fut l'année 1562. Pour donner un aperçu des désordres et des sacrilèges qui eurent lieu à cette époque, on nous permettra de mentionner en détail les dévastations accomplies dans l'abbaye de Troarn ; ce sera l'histoire de toutes les maisons religieuses du temps. Nous laisserons ici parler un moine (5) qui a rédigé la chronique du monastère *(Registre des titres du chartrier de Troarn, f° 55, ms. Archives du Calvados* (6). Son récit est

(1) Et non le 1er janvier, comme l'écrit M. A. Gasté, après M. S. Beaujour.

(2) Chef-lieu de canton du Calvados.

(3) 3e série, 2e vol., xxii^o de la collection, p. 348-349.

(4) Aux moines de Troarn.

(5) Dom Albéric Vienne, sacristain de l'abbaye et curé de Sainte-Croix de Troarn.

(6) Ou plutôt : *Inventaire général des chartres et titres de fondation, dotation, confirmation, possessions, droits et privilèges de l'abbaye de Saint-Martin de Trouar, f° 33. Archives du département du Calvados, série H* (fonds de l'abbaye de Troarn).

4.

empreint d'un sentiment d'indignation qui colore son style. »

Nous préférons au texte de M. A. de Caix celui-ci plus complet et plus conforme à l'original que nous avons soigneusement consulté et transcrit :

« Comme les Anglois estoient bons catholiques dans le tems qu'ils faisoient la guerre en France, s'ils pillèrent l'abbaye de Trouar, ils eurent du respect pour l'église, et on n'a point remarqué qu'ils l'aye pilliée comme les autres lieux ; mais en 1562, le 14 et le 15 may, du tems des troubles de la religion, après l'édit mesme de pacification, une compagnie de voleurs, de perfides et d'hérétiques de la ville de Caen, dont voicy les noms des principaux, afin que leur mémoire soit ici en exécration et en abomination à tout jamais : *capitaine, M° François Malherbe, sieur Digny*, Gilles de Benneville (1), prévôt des maréchaux, Pierre Ferragu, Robert Hébert surnommé Lortie, Jean Roulland l'aisné, Jean Roulland le jeune, Guillaume du Nort, Thomas Coullomp, le sieur de Rauvillert, de Neuville et autres, armez de toutes sortes d'armes, entrèrent de force dans l'église, rompirent les autels, images, crucifix, bancs, chaires et autres meubles de ladicte église, bruslèrent tout dans l'esglise mesme, prirent les livres, ornemens, reliques et argenteries, qui estoient considérables et emportèrent le tout (2). Ensuite ils rompirent les portes du chartrier ou trésorerie et autres lieux où estoient les titres et enseignemens concernant le revenu, lesquels ils bruslèrent et mirent en cendre (3), avec plusieurs beaux livres et ouvrages des saints Pères qui estoient dans ladite abbaye ; pendant que ces abominables faisoient ces

---

(1) Bonneville, ou Banneville.

(2) Les reliques étaient le chef de saint Anastase couvert d'argent, un bras et une main d'argent avec pierreries, une grande croix et une châsse ou fierte, plusieurs autres petites croix, boites, armoires, le tout d'argent.

(3) « La dispersion des titres fut si préjudiciable au monastère de Troarn, dit M. A. de Caix, p. 349, qu'il fallut suppléer par des enquêtes à la perte des actes de propriété, et il fut rendu un arrêt du Parlement de Rouen, ainsi formulé : « Henry, par la grâce de Dieu roy de France et de Pologne, au premier huissier de nostre cour du Parlement (ou sergent royal sur ce requis), salut : Veu par notre dite cour la requeste présentée à icelle le 17 décembre 1574, par les religieux, abbé et couvent de Trouart, narrative que pour raison des troubles et guerres civiles ayant eu cours en ce royaume, et mesme en ce pays de Normandie, depuis l'an 1562, les chartes et papiers et enseignements concernant les fondations, donations et augmentations de ladite abbaye, auroient

sacrilèges, Pierre Ouardel, bourgeois de Caen, fit abattre quantité de bois de fustaye dans ladicte abbaye, lequel ensuite il fit enlever. Comme la menuiserie des chaires du chœur estoit des plus belles, Philippes Moray, Fabien Mourot, Merix Liedos de Trouar, et autres rompirent, brisèrent et emportèrent lesdictes chaires, brisèrent les vitres, arrachèrent le fer des huis et fenestres de l'église et des maisons de ladicte abbaye. Martin Vidie dit Brourcy, Robert Renier dit Pain Mollet, serrurier de Caen, et autres, découvrirent la tour qui estoit couverte de plomb, le prirent, emportèrent l'horloge et une des grosses cloches, abattirent les cloches de Trouar, avec plusieurs ferailles et ustensilles qu'ils emportèrent. Enfin ces insolens et abominables ne laissèrent dans ladicte abbaye ny meubles, qui estoient en grand nombre et fort précieux, ny vivres, ny provisions, dont elle estoit bien garnie, ny vitres, ny portes, ny ferrures, ayant tout ruiné et mesmes démoly et abattu les cloistres! Qui voudra voir la rage de ces désespérez en toute son estendue, lise les mémoires, informations et aures procédures faites contre eux (les abbé et la pluspart des religieux s'estoient enfuis et avoient abandonné ladicte abbaye). »

Ce document, curieux à plus d'un titre, et en partie cité dans l'opuscule de M. A. Gasté qui, en présence d'une preuve si particulièrement forte, tire cette conclusion nécessaire, un peu trop douce, il nous semble, pour le chef d'une pareille entreprise : « Le doute n'est plus possible! Le père de Malherbe était protestant, et protestant « jusqu'aux moelles, » on peut le dire (1). » S'il plaisait à François de Malherbe, sieur de Digny, d'abjurer la religion de ses pères pour embrasser les erreurs de Calvin, c'était son affaire, et il aurait pu se contenter de pratiquer sa nouvelle religion en protestant convaincu et fervent. Mais quelle différence entre cela, et s'ériger, du premier coup, en sectaire farouche, en chef de pillards et de voleurs incendiaires et sacrilèges! Franchement, une chose a manqué à sa gloire : celle d'avoir complété,

esté brûlés, pillés et dérobés, ou la plupart, à raison de quoy les débiteurs et redevables veulent denier, mécongnoistre leurs debtes et redevances : ils requièrent d'être autorisés à faire sommer, interpeller, par le premier nostre huissier, ou sergent sur ce requis, les personnes qui se trouvent redevables, etc., etc. » (Arch. du Calvados).

(1) Loc. cit., p. 9-10, et p. 46-47.

par l'assassinat des religieux demeurés à l'abbaye, sa misérable
équipée de prosélyte déjà courant à la curée!

M. A. Benet, archiviste du Calvados, a publié le document que
nous venons de rapporter dans une brochure intitulée : *Notes sur
Malherbe et sa famille* (1) ; mais c'est à tort que le savant archiviste
affirme sa priorité dans la publication d'une pièce, ou plutôt, d'un
ensemble de pièces éditées, en 1856, par M. A. de Caix. Toutefois,
il apporte de nouveaux documents dont nous allons résumer la
teneur, et principalement les passages qui concernent la part,
plus ou moins prépondérante, que le père du poète eut dans le
sac de l'abbaye de Troarn.

Une enquête royale fut ouverte pour connaître des faits que
nous avons racontés plus haut. L'abbé et les religieux fournirent
plusieurs articles « devers... messieurs les Commissaires députés
par le Roy en ce païs de Normendye pour faire entretenir les
édicts faitz sur le faict des troubles et punir les infracteurs et
contrevenantz à iceulx, afin, disaient-ils, qu'il vous plaise informer
du contenu auxdicts articles touchant la ruyne et démolition de
l'église, maisons, bois et appartenances de ladicte abbaye, com-
bustion des tiltres, lettres et enseignements d'icelle abbaie, ravage-
ment et dérobement des relicques, joyaulx et aultres meubles
d'icelle abbaie, ainsy qu'il ensuyt. Et premièrement : « Scavoyr
et enquérir des tesmoings qui vous seront produictz sy au mois
de may que l'on conte mil cinq centz soixante et deux, viron le
quatorze ou quinz^{esme} jour d'icelluy mois, plusieurs personnes, et
jusques au nombre de trente ou quarante, saisiz d'armes et bastons
et massez, s'estoient transportez de la ville de Caen en ladicte
abbaie, conduictz ou suivis par *Me François Malherbe, sieur Digny,*
et Gilles de Benneville, provost de mareschaulx, lesquels auroient
rompu les aultelz et images de ladicte abbaye, rompu et brisé les
bancz et aultres meubles d'icelle église et iceulx bruslés avecque
les livres et plusieurs ornementz de ladicte église, et ce faict, se
seroient ensaisinez de grand nombre de reliques d'icelle abbaye
et jusques à la valleur de la somme de mil cinq centz escuz et
plus, qu'ils avoient emportés en ladicte ville de Caen ou ailleurs
où ilz auroient voullu. »

Suit la relation des faits, qui ne s'éloigne que pour la forme de

(1) 1890.

celle faite par Dom Albéric Vienne. En 1562, vers la fête de l'Ascension, plusieurs membres de l'église réformée de Caen, venus à pied ou à cheval, et menant avec eux, après les avoir recrutés en chemin, de nombreux sujets de l'abbaye et baronnie de Troarn, vinrent droit à l'église abbatiale, « et de prime face rompirent et brisèrent tous les images d'icelle. » Aussitôt après, ils allumèrent un grand feu dans la nef de l'église où « les dessus dits *le sieur Digny, conseiller*, et ung nommé Banneville qui les y amenèrent » firent jeter « grand nombre d'ornementz qu'ils feirent brusler avec le crucifix et les deulx images de Nostre Dame et de sainct Jean, avec une partie du pupistre auquel estoit engravé en or et azur l'histoire de la Passion. » Cela fait, ils se dirigèrent vers la trésorerie et en firent retirer plusieurs longs coffres remplis de titres divers, « et le tout faict apporter audit grand feu allumé en la nef de ladicte église où le tout fut bruslé et consummé avecques tous les livres de l'église escriptz en parchemin et notez à la main, servantz à chanter le divin service, estantz en grand nombre et dont y eut dommage auxdicts lyvres de plus de quatre à cinq centz livres tournois. » Après quoi, « lesdits Banneville, *Digny* et autres » se transportèrent dans un bûcher où était enfermé un coffre, dans lequel étaient les reliques de l'abbaye « enchassez en argent; » ils se saisirent de l'argenterie « et gettèrent lesd. reliques à val la court et ledict coffre porté dedens le feu qui estoit allumé à ladicte église, etc. »

L'audition des témoins sur les faits produits par l'abbé Mathurin de Harville eut lieu le jeudi 2 septembre 1563, à Caen, devant Charles de Bourgueville, écuyer, lieutenant du bailli de Caen et commissaire du Roi pour le fait de l'exécution de l'édit de pacification signé à Amboise au mois de mars précédent. Le premier témoin interrogé fut « Marin le Chevallier, du bourg de Trouart, demeurant serviteur en l'abbaye dudit lieu, » lequel déclara, entre autres choses, qu'il « se recorde y avoir veu ung appelé *le sieur Digny*, de ceste ville, ne pourroyt dire s'il métoit la main aux dictz abatementz, mais qu'il estoit de la compagnie des aultres. »

Louis Canyvet, du bourg de Troarn, jadis sergent royal, et, à l'époque du pillage, sergent de l'abbaye, déclara avoir semblablement vu « le provost Benneville et *le sieur Digny*, l'ung des conseillers de ce siège présidial, accompagnés de trente ou quarante jeunes hommes de ceste ville, qui abbatirent, cassèrent, rompirent les images, autels, etc. »

Enguerrand Legendre, demeurant à Saint-Pair près de Troarn, certifia avoir aperçu « *le sieur Digny, M° François Malherbe, conseiller en ce siège.* » Même déclaration fut faite par Gaspard le Soifre, domicilié à Caen et naguère receveur de l'abbaye. « Après ces choses, ajouta ce quatrième témoin, ledit de Benneville, provost, et *Digny, conseiller,* furent advertiz, ne sçait par quelles personnes, que les reliquaires de l'abbaie avaient esté mis dedens ung coffre ferrez et ledict coffre enfouy secrètement soubz des tonneaux au celier du prieur, et pour la cause avoient faict retirer les hommes et compagnons qui estoient partis de ceste ville et qui avoient faict lesdictz abattementz et rompement d'images, et avoient faict deffouir ledict coffre, où estoient lesdicts reliquaires, desquels le s^r de Benneville se saisit, présence *dudict Digny,* à scavoir de l'argent dorez et pierreries en quoy estoient enchassés auchuns reliquaires et ossementz comme bras, mains, et aultres reliques qu'ilz jetoient en la court, et mirent lesdicts reliquaires en une pouche qu'ils feirent puis après charger sur ung cheval et apporter en ceste ville par ung boullenger de Trouart qu'il ne congnoist de nom. »

Telle fut, en résumé, l'enquête de 1563 sur le pillage de l'abbaye de Troarn. Le futur poète avait alors de sept à huit ans, l'âge où la raison s'éveille et garde, en un impérissable souvenir, les impressions de la première enfance. Connut-il alors les détails de cette triste affaire, et n'est-ce pas là le commencement du « grand déplaisir » dont parle Racan ?

Le 15 janvier 1577, en vertu d'un arrêt du Parlement de Rouen, une nouvelle enquête fut faicte devant « Jehan Vauquelin, escuyer, licencié ex loix, sieur de la Fresnaye, » lieutenant-général du bailli de Caen. Les témoins cités nommèrent encore Gilles de Benneville, mais ne prononcèrent en aucune manière, contrairement à ce qui s'était passé en 1563, le nom de François de Malherbe, sieur de Digny. Un *on* mystérieux le remplaçait à cette heure, sans doute pour obéir à un mot d'ordre donné, nous ignorons par qui et à quelle intention. L'affaire était pour toujours étouffée, et le conseiller au siège présidial, si chaud partisan de la Réforme en 1562, pouvait désormais pratiquer sa religion en toute sécurité, sans avoir à craindre d'être à nouveau inquiété pour les regrettables excès auxquels il s'était laissé d'abord entraîner.

De fait, est-il resté protestant? A-t-il, avant de mourir, abjuré les erreurs de Calvin et cherché, d'une manière ou d'une autre, à rentrer dans le sein de l'Eglise catholique?

M. A. Gasté répond affirmativement à la première de ces questions et nie tout retour du père de Malherbe au catholicisme : « Donc, écrit-il (1), quoiqu'en dise M. Fr. de Gournay, le père de Malherbe est mort protestant; et, à moins de l'accuser d'une hypocrisie invraisemblable, il ne pouvait, en qualité de catholique, communier à Pâques, à Saint-Etienne, en 1593 et en 1596, puisque de 1595 à 1606, date de sa mort, il a été *sept fois* parrain au temple protestant. »

Nous ne sommes pas du même avis; et, avec tout le respect que nous devons à la science si autorisée de M. A. Gasté, nous nous permettrons d'opposer à son assertion formelle quelques documents inédits, d'un intérêt réel, qui prouvent au premier chef que François de Malherbe, père du poète, était en 1589, sinon avant, revenu au catholicisme, du moins extérieurement. Nous essaierons ensuite d'expliquer l'étrangeté de sa conduite dans la profession simultanée du protestantisme et de la religion catholique.

Nous avons trouvé le premier de ces documents dans les Registres de Saint-Etienne-le-Vieil (2). Il s'agit du règlement pour la réduction du nombre des prêtres obitiers à six y compris le curé. La liasse comprend cinq pièces.

La première est du 18 avril 1589 et consiste « en une sentence première pour faire donner règlement et arrêter le nombre des prêtres obitiers de l'église Saint-Etienne-le-Vieil de Caen. »

La seconde, sur parchemin, est du 19 avril, et ne parle point du père du poète, pas plus que la première et la troisième.

La quatrième pièce; en date du 23 avril, est une délibération des sieurs curé et paroissiens de Saint-Etienne-le-Vieil aux fins de la déclaration de la réduction, du 18 mai suivant, du nombre des obitiers à six y compris le curé. Or, dans cette pièce, d'une importance capitale pour la thèse que nous soutenons, il est dit que

(1) Loc. cit. p. 9.
(2) Série G. des Archives du Calvados.

d'après « l'advertissement faict au prosne de la grande messe parroissiale de Saint-Etienne-le-Vieil de Caen,... les parroissiens dudit lieu » auront à « s'arrester à la fin de la dicte grande messe pour donner advis sur le contenu en certain acte donné de Monsieur maistre Jacques Blondel..... » et que « se sont arrestés et assemblés, à la fin de ladicte messe les parroissiens dudict lieu, scavoir est, *nobles hommes Mᶜ François Malerbe, Eléazar Malerbe conseillers du Roy au siège présidial dudict Caen*, Cyprian Auvray trésorier dudict lieu, Nicolas le Fauconnier, Quentin et Jacques dictz Boullon. » Suivent une liste d'environ trente-cinq noms, les délibérations et la décision : le tout signé des trente-cinq ou quarante paroissiens, et, en première ligne, du père du poète et de son fils Eléazar.

On pourrait nous objecter que le François Malherbe, dont il est ici question, était le poète lui-même alors à Caen. La pièce nous fournit deux preuves du contraire : d'abord la qualification de *conseillers* du Roy. Le mot est au pluriel et désigne clairement les deux Malherbe dont il est question, François et Eléazar. Or tout le monde sait que le poète n'a jamais été conseiller du Roi. En second lieu, la signature est bien celle du père de Malherbe, telle que nous l'avons relevée en d'autres actes, principalement dans les Registres de l'Hôtel de ville et dans les pièces dont nous allons bientôt parler.

Voilà donc un fait acquis. Le père du poète assiste à la messe paroissiale de Saint-Etienne-le-Vieil, le 23 avril 1589, 3ᵐᵉ dimanche après Pâques incompréhensible : de la part d'un huguenot, ce fait s'explique parfaitement de la part d'un catholique. Bien plus, il occupe, parmi les autres fidèles, la première place, la place du seigneur du lieu, si nous pouvons parler ainsi ; lui et son fils sont qualifiés de « nobles hommes; » ils sont nommés avant le trésorier lui-même ; ils signent avant tous les autres et doivent être les premiers marguilliers de la paroisse. Rien d'étonnant, après cela, qu'on les trouve dans le catalogue des communiants de Pâques en 1593 et en 1596.

La cinquième pièce, datée, du 18 mai 1589, est une copie de la sentence de réduction du nombre des obitiers. On y lit : « Après avoir eu communication dudict estat porté par le certifficat de ce faict, signé de *nobles hommes Mᶜ François et Eléazar dits Malherbe, conseillers du Roy* au siège présidial dudict Caen, parroissiens dudict lieu et parroisse de Saint-Estienne, ensemble des trésoriers et autres parroissiens, et oüy le Procureur du Roy, etc. » Cette pièce n'est que la confirmation de la précédente et des preuves du catholicisme du père de Malherbe à cette date (1).

Mais voici un second document d'une importance capitale. Nous l'avons cherché sur une indication que nous avait fournie, en juillet 1891, la *Revue catholique de Normandie* (2), et facilement découvert, en l'étude de Mᵉ Moisy, dans le registre du tabellionage de Caen, à la date du vendredi 21 juillet 1589. Il s'agit d'une chapelle de l'église de Saint-Etienne-le-Vieil, la chapelle de Saint-Jacques, où la famille Malherbe avait précédemment droit de sièges et de sépulture. « De sa bonne volonté, » noble homme Mᵉ François Malherbe, sieur Digny, consʳ du Roy au siège présidial de Caen, fieffe cette chapelle pour « la somme de quarante solz tournois de rente hipotèque qu'il avoit droict d'avoir et prendre par chacun an au terme sainct Michel en septembre sur et de l'obligation de Robert Berthault de la paroisse d'Arry. » Cette somme, le père du poète la donnait « au thrésor de l'église paroissiale de Saint-Estienne-le-Vieil de Caen, » et s'engageait à la verser « pour aider à l'entretièn de ladicte église et afin d'avoir ledict Malherbe, la demoiselle sa femme, leurs enfants et successeurs leurs sièges et droict de sépulture à la chapelle Saint Jacques sise au hault de l'une des ailles de ladicte église et afin que ladicte chapelle soit et demeure audict sieur Malerbe et à ses successeurs pour sépulchre de sa famille, *encores que iceluy Malerbe maintint avoir dès à présent les mesmes droictz et en estre en paisible possession.* » Il pouvait, sans plus de retard, faire « poser en ladicte chapelle sièges pour luy, la damoiselle sa femme, et filles, et damoiselles de sa maison,... faire rafraîchir les tombes de ladicte chappelle à la mémoire de ses prédécesseurs inhumez en icelle et y poser tombes de nouveau, paindre, graver et imprimer ses armoiries quand faire le voudra et l'occasion s'en présentera ; et outre, en faveur de ce présent, ledict Malerbe a promis faire réparer pour ceste fois la vitre de ladicte chappelle. »

C'est là, nous le répétons, un document de la plus haute

(1) V. *Pièces Justificatives,* IX.
(2) *Les anciens registres de paroisses : Saint-Etienne-le-Vieux de Caen,* par M. l'abbé Huet, curé-doyen d'Isigny, p. 28 de la *Revue.*

importance dont toute la teneur prouve jusqu'à l'évidence que le père du poëte était rentré dans le giron de l'Eglise catholique dès l'année 1589, sinon avant. En effet, outre que l'acte parle clairement des droits antérieurs de François de Malherbe à la chapelle de Saint Jacques qu'il détient en toute « paisible possession, » ce même contrat, légalement passé et contresigné devant et par Bacon et Raoul Caillot, tabellions à Caen, fait allusion à un certificat du curé de Saint-Etienne-le-Vieil, pareillement inséré dans le registre du tabellionage et non moins explicite que le contrat lui-même. Le voici, tel que nous l'avons relevé :

« Je Michel Brière, prestre, curé de l'église paroissiale de Sainct-Estienne-le-Vieil de Caen, certiffie que le dimanche dix-huictiesme jour decembre mil cinq centz quatre vingt huict, à la fin de la grande messe parochiale, ledict jour par moy célébrée en ladicte église, se sont arrestez en icelle, auprès la table des trésoriers, les parroissiens aiant assisté à ladicte messe, desquels les noms ensuivent : honorable homme M. Louis Poullain, lieutenant de Monsieur le vibailly de Caen, Brix de Launay, Adam Guernier, etc., etc., auxquels a esté proposé de la part d'honnestes hommes Cyprian Auvrey et Benedic Bouchard, trésoriers de ladicte église, que noble homme maistre Françoys Malherbe, sieur Digny, prétendant au droict de sièges et sépultures pour sa famille en la chapelle Saint Jacques au hault de l'une des aisles de ladite église et en estre en possession de temps immémorial, affin de luy estre ledict droict confirmé et en avoir lettre, offroit donner audict trésor quarante soldz tournois de rente et repparer pour ceste fois la vittre de ladicte chapelle, demandant iceux trésoriers advis auxdicts paroissiens s'ils debvoient accepter ladicte demande aux conditions que dessus, et que tous lesdicts paroissiens uniformément ont advoué et ratiffié et authorizé lesdicts trésoriers de passer lettre audict Malherbe de ladicte chapelle. En tesmoing de quoy j'ai signé ce présent certiffical, présence de nobles personnes Philippe de Clinchamp et Jehan le Verrier et aultres.

1588.

Brière.

(avec paraphe) (1).

(1) Cfr. deux pièces insérées, l'une, dans *l'ancien inventaire des titres du trésor de Saint-Etienne*. (G. Cotte *FE.. vn*), l'autre, dans *l'Inventaire des titres*

François de Malherbe et ses descendants durent fidèlement payer au trésor de l'église Saint-Etienne les quarante solz tournois de rente. Dans un registre paroissial de cette église (1), nous lisons en effet ces lignes, écrites en 1674 : « Par contract passé devant Bacon et Caillot, tabellions roiaux à Caen, le vingt et un^e jour de juillet mil cinq centz quatre vingt neuf, deffunct Me François Malherbe, vivant escuyer, conseiller du Roy au bailliage et siège présidial de Caen, fieffa la chapelle de Saint Jacques, qui est celle à présent de l'Ange Gardien (2), par quarante solz de rente qu'il bailla lors à prendre et recepvoir sur Robert Berthault de la parroissse d'Arry. Messieurs Malherbe, ses enfans et herittiers, ont depuis payé ladite rente par leurs mains..... »

La force probante de ces documents est manifeste. Elle aurait été singulièrement confirmée par deux détails auxquels on n'a peut-être pas assez pensé jusqu'à ce jour : l'acte de sépulture du père de Malherbe, et l'inscription de la pierre tombale recouvrant ses restes. Malheureusement, les registres de sépulture, déposés à l'Hôtel-de-Ville, ne commencent, pour Saint-Etienne, qu'après 1630 ; et, d'un autre côté, toutes les pierres tombales de la chapelle de Saint Jacques, la première à droite de l'autel, sont et resteront sans doute longtemps encore cachées aux regards, avec les inscriptions qu'elles pourraient fournir, recouvertes qu'elles sont, dans le curieux monument qui fut Saint-Etienne-le-Vieil, par un amas de décombres qu'il ne nous appartient pas de faire disparaître.

Il reste donc bien acquis que le père du poète était rentré, en 1589, dans le sein de l'Eglise catholique. Et cependant, devant ce fait indiscutable s'en place un autre qui semble en être la négation, nous voulons dire cette suite d'actes de parrainage au temple protestant. Comment concilier, dans le même homme, cette profession de deux religions s'excluant l'une l'autre ?

Il est certain, et nous le reconnaissons avec M. L. Lalanne, qu'un catholique, d'après les prescriptions formelles des synodes, ne pouvait alors être parrain d'un enfant présenté au baptême dans un temple protestant ; encore moins un protestant pouvait-il

---

et papiers du trésor de Saint-Etienne. (G. III.. *FE. 1658.* Cotte *FE.* et deux) (Archives du Calvados). (V. *Pièces Justificatives,* IX).

(1) Ms. de la Bibliothèque de M. l'abbé Bréard (sacristie de Saint-Etienne).

(2) Depuis le mois de juin 1663.

communier dans une église catholique. « J'insiste d'autant plus sur le fait du parrainage, écrit M. S. Beaujour (1), que si, dans un certain cas, le père de l'enfant baptisé pouvait, rigoureusement parlant, n'être pas protestant (quelques annotations des registres permettent de le penser), il n'en était pas de même du parrain, qui n'était admis qu'après avoir fait la cène ou avoir promis de la faire. » Essayons, cependant, d'expliquer la conduite religieuse du père de Malherbe.

Quelqu'un nous racontait ce fait. Un gentilhomme normand, d'une érudition bien connue, était intimement persuadé que ses ancêtres n'avaient jamais forligné de la tradition catholique. Il fut tout étonné quand un protestant, grand érudit lui aussi, mit un jour devant ses yeux des actes de baptême conférés par des ministres de la R. P. R. signés du nom de son ancêtre qui y figurait comme parrain.

Aujourd'hui, le calvinisme est bien connu et classé aux yeux de tous les catholiques comme étant veritablement ce qu'il est, c'est-à-dire une hérésie. Malgré cela, beaucoup de catholiques, peu instruits, ignorent absolument la défense de communiquer *in sacris* avec les héritiques déclarés : ils font leurs pâques; et, quelques jours après, ils trouveront tout naturel d'aller, par exemple, assister à la bénédiction donnée par un ministre protestant à un mariage. Même ignorance se rencontre chez bon nombre de protestants. Il y a quelques années, un curé, voisin de Caen, avait à résister au vœu d'un père de famille de sa paroisse qui avait choisi pour parrain de son enfant un protestant de ses amis; et le bon protestant était tout surpris qu'un curé fit difficulté de le recevoir comme garant religieux du nouveau-né.

Il y a trois cents ans, catholiques et protestants luttaient jusqu'à l'effusion du sang, jusqu'au massacre même, et certes la tolérance n'était pas le sentiment dominant. Mais l'ignorance ne manquait pas. Les Protestants, les huguenots comme on les appelait alors, étaient ce que sont aujourd'hui les vrais tenants de la Révolution. Les divergences dans les convictions séparaient sans doute les populations et les familles; les controverses allaient jusqu'aux hostilités déclarées, et l'on se battait et massacrait en 1562 ou en 1572, comme on s'est battu et massacré en juin 1848, ou en 1871.

(1) *La Religion du Père de Malherbe* (*Bulletin*, t. xxii (1873), p. 94.

Mais après tout les liens sociaux et de famille reprenaient leur puissance naturelle au lendemain de la lutte.

D'autre part, le baptême était un sacrement sur lequel tout le monde s'accordait : il était certainement conféré, sinon légitimement, au moins validement, par le pasteur huguenot. Le parrain catholique ne croyait pas faire acte d'hérétique en acceptant son rôle, et nous sommes persuadé qu'on trouverait sur les anciens registres des paroisses, tenus par les curés catholiques, bon nombre de protestants figurant comme parrains. Ces compromissions, pour blâmables qu'elles soient, sont dans la nature de l'humaine faiblesse. Les auditeurs qui vont écouter un prédicateur célèbre ne sont pas tous chrétiens, encore moins catholiques. Lorsque le trop fameux H. Loyson est venu donner sa représentation au Théâtre de Caen, sans doute les catholiques pratiquants se sont abstenus d'aller grossir le nombre de ses ouailles. Est-ce bien sûr qu'il n'y en eût pas cependant quelques-uns? Tant il est vrai que les fils d'Eve ont toujours eu la passion de vouloir voir par eux-mêmes !

Le père de Malherbe était sans doute de cette trempe. Catholique dans les premières années de sa vie, devenu, par la force des choses et peut-être par passion, protestant ardent et fanatique, il avait obéi à la grâce divine et repris, à une époque encore inconnue, sa place parmi ses anciens frères de la véritable Eglise. Mais la première ferveur du retour avait duré peu ; marguillier de sa paroisse, et malgré cela très accommodant, il ne reculait pas devant une cérémonie au temple protestant et la promesse de « faire la cène. » Un vrai libéral, sous le règne du bon roi auquel on a prêté le propos assez leste de « Paris vaut bien une messe! » Les libéraux, dont la race n'est pas perdue, ne sont pas certes des confesseurs de la foi : faut-il les regarder comme ayant véritablement apostasié? Que Dieu les juge.

La date du retour de François de Malherbe au catholicisme est et demeurera peut-être inconnue. Ne pourrions-nous pas, en revanche, indiquer, à titre de simples conjectures, quelques causes déterminantes de ce retour?

Sans parler de Guillaume de Malherbe, religieux bénédictin et prieur de l'Hôtel-Dieu de Caen, dont les sages conseils purent exercer une heureuse et sainte influence sur l'esprit égaré et le cœur dévoyé de son malheureux frère, ne serait-il pas permis de supposer qu'une influence contraire, de tout point néfaste, aurait un jour cessé, pour une raison quelconque, de dominer la volonté, peut-être bien faible, de François de Malherbe? Nous voulons parler de Pierre Beaullart, sieur de Maizet et de Neuilly-le-Malherbe, greffier de la Maison de Ville, beau-frère, par sa femme Marie le Vallois, sœur cadette de Louise, de François de Malherbe, sieur de Digny. Ce Pierre Beaullart était un religionnaire aux convictions chaudes et ardentes ; ses conseils pressants avaient pu déterminer le père du poète à se faire huguenot et à présenter la plupart de ses enfants au temple protestant. Nous ne serions pas loin de penser que François de Malherbe, enfin désabusé, finit par secouer l'espèce de joug que faisait peser sur lui Pierre Beaullart dont le frère Jean, conseiller au siège présidial, refusa, en 1591, de tendre sa maison sur le passage du Saint-Sacrement. L'histoire de ce fait est tout au long racontée dans Floquet (1).

Une autre cause déterminante de conversion, la plus puissante peut-être, fut la situation toute particulière faite aux huguenots par les édits royaux et les multiples paix qui terminèrent les guerres de religion. François de Malherbe, sieur de Digny, était conseiller du Roi au siège présidial de Caen. Or, un an à peine après le pillage de l'abbaye de Troarn, l'édit ou paix d'Amboise (19 mai 1563) excluait les huguenots des charges publiques. Le 9 mai suivant, un édit complémentaire obligeait tous les officiers du roi de faire serment et profession publique de catholicisme. Est-ce à dire que le père de Malherbe, pour conserver sa charge, aurait alors abjuré le calvinisme? Cela ne serait pas impossible. Mais il dut y revenir à la première occasion, puisqu'il fit baptiser au temple deux de ses enfants : Marie, le 27 décembre 1566 ; Jeanne, le 8 mars 1568. Et cependant, entre ces deux baptêmes, la paix de Longjumeau, signée le 23 février 1568, était venue rétablir l'édit d'Amboise dans sa teneur primitive.

La paix de Saint-Germain (8 août 1570) mit François de Malherbe plus à l'aise : les religionnaires étaient, en effet, déclarés admissibles à tous les emplois. L'année suivante (1571), le père du poète, fort de cette garantie, envoyait son fils étudier aux universités protestantes de Bâle et d'Heidelberg. Un édit royal, en date du 22 septembre 1572, déclarait les calvinistes incapables

(1) *Histoire du Parlement de Normandie* (t. III, p. 550-551).

d'exercer dans tout le royaume aucune charge de robe ou d'épée. Ce fut l'époque de la conversion du roi de Navarre et du prince de Condé. Au contraire, la paix de Monsieur (6 mai 1576) accordait aux huguenots l'admissibilité aux dignités et aux emplois publics : (trois mois après, le futur poète quittait la Normandie pour se rendre en Provence). La paix de Bergerac ou de Poitiers (17 septembre 1577) confirmait la précédente. Mais il n'en fut pas ainsi du traité de Nemours, signé le 7 juillet 1585 : tout culte autre que le culte catholique était interdit; tous les Français étaient tenus de faire profession de catholicisme dans un délai de six mois ou de quitter la France. L'édit d'union (19-21 juillet 1588) exigeait des officiers publics le serment de catholicité.

Il n'est pas impossible que François de Malherbe, conseiller du Roi au siège présidial, ait, pour demeurer en sa charge, suivi les fluctuations de ces paix multiples dont l'une était souvent la contre-partie de l'autre. Ne pourrait-on pas même lui appliquer ces réflexions si justes de M. C. Dareste sur le désarroi des protestants en 1572, dans les jours qui suivirent la Saint-Barthélemy : « Quant aux protestants, ils demeurèrent terrifiés et profondément déconcertés. Au premier moment, le parti fut en plein désarroi. Ceux d'entre eux qui avaient jusque-là vécu des troubles et de la guerre civile disparurent. D'autres, à conviction plus ou moins flottante, entraînés dans la réforme par la nouveauté, l'exemple et de vagues désirs de libéralisme religieux ou politique, se soumirent et cédèrent à un nouvel entraînement, celui de la force. Enfin les hommes timides, ou qui protestaient contre l'accusation de rébellion, abjurèrent. Ainsi le parti se trouva réduit aux zélés et aux hommes qu'indignait l'effusion du sang (1). »

Tout le secret de la conversion du père de Malherbe est là. Mais elle dut avoir plusieurs étapes avant d'être entière et définitive; et même après 1589, de regrettables compromissions montrent assez clairement que catholicisme ou calvinisme était en soi chose un peu indifférente pour celui dont Jacques de Cahaignes a dit qu' « heureusement doué pour occuper des fonctions publiques, il passa pour le magistrat le plus considéré du présidial de Caen. Non-seulement, ajoute-t-il, il avait l'expérience du barreau, mais encore il était un modèle de sagesse, d'une distinction innée.

(1) *Histoire de France, depuis les origines jusqu'à nos jours*, t. IVe, p. 287.

d'une gravité austère; il réunissait toutes les qualités du juge (1). »

Maintenant que la religion du père de Malherbe nous est à peu près connue, faudrait-il dire avec Racan et Daniel Huet que le départ du jeune Malherbe pour la Provence fut motivé par un dissentiment religieux et par le « grand déplaisir » qu'il eut du changement de croyance de son père? Nous ne le croyons pas, et nous partageons absolument sur ce point la conclusion de M. A. Gasté (2) : « Malherbe, dit-il, né catholique, est resté catholique, non par conviction bien arrêtée, mais parce qu'il lui a toujours semblé que toutes les religions se valaient. N'est-ce pas lui qui disait : « La religion des honnêtes gens est celle de son prince, » ou encore, comme l'empereur Gallien : « Adore le Dieu qu'adore « la cité, *Cole dæmonium quod colit civitas?* » Car « il avait souvent à la bouche, dit Sauval (3), ces paroles assez libertines que le poète Prudence attribue à l'empereur Gallien. »

Il y a loin de cette conclusion à celles exprimées par M. N. Weiss dans ses deux articles sur *la Religion du poète Malherbe* (4) : « Nous avons, dit-il, intitulé cette note : *La Religion du poète Malherbe*. M. Read a déjà écrit en 1860 (*Bull.* IX, 259 à 264) qu'il fut sans doute élevé dans celle que son père avait embrassée et que si plus tard, notamment à l'article de la mort, il se décida à faire profession de catholicisme, ce fut pour faire comme les autres, et surtout comme *son prince* qu'il n'oublia jamais de flatter à bon escient. En un mot, le poète fut un catholique fort tiède qui ne se souvint de cette religion que lorsqu'il y allait de son intérêt et qui dans sa dernière maladie commença par « refuser de se confesser et de recevoir les sacrements. » Nous nous réservons de discuter en son temps cette dernière assertion qui pourrait, par son laconisme, laisser dans l'esprit du lecteur une fausse idée de la vie et des derniers moments du poète.

Mais continuons : « Un de nos correspondants, M. Delgobe, de Christiania, vient de nous envoyer la *Liste des Français qui furent inscrits à l'université de Heidelberg de 1501 à 1668*. Dans cette longue énumération, extrêmement instructive et utile à consulter,

(1) M. A. Blangy, p. 359-360.
(2) Loc. cit. p. 11.
(3) *Antiquités de Paris*, t. I, p. 324.
(4) *Bulletin*, etc., t. XL (1891), p. 388-389, et 447.

on trouve, à la date du 29 mai 1573, un François Malherbe
(*Malerbeus*) de Caen. — Serait-ce le sieur d'Igny? A cette époque,
en supposant qu'il n'eût que 20 ans en 1555, il en aurait eu près
de 40, et il paraît peu probable qu'à cet âge il ait éprouvé le
besoin de s'asseoir sur les bancs d'une université..... En 1573, le
futur poète avait 18 ans. N'est-ce pas l'âge normal d'un étudiant
et ne paraît-il pas bien plus naturel d'admettre que le *Franciscus
Malerbeus* inscrit à Heidelberg représente le fils et non le père? »

M. N. Weiss n'avait pas à se poser une telle question; il n'avait
qu'à consulter l'*Instruction de Malherbe à son fils*, où le poète dit
en toutes lettres qu'il étudia en Allemagne. Ajoutons que le
correspondant de M. N. Weiss l'a mal renseigné sur l'orthographe
du nom de Malherbe inscrit dans les registres de l'université
d'Heidelberg. Ce n'est pas *Malerbeus*, mais bien *Malarbeus* qu'il
faut lire, ainsi que nous l'a écrit M. Charles Zangemeister, direc-
teur de la Bibliothèque de l'Université.

M. N. Weiss conclut en ces termes : « ..... Le poète a dû quitter
la maison paternelle non à 21 ans, mais à 18 (1), et nullement
« de déplaisir de ce que son père s'était fait de la religion » plus
de dix ans auparavant, mais au contraire pour apprendre à la
mieux connaître en suivant les cours d'une université protestante
qui servait alors de rendez-vous à un grand nombre de réfugiés
de cette même religion. On aurait dès lors une explication plau-
sible de l'attitude religieuse ultérieure du favori des muses et.....
du prince. N'ayant pas été baptisé dans l'église réformée, mais y
ayant été élevé et y ayant fait ses études, il a pu commencer par
se considérer comme protestant, et lorsque cette qualité fut un
obstacle aux faveurs de la cour, se ranger du côté des catholiques,
sans abjurer explicitement le protestantisme auquel il n'avait pas
été formellement rattaché dès sa naissance. »

Nous comprendrions un pareil raisonnement avec quelques
preuves à l'appui. Outre qu'il n'est guère flatteur pour le poète
« favori du prince, » il a le grand tort de vouloir changer en certitude de simples conjectures que rien de solide ne vient étayer.

M. N. Weiss écrit encore dans le même *Bulletin* (2) : « ..... En
1573..., François Malherbe, sieur d'Igny, père du poète, était

(1) Il l'a même quittée à l'âge de 16 ans, puisqu'il était à Bâle en 1571.
(2) P. 447.

5.

certainement à Caen. C'est donc le futur poète qui étudia en 1573 à Heidelberg, et ce fait prouve définitivement qu'à cette époque il était huguenot comme son père. »

C'est toujours la même manière de raisonner, et il serait facile de se laisser prendre par le caractère spécieux sous lequel elle se présente. Mais était-il absolument nécessaire qu'un étudiant étranger fût calviniste pour être admis aux cours de l'Université d'Heidelberg, devenue calviniste par la force des choses, ou plutôt grâce à l'électeur palatin Frédéric III qui faisait d'Heidelberg sa résidence ordinaire? Nous ne pensons pas qu'il en fût ainsi pour les universités de France, en particulier pour celle de Caen. Elle était restée catholique, et il ne s'ensuivait pas que les étudiants français ou étrangers fussent obligés d'être catholiques pour pouvoir entendre les leçons des illustres Caennais qui y professaient en 1573. Autrement, Malherbe lui-même aurait été momentanément catholique, puisque D. Huet assure qu'il étudia à l'Université de Caen, sans doute après son retour d'Allemagne.

A la rigueur, il ne serait pas impossible que les trois ou quatre années passées à Bâle et à Heidelberg eussent exposé de bien près le jeune Malherbe à la contagion de cette fièvre d'hérésie dont les auteurs de la Réforme avaient été les propagateurs. Mais si, jeune homme et plus tard poète, il manqua de ferveur religieuse, un sentiment inné chez lui l'entraîna toujours, aussi bien en religion qu'en politique et en littérature, vers l'ordre et l'unité. Toute dissidence, toute tentative factieuse lui parurent toujours un crime. Libéral comme son père, ou plutôt, assez indifférent en matière religieuse, le poète Malherbe ne crut pas devoir changer de religion, mais en même temps il dut « voir, sans trop s'en indigner, élever dans le protestantisme ses frères et ses sœurs (1). » Et comme le remarque judicieusement M. A. Gasté (2), on peut très-bien admettre que « son père, protestant farouche, ait essayé d'entraîner dans la nouvelle religion, qu'il défendait avec tant de zèle, son fils aîné, et que, ayant inutilement tenté de vaincre son indifférence, il l'ait traité avec assez de rigueur pour lui faire prendre en dégoût la maison paternelle. »

Ce ne fut cependant pas la raison déterminante de son départ

(1) M. A. Gasté, loc. cit. p. 11.
(2) Ibid. p. 11-12.

pour la Provence. Son père voulant lui céder sa charge de conseiller du Roi au siège présidial (1), il avait constamment refusé cette succession, plein d'un insurmontable dédain pour la carrière de la magistrature, la jugeant indigne d'un gentilhomme de vieille race, dont les ancêtres avaient, les uns, suivi Guillaume le Bâtard en Angleterre, les autres, les ducs de Normandie en Terre Sainte et aux Croisades. Ce dédain, Malherbe parvint à grand'peine à le surmonter vers la fin de sa vie, lorsqu'il se décida à solliciter pour son fils Marc-Antoine la charge de conseiller au Parlement d'Aix.

Dans le principe, si nous en croyons Tallemant des Réaux (2), il ne voulait pas que son fils fût conseiller : cela lui semblait peu digne de lui. Mais dans la suite, écrivant à M. de Mentin, le 14 octobre 1626, il disait : « Vous vous émerveillerez qu'ayant autrefois si peu estimé la longue robe, je sois à cette heure si affectionné à la rechercher. Il est vrai qu'en mes premières années, j'y ai eu une très grande répugnance. Mais soit qu'avec plus de temps j'aie eu plus de loisir de considérer les choses du monde, soit que la vieillesse ait de meilleures pensées que la jeunesse, il s'en faut de beaucoup que je n'en parle comme je faisois en ce temps-là. Je suis bien d'avis que l'épée est la vraie profession de gentilhomme; mais que la robe fasse préjudice à la noblesse, je ne vois pas que cette opinion soit si universelle comme elle a été par le passé. Tous les siècles n'ont pas un même goût; nos pères ont approuvé des choses que nous condamnons, et en ont condamné que nous approuvons. Il est vrai que par la voie des armes on arrive à des dignités bien relevées; mais la montée en est si pénible, que pour y parvenir, il faut que la fortune contre sa coutume aide extraordinairement à la vertu. Il n'en est pas de même aux offices des cours de parlement : toute la peine est de commencer. Depuis qu'une fois on y a mis le pied, on peut dire qu'on a fait la principale partie du chemin. Ce ne sont pas charges qui portent un homme dans les nues; mais elles le mettent assez haut pour en avoir beaucoup d'autres au-dessous de soi. On me dira que les gentilshommes qui les prennent deviennent compagnons

---

(1) Ce fut Eléazar, le frère puîné du poète, qui succéda à son père dans cette charge, en 1583.

(2) *Historiettes*, tome 1er, édition P. Paris, p. 303 et 304.

de plusieurs qui ne le sont pas. Je l'accorde, mais quel remède ? Ne vaut-il pas mieux pour eux qu'ils deviennent leurs compagnons, que s'ils demeuroient leurs inférieurs ? La plus auguste compagnie qui soit au monde est sans doute celle des cardinaux ; et cependant parmi des princes de Bourbon, d'Autriche, de Médicis et autres maisons souveraines de l'Europe, n'avons-nous pas vu le cardinal d'Ossat, qui, tout excellent personnage qu'il étoit, avoit une extraction si pauvre et si basse, que jusques à cette heure, elle est demeurée inconnue, quelque diligence qu'on ait apportée à la chercher ? Le parlement de Paris entre ses conseillers en a eu un de la maison de Foix. Après cela, je ne crois pas qu'il y ait gentilhomme qui ne se rendît ridicule s'il en faisoit le dégoûté. Pour moi, je confesse librement que je suis très-marri de n'avoir été sage quand je le devois et pouvois être, mais le regret en est hors de saison. J'ai fait la faute en ma personne ; je la veux réparer en la personne de mon fils. Quand je l'auroi mis où je le veux mettre, il sera en la compagnie de plusieurs gentilshommes très-gentilshommes, et dans un parlement où la justice est aussi religieusement administrée et le Roi aussi fidèlement servi qu'en nul autre de ce royaume. De là, s'il est galant homme, il est de condition pour arriver aux premières charges de la profession. S'il le fait, à la bonne heure ; sinon, toujours sera-t-il en lieu où il aura moyen de bienfaire à ses amis, et empêcher ses ennemis de lui faire mal (1). »

Comme on le voit, il fallut, pour vaincre ses répugnances d'autrefois, que le poète, devenu vieux et plus sage, eût entendu parler de M. de Foix, conseiller au Parlement de Paris et nommé à l'archevêché de Toulouse (2). Ce fut seulement après avoir beaucoup raisonné, bien pesé le pour et le contre, qu'il se détermina à faire entrer son fils dans le Parlement de Provence.

« Ce dégoût pour la magistrature, dit encore M. A. Gasté (3),

(1) V. M. L. Lalanne, iv, p. 101-111.

(2) « Sans ce grand exemple, nous dit Balzac *(Entretien XVIII)*, Malherbe ne se fût jamais résolu à traiter pour son fils d'un office de conseiller au Parlement de Provence. Ses amis lui représentèrent en cette occasion qu'après un gentilhomme parent des rois et allié de toutes les maisons souveraines de l'Europe, le fils d'un gentilhomme de Caen, quoique de la race de ceux qui suivirent en Angleterre Guillaume le Conquérant, pouvoit sans scrupule exercer une charge de conseiller. » (Cfr. M. A. Gasté, loc. cit. p. 12-13).

(3) Loc. cit. p. 12-13.

joint à son indifférence en matière de religion, dut éloigner Malherbe d'une ville où la magistrature lui semblait être en trop grand honneur, et où les protestants se montraient trop intolérants. Il alla donc chercher aventure dans un pays qu'il supposait plus hospitalier et auprès d'un prince de sang royal qui ne devait pas contrarier ses goûts belliqueux. »

CHAPITRE III

MALHERBE ET SA FAMILLE

Attaché en qualité de premier secrétaire à la personne du grand prieur de France, Henri, duc d'Angoulême, fils naturel du roi Henri II, Malherbe vécut dix ans (août 1576-avril 1586) à Aix, capitale de la Provence, et aussi quelque temps à Marseille où son protecteur se retira momentanément.

Ce fut à Aix que le futur législateur du Parnasse français, faisant des vers avec son maître dont il ne craignait pas de critiquer les productions plus ou moins poétiques (1), et recevant des gages qu'il serait difficile de déterminer, réussit à gagner les bonnes grâces d'une veuve dont le père était président au parlement de Provence. Louis de Carriollis (ou Carriolis, ou encore Cariolis et Coriolis) avait eu quatre femmes. De son premier mariage avec Honorade ou Honorée d'Escalis, tante-germaine du premier président de Bras, naquirent trois filles :

1° Anne, mariée en 1563 à Pierre de Margalet, seigneur de Luynes, conseiller en la cour des comptes, aides et finances de Provence.

2° Marie, qui épousa en 1575 Vincent de Boyer, seigneur de Baudol, conseiller au parlement.

3° Madeleine, qui épousa en premières noces, le 16 février 1573, Jean Bourdon, écuyer, seigneur de Bouq, dont un fils, Jean-Honoré qui survécut à sa mère; et en secondes noces, le 16 avril 1577, Balthazar Catin, seigneur de Saint-Savournin, lieutenant du séné-

____

(1) Cfr. *Tallemant des Réaux* (Ed. P. Paris, t. i, p. 271).

chal de Marseille, petit homme bossu au rapport de l'historien provençal Nostradamus. François de Malherbe fut le troisième mari de *Madeleine de Carriollis* qu'il épousa, le 1er octobre 1581, à Aix. Malherbe avait alors vingt-six ans ; sa femme, à peu près le même âge (1).

La minute de leur contrat de mariage renfermait une qualification que le poète s'était sans doute donnée pour la circonstance, celle de *fils d'un conseiller du Roy au parlement dudit pays* (de Normandie). L'amour- propre du Normand avait commis, à deux cent cinquante lieues et plus de sa province natale, ce petit mensonge qui élevait son père d'un échelon dans la magistrature, et le grandissait lui-même aux dépens de la vérité. Mais du « consentement du sieur de Malerbe, » comme le dit une note, on mit un trait de plume sur la ligne mensongère, et le contrat n'en fut pas moins signé (2).

De ce mariage, que Malherbe appelait « une licence poétique, » trois enfants devaient naître, à des intervalles éloignés, et mourir avant leurs parents. L'aîné vint au monde à Aix, le dimanche 21 juillet 1585, « entre cinq et six heures du soir. » Le 1er août suivant il fut nommé *Henri* par le grand prieur Henri d'Angoulême et Marthe Faure de Vercors, belle-mère de Madeleine de Carriollis : le baptême eut lieu dans l'église paroissiale de Sainte-Madeleine.

Durant son long séjour à Aix, le poète habita constamment, sur cette paroisse, la maison de la sœur aînée de sa femme. On l'appelait la maison Margalet, et elle était située rue de la Courteissade.

« Ce fut seulement, à ce qu'il semble, dans les premières années qui suivirent son mariage, écrit M. L. Lalanne (3), que se marqua d'une manière éclatante le talent poétique de Malherbe... Le quatrain sur Etienne Pasquier, un sonnet retrouvé récemment

(1) Cfr. *Instruction de Malherbe à son fils*, passim. — Le père de Madeleine de Carriollis épousa, en secondes noces, Marguerite d'Esclafarnatis, nièce du cardinal de ce nom : une fille, Lucrèce, née de cette union, fut mariée à Balthazar du Périer ; en troisièmes noces, Marguerite de Rolland de Ronville qui donna le jour à Laurent, baron de Corbières, président à mortier, et à Charlotte, mariée à Arnoux de Joannis, conseiller ; en quatrièmes noces, Marthe Faure de Vercors. — Les Carriollis portaient : *d'azur, à deux chevrons d'or, accompagnés en pointe d'une rose d'argent.*

(2) Cfr. Roux-Alphéran, loc. cit., p. 6.

(3) Loc. cit., i, p. xiv.

par M. E. Fournier, des stances à une dame de Provence, et probablement la plus grande partie, sinon la totalité des *Larmes de saint Pierre*, c'est-à-dire environ 450 vers, voilà ce que l'on connaît des productions de Malherbe pendant les dix premières années qu'il passa en Provence (1576-1586), et avant qu'il eût atteint trente-deux ans. »

Un jour, cependant, Malherbe s'éloigna de la Provence « afin, dit M. Fr. de Gournay (1), de respirer l'air de sa Normandie, qu'il n'avait vue depuis dix ans. Il y rentrait avec le printemps et cette joie de l'hirondelle qui retourne à son nid. »

« Pour moy, écrit Malherbe dans l'*Instruction à son fils* (2), en l'année 1576, je partis de chez nous au mois d'août, et n'y revins qu'en avril 1586, dix ans après. Durant cette absence, je n'ai pas eu un liard de la maison. Comme j'y fus arrivé audit an 86, au mois d'avril, ma femme m'y suivit au mois de juillet ensuivant. » Malherbe, en effet, à peine arrivé en Normandie, apprenait la mort tragique du grand prieur tué, le 2 juin, à Aix, par Philippe Altoviti, baron de Castellane. Dès lors, toutes ses espérances de fortune étaient anéanties ; résolu à ne point retourner en Provence, il fit venir sa femme et son fils auprès de lui à Caen.

Lui-même, toujours dans son *Instruction à son fils* (3), nous apprend le peu de gaieté de leur vie en Normandie : « Dès le mois de septembre, nous nous retirâmes au logis de ma cousine de Mondreville, vivant du nôtre, sans aucun secours de ma maison, que peut-être un tonneau de cidre. De là vint que je fus contraint d'emprunter six cents écus de M. du Villars, trois cents du capitaine Benoît et trois cents du capitaine Fauconnier..... Etant en Normandie, dit-il plus loin (4), ma femme emprunta six cents écus à M. du Villars, lors gouverneur du Havre. Ledit sieur du Villars les donna à sa mère, Mme d'Oise, à laquelle nous les avons payés, partie argent comptant, partie en une cession, sur la communauté de Tarascon, de certains deniers que Me Bastien Loup nous avait cédés sur icelle commune de Tarascon, pour nous payer des intérêts de trois mille écus qu'il avait reçus des communes de Soliers et de Brignole durant notre séjour en Normandie. L'acquit

(1) Loc. cit., p. 244.
(2) M. L. Lalanne, I, p. 335.
(3) Ibid.
(4) M. L. Lalanne, I, p. 342-343.

que nous lui avons fait et ladite cession sur Tarascon sont compris en un acte passé devant Me Bruys, notaire d'Aix, demeurant à la place des Trois-Ormes, audit Aix, en l'année 1585, et le..... J'ay tous les papiers concernant l'acquit de ladite partie de six cents écus en Normandie; il s'en pourroit voir quelque chose chez Me Catrebard, notaire dudit Aix, de l'année mil cinq cents 97 ou 98. Etant plus en Normandie, nous empruntâmes trois cents écus du capitaine Benoît Degan, étant lors auprès du sieur de la Vérune, gouverneur du château de Caen. De toutes lesquelles sommes j'ai les acquits en Normandie..... De toutes lesquelles sommes, écrit-il encore (1), il m'a fallu entretenir moi et ma famille depuis ledit an 86, en septembre, jusques en l'an 93 que ma femme s'en revint en Provence. Après qu'elle fut partie, je me tins toujours séparé, et n'allois que fort rarement manger chez mon père. »

Il nous donne ensuite le détail des biens de sa femme. « Son bien consiste en trois mille écus mis sur la communauté de Brignole, et huit cents écus constitués en rente sur la ville de Tarascon au denier douze. Les trois mille écus de dot de ma femme furent premièrement mis sur la communauté de Soliers, par acte du dernier de janvier 1585, et depuis, en avril 1589, ils furent par Me Sébastien Loup, M^e procureur, étant nous en Normandie, prêtés à la communauté de Brignole. Au bout de l'an, ils furent sommés par ledit Loup de rendre ladite somme, dont il appert par exploit de Massonneau, du cinquième de mai 1590, au pied d'une requête présentée par celui Loup à M. le lieutenant d'Aix, et par ledit lieutenant décrétée le 4e dudit mai 1590. Durant mon absence, ledit Loup exigea les intérêts de ceux de Brignole, comme il avait fait de ceux de Soliers, sans nous en faire tenir un sol. Etant revenus en ce pays (d'Aix), à savoir ma femme en l'année 1593, et moi en l'année 1595, nous comptâmes avec ledit Loup; l'acte dudit compte est reçu par Me Bruys, notaire d'Aix, dudit an 1595, au mois de..... La procuration faite par ma femme et moi audit Me Loup est passée à Caen devant Aubert et Caillot, tabellions, le 22e de juin 1586 (2). »

Nous avons relevé, en l'étude de Me Moisy, notaire à Caen, les deux actes ayant trait à cette procuration des époux Malherbe.

(1) M. L. Lalanne, I, p. 335-336.
(2) M. L. Lalanne, I, p. 336-337.

Dans le premier, le poète et sa femme donnent pleine puissance et autorité à Me Vincent Boyer, conseiller du Roi en sa cour de parlement de Provence, et à Me Sébastien Duloup *(sic)* d'exiger, recouvrer et recevoir la somme précitée de trois mille écus de « sire Jean-Baspiste Gardanc, capitaine Mathieu Montagut, Claude Leydier, Jacques Roucas, Anthoine Gensolon, de Claude-Jehan-Baptiste Preval et Barthelemy Pichon, capitaine Loys Hauville, Me Jacques Viallis et capitaine Jacques Gensollon du lieu de Solliers..... Et au cas de reffuz ou dellay de payement et satisfaction, acclamer et contraindre lesdits debteurs par toutes voyes et manières de justice deues et raisonnables selon la rigeur desdits actes d'obligations et de stille dudict païx, iceux poursuivre jusques à sentences arretz et jugements deffinitifz et lesdictes sentences et arretz mettre à deue et entière exécution jusques à entier payement de ladicte somme despens et inthéretz (1). »

Dans le second acte, Madeleine de Carriollis, dùment autorisée par son mari, chargeait Me Sébastien Duloup d' « exiger, recouvrer et recepvoir de Jehan Sauvecanne de la Tour d'Aygues, habitant d'Aix, rentier des biens des hoirs de feu capitaine Jehan Bourdon en son vivant sieur de Bouc, au lieu de maistre Ch. Bourdon sieur de Sainct-Pons, facteurs desdicts hoirs, la somme de quarante neuf escuz d'or sol dix solz à elle deue pour arrérage des alliments et entretenements par elle prestez et faictz à Jehan-Honnoré Bourdon son frère l'espace de traize mois. » En cas de refus ou de délai de payement, on devait exercer envers Jehan Sauvecanne les mêmes poursuites que contre les premiers débiteurs (2). Ces deux actes sont signés *Fr. Malerbe* et *Madaleine de Carriollis*.

La situation de fortune de Malherbe n'était donc pas des plus brillantes, et il est bien permis de supposer que le jeune poète ne se consacra pas exclusivement à la culture des lettres. C'est lui qui écrivait un jour : « Il y a de la sottise à faire un métier de la poésie; on n'en doit point espérer d'autre récompense que son bon plaisir, et un bon poète n'est pas plus utile à l'Etat qu'un bon joueur de quilles (3). » Est-ce à dire, avec certains biographes, que Malherbe servit son pays les armes à la main? Nous ne le cro-

(1) *Registre du tabellionage de Caen, Héritages, 1586.* (V. *Pièces Justificatives,* XII).

(2) *Registre du tabellionage de Caen, Héritages, 1586.*

(3) Cfr. *Tallemant des Réaux,* I, p. 169.

yons pas, et nous ne pourrions ajouter beaucoup de foi à ce passage du *Plutarque Français,* par Ed. Mennechet (1) : « Le duc d'Angoulême étant mort assassiné, en 1586, Malherbe embrassa la profession des armes. C'est un point de ressemblance qu'il eut en cela avec Horace, un de ses auteurs favoris. La différence entre eux fut que le poète latin, plus épicurien que brave, jeta son bouclier à la première rencontre, et que le poète français au contraire, puisant dans le feu de son imagination et dans la hauteur de ses idées ce courage qui va si bien au génie, se distingua longtemps par sa bravoure et son sang-froid sur les champs de bataille. »

On ne pourrait davantage admettre les récits de Tallemant des Réaux et de Racan. Un jour que Malherbe « présidait au partage de quelque butin, raconte Tallemant, un officier d'infanterie l'ayant maltraité, il l'obligea à se battre contre lui, et lui donna d'abord un coup d'épée au travers du corps qui le mit hors de combat (2). »

« Les actions les plus remarquables de sa vie et dont je puis me souvenir, dit à son tour Racan, sont que, pendant la Ligue, lui et un nommé La Roque... poussèrent M. de Sully deux ou trois lieues si vertement qu'il en a toujours gardé du ressentiment contre le sieur de Malherbe. »

M. L. Lalanne a essayé, mais en vain, de déterminer l'époque précise où ce fait a pu se passer. « Est-ce avant 1586? se demande-t-il (3) : mais alors Malherbe, attaché au grand prieur, ne paraît pas être sorti de Provence où Sully n'alla jamais guerroyer. Après 1586? Mais dans son *Instruction* si précise en faits et en dates, on ne trouve pas la moindre allusion à une expédition militaire qu'on ne saurait où placer. Est-ce après l'avènement de Henri IV? Mais d'après ce que nous venons de dire, le poète paraît avoir été attaché à la cause royale, (et d'un autre côté sa conscience et son intérêt à la fois s'opposaient à ce qu'il fût ligueur). Jusqu'à preuve du contraire, il est donc permis de révoquer en doute ce premier récit de Racan. En tout cas, je ne pense pas qu'il faille identifier notre Malherbe avec un certain capitaine de Malherbe dont parle Palma Cayet et qui combattit bravement

(1) Tome IIIe.
(2) I, p. 156.
(3) Loc. cit., I, p. xviii.

en 1590 à la tête d'une troupe de royalistes au siège du château de Sablé (Chronologie novennaire, année 1590. Collection de MM. Michaud et Poujoulat, 1re série, tome XII, p. 226-227). »

M. Ch. Dejob écrivait tout récemment au sujet de cet épisode de la vie de Malherbe : « Son courage est indiscutable. Il est vrai que les prouesses qu'il racontait à Racan inspirent des doutes aux érudits; on ne trouve point de traces de la peste de Martigues, on ne sait où placer la chasse donnée à Sully. Faut-il croire pourtant que ses récits ne reposent absolument sur rien de véritable et qu'il se soit exposé à voir détromper son jeune ami par un des nombreux survivants des guerres de religion? Quant à l'incident relatif à Sully, qu'on ne s'étonne pas sans doute, tant le fait en lui-même est peu important, de ne pas voir relaté dans les Mémoires de l'époque, deux considérations me paraissent l'appuyer : d'abord celle que Malherbe indique, puisque, moins bien traité que Régnier, quoique non moins loué, il ne reçut point directement de faveurs royales, tant que Sully fut le canal des grâces; puis la persuasion où Malherbe aurait été que Sully le desservait auprès du roi expliquerait un fait qui autrement ne s'explique pas. C'est que Malherbe n'a jamais chanté Sully; tandis que Régnier célèbre le ministre qui

Par force et par conseil, etc.,

tandis que Bertaut dit respectueusement à Sully :

Tel s'offense de vous qui vous prise en son cœur, etc.,

Malherbe ne fait jamais à Henri IV le plaisir de nommer son ami le plus cher. Ou bien ce silence est une digne réponse à une petitesse dont Sully, avec tout son mérite, n'était pas incapable, ou bien c'est une énigme (1). »

Nous citions, quelques lignes plus haut, avec M. Ch. Dejob, un autre fait de la vie militaire de Malherbe, relatif à la peste de Martigues. Le voici tel que Racan l'a décrit : « Il m'a encore dit plusieurs fois qu'étant habitué à Aix, depuis la mort de Monsieur le grand prieur, son maître, il fut commandé de mener deux cents hommes de pied devant la ville de Martigues, qui était infectée de contagion, et que les Espagnols assiégeoient par mer et les Provençaux par terre par ligne de communication si étroi-

(1) M. Ch. Dejob : *De l'antipathie contre Malherbe à propos d'un livre récent* (Revue internationale de l'enseignement, 15 mai 1892, p. 450-451).

tement qu'il réduisirent le dernier vivant à mettre le drapeau noir sur la ville avant que de lever le siège. »

Cette anecdote militaire est encore moins acceptable que celle qui nous montre Malherbe pourchassant Sully. Ce fait « qu'il faut placer, écrit M. L. Lalanne (1), entre les mois de mai ou de juin 1595, époque où Malherbe retourna en Provence, d'où il était absent depuis 1586, et le mois de mai 1598, où fut signé le traité de Vervins avec l'Espagne, était certes assez remarquable pour n'être point oublié par les historiens; mais les érudits n'ont point encore pu découvrir un passage où il en soit parlé. On trouve bien dans de Thou, à l'année 1596 (livre cxvi), la mention avec quelques détails de la prise, par le duc de Guise, de la ville de Martigues, qui tenait pour la Ligue; mais rien dans son texte ne rappelle de près ou de loin le récit de Racan. Je crois que cette fois, et ce n'est pas la seule, le poète aura abusé de la crédulité naïve de son élève. »

De tout ce qui précède nous pouvons conclure que la vie militaire de Malherbe est et restera sans doute longtemps d'une impénétrable obscurité. Point d'action éclatante qui la signale; et, bien que nous ne mettions nullement en doute la bravoure de notre poète, il a pu se faire que les circonstances lui aient manqué pour la faire briller au grand jour : ce qui, plus tard, lui faisait dire par la bouche de Marie de Médicis : « Malherbe, prenez un casque. »

Le premier retour de Malherbe en Normandie fut profondément attristé par un deuil cruel. Madeleine de Carriollis, sa femme, était près de lui, à Caen, lorsque la mort leur ravit, le mercredi 28 octobre 1587, « environ dix heures du soir, » leur premier et unique enfant, Henri, âgé de « deux ans trois mois et sept jours (2). » Le poète composa pour la tombe de son enfant une épitaphe qui n'a bien de remarquable que sa longueur et son caractère d'extrême froideur. Nous ne reproduirons pas cette pièce que M. L. Lalanne a donnée en son entier (3); nous nous contenterons de la résumer dans ses principales lignes.

Après quelques considérations préliminaires sur la brièveté de la vie et sur la mort qui en doit être le terme pour toute créature

(1) Loc. cit., i, p. xviii-xix.
(2) M. L. Lalanne, loc. cit., i, p. 359-360; iv, p. viii.
(3) Loc. cit., i. p. 359-360.

vivante, considérations qu'il place dans la bouche même de son enfant, Malherbe lui fait décrire l'histoire bien courte de son existence, le lieu, l'année, le mois, le jour et l'heure de sa naissance, le nom de son parrain et de sa marraine, la noble origine de sa famille paternelle, sa venue en Normandie à l'âge de onze mois « non sans beaucoup de sollicitudes et d'incommodités. » A peine ses petits pieds ont-ils essayé de marcher, à peine sa bouche a-t-elle pu parler et ses yeux voir la lumière, que la mort lui a tout ravi. « Dieu sait, ajoute-t-il, de quelle affection et diligence les moyens de ma guérison furent recherchés! Combien de remèdes furent essayés en terre et combien de vœux adressés au ciel!... En cet accident si funeste et si déplorable, François mon père et Madeleine ma mère, se procurant une triste consolation par le moyen d'un objet qui leur représente la souvenance perpétuelle de ce qu'ils ont aimé si chèrement, et faisant le dernier office à celui duquel, si la mort eût considéré les âges, ils le doivent recevoir, m'ont avec des larmes qui ne sécheront jamais, posé ce lamentable monument. »

Quatre ans après la mort de son premier-né, le 22 septembre 1591, Madeleine de Carriollis mit au monde une fille qui fut nommée *Jourdaine* par Jourdaine de Montmorency, femme du sieur de la Vérune, gouverneur du château de Caen.

Malherbe savait bien choisir les parrains et les marraines de ses enfants. Henri d'Angoulême avait tenu sur les fonts baptismaux le fils aîné du poète, et celui-ci ne craignait pas maintenant de s'adresser à la noble et illustre famille des Montmorency pour procurer à sa fille une marraine riche et puissante. Descendante de François de Montmorency, IIme du nom, seigneur de Hallot et autres lieux, chambellan de François duc d'Anjou, gouverneur de Rouen et de Gisors, lieutenant-général en Normandie, et de damoiselle Claude Hébert d'Ossonvilliers (ou Haussonvilliers), Jourdaine-Madeleine de Montmorency venait d'épouser, par contrat passé le jeudi 4 juillet 1591, devant Le Forestier et Caillot, tabellions, en la maison de son père située paroisse Saint-Jean de Caen, Gaspard Pelet, seigneur de la Vérune, baron de Montpeiroux, vicomte de Cabannes, seigneur de la Garigue et autres lieux au pays de Languedoc, capitaine de 50 hommes d'armes, bailli, capitaine et gouverneur des ville et château de Caen depuis le mois de décembre 1583. Nous avons retrouvé et relevé, dans le chartrier de M⁰ Moisy, ce contrat de mariage, curieux à plus d'un titre, parce qu'il fait bien voir, ainsi que les quatre procurations et actes qui l'accompagnent, la différence qui existait alors entre le droit coutumier de Normandie et le droit écrit du Midi. Disons, en passant, que François de Montmorency, père de Jourdaine, fut le grand-père de Montmorency-Bouteville, le fameux duelliste exécuté en 1627, et l'arrière-grand-père du maréchal de Luxembourg (1).

Malherbe dit quelque part, dans son *Instruction à son fils* : « Pour le regard de ce que je me suis signé au mariage de mon frère, cela ne me peut préjudicier pour ma part dudit office (de conseiller), parce que mon père m'y mena et que pour son respect seul je me signai audit mariage (2). »

Ces lignes, dans lesquelles Malherbe ne se montre pas très-tendre à l'égard de son frère, peuvent être vraies s'il s'agit du contrat privé de mariage entre Eléazar de Malherbe et Marie Lambert. Et encore, notre affirmation est-elle un peu prématurée, puisque, dans ce que nous croyons être la minute de ce contrat privé, en date du 21 mars 1594, nous n'avons remarqué en aucun endroit une signature quelconque du poète (3). En tout cas, les paroles de Malherbe sont dénuées de toute vérité, s'il a voulu faire allusion au contrat passé devant les tabellions, non pas le 25 mars selon la version de M. Fr. de Gournay (4), mais bien le 25 janvier 1595 (5). »

L'absence de Malherbe, alors en Normandie, au contrat de mariage de son frère, ne prouve pas précisément qu'ils fussent l'un et l'autre en très bons termes. Peut-être le poète trouvait-il que son père avantageait trop le fils cadet au détriment de l'aîné.

En 1595, Malherbe rejoignit sa femme en Provence où elle était de retour depuis 1593 : « En l'an 95, au mois de may, je m'en revins en Provence, d'où je ne fus de retour que jusques en 98, au mois d'août (6). »

(1) Cfr. *Registre du Tabellionage* : *juillet 1591*, (Arch. de M⁰ Moisy).
(2) M. L. Lalanne, I, p. 334-335.
(3) V. *Pièces justificatives*, XIV.
(4) Loc. cit., p. 232, note 3.
(5) V. *Pièces justificatives*, XIV.
(6) *Instruction de Malherbe à son fils* : M. L. Lalanne, I, p. 336. M. L. Lalanne écrit à tort « au mois de *mars*. »

Nous n'entrerons pas ici dans le détail des affaires financières de Malherbe, soit avec des communautés, soit avec la famille de sa femme, affaires qui occupèrent plus ou moins agréablement le poète depuis son retour en Provence jusqu'en 1598, et de cette date à l'année 1605, époque où il composa sa fameuse *Instruction à son fils*. Outre que ces détails financiers ne concernent en aucune manière la vie normande de Malherbe, ils ne feraient qu'obscurcir la suite de cette vie et n'y ajouteraient rien de neuf et d'intéressant.

Le second retour de Malherbe en Normandie fut marqué, comme le premier, par une cruelle épreuve de la Providence. Le mercredi 23 juin 1599, Malherbe voyait expirer entre ses bras sa fille unique, Jourdaine, à peine âgée de huit ans.

Deux monuments nous sont demeurés de cette triste mort. Le premier est un fragment de la lettre que Malherbe écrivit de Caen à sa femme demeurée en Provence. Cette lettre est une des plus belles qui soient jamais sorties de la plume de Malherbe, l'unique peut-être où son cœur, sous le coup d'une profonde douleur, ait laissé taire l'esprit pour parler seul. La voici dans sa teneur touchante, telle que M. Hauréau l'a publiée pour la première fois, en 1850, dans le Bulletin des *Comités Historiques* (1), d'après une copie du temps conservée à la Bibliothèque nationale dans le ms. 133 (f°s 39 et 40 des papiers de Baluze) (2) :

« J'ai bien de la peine à vous écrire cette lettre, mon cher cœur, et je m'assure que vous n'en aurez pas moins à la lire. Imaginez-vous, mon âme, la plus triste et pitoyable nouvelle que je saurois vous mander : vous l'entendrez par cette lettre. Ma chère fille et la vôtre, notre belle Jordaine, n'est plus au monde. Je fonds en larmes en vous écrivant ces paroles; mais il faut que je les écrive, et faut, mon cœur, que vous ayez l'amertume de les lire. Je possédois cette fille avec une perpétuelle crainte, et m'étoit avis, si j'étois une heure sans la voir, qu'il y avoit un siècle que je ne l'avois vue. Je suis, mon cœur, hors de cette appréhension; mais j'en suis sorti d'une façon cruelle et digne de regrets, s'il en fut jamais une bien cruelle et bien regrettable. Je m'étois proposé de vous consoler; mais comme le ferois-je, étant désolé comme je suis? Recevez cet office d'un autre, mon cœur; car de moi, je ne

---

(1) Tome II, p. 145 et 146.

(2) L'autographe, qui appartenait probablement au même manuscrit, a figuré le 16 avril 1846 dans une vente faite par M. Laverdet (n° 292 du catalogue).

puis si peu me représenter cet objet et me ressouvenir que je n'ai
plus ma très chère fille, que je ne perde toutes les considérations
qui me devroient donner quelque patience, et ne haïsse tout ce
qui me peut diminuer ma douleur. J'ai aimé uniquement ma fille;
j'en veux aimer le regret uniquément. Le mal qui me.l'a ôtée ne
m'ôtera point le contentement que j'ai de m'en affliger. Mais que
fais-je, ma chère âme? Je me devrois contenter de ne vous consoler
point, sans vous donner, par ces discours si tristes et si mélancoliques, sujet de vous attrister davantage. A la nouveauté de cet
accident, un de mes plus profonds ennuis, et qui donnoit à mon
âme des atteintes plus vives et plus sensibles, c'étoit que vous
n'étiez avec moi pour m'aider à pleurer à mon aise, sachant bien
que vous seule, qui m'égaliez en intérêt, me pouviez égaler en
affliction. Plût à Dieu, mon cher cœur, que cela eût été! Je serois
relevé de cette peine de vous écrire de si déplorables nouvelles,
et vous hors de ce premier étonnement qui faut que les âmes les
plus roides et les plus dures sentent au premier assaut que leur
donne cette douleur. Mais puisqu'il en faut sortir, et que vous
différer davantage cette lamentable histoire, c'est différer votre
résolution, je vous dirai que le dimanche etc... (1) »

Le fragment suivant, dont une copie se trouve au folio 40 du
manuscrit de Baluze, faisait probablement partie de cette lettre :
« Mon cœur, ma chère âme, je prie Dieu qu'il vous veuille
consoler. Je crois que vous en aurez bien besoin. Souvenez-vous
que quand notre fille eût vécu cent ans, il lui falloit toujours
mourir. La mort, en nous ôtant tout, nous a apprins à ne la
craindre plus. Aussi pour moi, je ne la crains plus qu'en une
seule occasion. Si j'ai cette bonne fortune de mourir premier que
vous, qui est tout le souhait que je fais à Dieu, je sais bien que je
ne pleurerai jamais beaucoup (2). »

Le second monument consacré à la mémoire de Jourdaine est
bien différent du premier. C'est une longue et pompeuse épitaphe
en prose, semblable à celle composée pour la tombe du fils aîné
de Malherbe. Le cœur n'y parle point, et la vanité avec laquelle
le poète revient sans cesse sur l'antiquité de sa race détruit
entièrement dans l'âme du lecteur les sentiments que la douleur

(1) Cfr. M. L. Lalanne, loc. cit., iv, p. 1.-3.
(2) Cfr. M. L. Lalanne, loc. cit., iv, p. 3.

G.

vraie de la lettre précédente a pu y faire naître. Cette épitaphe, que Malherbe fit dans la suite graver sur le tombeau de celle qu'il avait tout d'abord si amèrement pleurée, a été tirée du ms. n° 133, f° 38 des papiers de Baluze, et publiée pour la première fois, en 1852, par M. G. Mancel dans les *Lettres inédites* de Malherbe. Comme précédemment pour la première, nous la résumerons en quelques lignes.

C'est Jourdaine elle-même qui parle au passant. Elle lui rappelle sa noble extraction et bientôt elle arrive au dénombrement de ses qualités physiques et morales : « Nature, dit-elle, aux traits de visage, en la proportion de la taille et en la disposition de toutes les parties du corps m'avoit donné de quoi la remercier. Mon esprit et mon jugement sembloit excéder la portée de mon âge; mon humilité m'avoit acquis la bonne grâce de ceux à qui je devois du respect, et ma douce conversation, la bienveillance générale de tout le monde. » Elle décrit ensuite la maladie dont elle est morte : « Je fus blessée de deux pestes et de six charbons, qui dans trois jours m'eurent envoyée où tu me vois. Mon mal commença le dimanche, à sept heures du matin, il finit et me finit le mercredi ensuivant, environ deux heures après minuit. » Elle retrace alors le dévouement admirable dont son père fit preuve en si fâcheuse occurrence : « Veux-tu savoir que fit mon père au conflit de cette maladie? Tout jusqu'à la témérité. Sa piété fut inexpugnable aux conseils que ses amis lui donnèrent de me quitter. Il me vit abandonnée de tout le monde et demeura seul auprès de moi. Je ne pris ni viande ni remède d'autre main que de la sienne. Je fus portée entre ses bras partout où le chagrin me fit désirer d'aller. Que veux-tu que je te die? La prudence ne lui montra point de périls qu'il ne méprisât, ni l'amour d'offices qu'il ne me rendit. Enfin il essaya tout, et tout lui fut inutile. » Et quand elle eut rendu le dernier soupir, « ce qu'il fit alors, ce qu'il dit, ce qu'il devint. il faut que tu l'imagines : les paroles ne vont point si avant. » Elle parle ensuite de sa mère, alors absente et bien loin d'elle, mais abattue par la douleur à l'annonce de la mort de son enfant. « Compte chez toi, dit-elle en finissant, que tu as vu la tombe de la fille la plus passionnément aimée et la plus inconsolablement regrettée qui fut jamais (1)... »

(1) Cfr. M. L. Lalanne, loc. cit., I, p. 361-362.

Dans la même semaine de juin 1599, mourut aussi de la peste Madeleine de Réveillon-Putecostes, nièce du poète et compagne de Jourdaine : « Durant l'absence de ma femme, écrit Malherbe dans son *Instruction à son fils*, ma fille Jourdaine fut nourrie chez mon père, avec Madeleine, fille de ma sœur de Réveillon, jusques au mois de juin 1599, qu'elles décédèrent de la peste en même semaine (1). »

Six mois après ces deux morts, en décembre 1599, « lesté d'un assez léger bagage poétique, Malherbe rentrait à pleines voiles dans sa bonne ville d'Aix (2). » Lui-même nous le dit, toujours dans la même *Instruction* : « Ledit an 1599, au mois de décembre, je partis de Normandie et m'en revins en ce pays, où je suis encore aujourd'hui 1605, ce dixième de juillet (3). »

Un an après le retour de Malherbe à Aix, Madeleine de Carriollis donnait le jour à un troisième enfant. « Le jeudi 14° (4) de décembre mil six cents, environ onze heures du soir, naquit Marc-Antoine mon fils et de demoiselle Madeleine de Carriolis, fille de feu sieur président Carriolis. Et le vendredi 15e du même mois, il fut tenu sur les fonts par M. Laurens de Carriolis, aussi président au Parlement de Provence, frère de ma femme, qui lui donna le nom de Laurens-Marc-Antoine. Mme de Margaillet, Anne de Carriolis, sœur de ma femme, fut sa marraine. Le nom seul de Marc-Antoine lui est demeuré. Mme de la Vérune, Jourdaine de Montmorency, qui avoit été en Normandie marraine de feu ma fille Jourdaine, se trouvant ici au mois de novembre 1600 pour la réception de là reine Marie de Médicis, vint voir ma femme... La demoiselle de Boisroger, sa cousine, étoit avec elle (5). »

Malherbe aurait bien voulu s'en retourner en Normandie dès la fin de 1601, ainsi qu'il l'écrivait à Duperron, le 9 novembre : « Je suis ici accroché encore pour quelques jours à deux ou trois méchants procès et n'attends que d'avoir trouvé quelque fil à ce labyrinthe pour m'en retourner *en nos quartiers* (6). » Malherbe écrivait à un Normand, puisque la famille Duperron était de

(1) M. L. Lalanne, loc. cit., I, p. 336.
(2) M. Fr. de Gournay, loc. cit., p. 258.
(3) M. L. Lalanne, loc. cit., I, p. 336.
(4) Et non le 24, comme l'écrit M. L. Lalanne, loc. cit., I, p. XIV.
(5) *Instruction de Malherbe à son fils.* M. L. Lalanne, loc. cit., I, p. 344-345.
(6) M. L. Lalanne, loc. cit., IV, p. 5.

Saint-Lô, et que Duperron lui-même occupait le siège épiscopal d'Evreux. *Nos quartiers* désignent donc, à n'en point douter, la Normandie et non la Provence, ainsi que le voudrait M. Fr. de Gournay qui a cité cette lettre comme écrite de Normandie. Les procès, auxquels le poète fait allusion, ne devaient être terminés que trois ans plus tard; et même, lorsqu'il quitta la Provence au commencement d'août 1605, ses affaires financières restaient si embrouillées que, par mesure de prudence, il rédigea pour son fils Marc-Antoine, à la date du 29 juillet 1605, cette fameuse *Instruction*, remarquable surtout par la minutieuse exactitude et les sages précautions d'un homme né au pays de sapience et de chicane. « J'écrivois tout ce que dessus, en l'année 1605, dit-il à la fin de ce document, pour l'instruction de mon fils au cas que je vinsse à décéder avant qu'il fût en âge, pour le rendre capable des affaires que j'ai eues en cette province, et proteste devant Dieu que ce que j'ay ci-dessus écrit est la pure vérité. Fait audit Aix, le 29e de juillet mil six cents et cinq (1). »

Une page de cette *Instruction* est consacrée à l'énumération des Normands, et principalement des Caennais, qu'il reçut à Aix et qui, dans sa pensée, pourraient plus tard certifier l'identité de son fils Marc-Antoine, alors enfant, envers et contre tous ceux qui voudraient s'attribuer sa part d'héritage.

« Un nommé Mahent, messager, qui a fait plusieurs voyages en ce pays, y a vu mondit fils Marc-Antoine toutes les fois qu'il y est venu. »

« Il y a un an ou environ, que l'un des fils du sieur de Naut-Londel, de Caen, et un nommé la Racinière, marchand de Caen, étant en cette ville, me vinrent voir et virent mondit fils. »

« Un peintre, nommé Jean de Cayé, fils d'une que l'on appelait Françoise de Cayé, tapissière, et qui a montré à mes sœurs à coudre en tapisserie, a fait le portrait de mondit fils Marc-Antoine; lequel portrait je porterai à mon père, Dieu aidant, au voyage que j'y vais faire. Ledit de Cayé fit ledit portrait en l'année 1605, au mois de juin, durant lequel temps il étoit en cette ville et y a séjourné quelque temps, y étant encore de présent 25e de juillet 1605. »

« Un nommé Jean Le Bas, jeune garçon de vingt ans, fils, à ce qu'il disoit, de Gilles Le Bas, voiturier de Caen à Paris, a aussi vu

(1) M. L. Lalanne, loc. cit., I, p. 348.

mondit fils, étant en cette ville au service de Mme de Castellane, l'an 1605 et au mois de juillet. »

« Un autre jeune homme, qui se disoit être de Caen, nommé Jacques Lucas, frère d'un nommé Sallière, précepteur d'enfants en l'Université de Caen, m'est venu servir au commencement du présent mois de juillet même année 1605. »

« Un autre menuisier de Caen, nommé..., qui depuis... travaille en cette ville, a vu mondit fils Marc-Antoine, comme ont aussi fait une infinité d'autres. Ce que j'ai voulu écrire ici, pource qu'il arrive quelquefois que ceux qui sont nés loin de la maison de leur père sont méconnus de leurs parents, qui se veulent attribuer la part qui leur peut appartenir. Je ne crois pas que mon frère le voulût faire; mais il n'y a point de mal de laisser les choses avec le plus de lumière que l'on peut, vu que le temps n'y met toujours que trop de ténèbres (1). »

Certes, il n'est guère possible de prendre mieux ses précautions, et le Normand se peint là dans la perfection. Malherbe ne va pas jusqu'à douter de la probité de son frère : toutefois, si Eléazar avait quelques velléités d'ennuyer son neveu, devenu orphelin, il y aurait, tout prêt à être exhibé, un simple chiffon de papier, libellé en bonne et due forme, qui saurait bien l'en empêcher.

Malherbe écrivait encore : « Monsieur de Guespean, président au grand conseil, étant en ce pays pour un procès qu'il avoit évoqué en ce parlement, le sieur de Brémond, conseiller audit grand conseil, qui étoit ici pour le même fait, ont aussi vu mondit fils Marc-Antoine. »

« Monsieur Le Sage, avocat au grand conseil, qui était ici pour l'intérêt qu'avait monsieur Parent audit procés, a séjourné long-temps en cette ville, où il a vu mondit fils assez de fois; et à ce qu'il m'a dit depuis qu'il est de retour par delà, il a vu mon père auquel il a donné de nos nouvelles, et particulièrement de mon fils. »

Fr. de Malerbe.

« Ledit sieur Le Sage, à ce qu'il m'a dit, est de Falaize en Normandie (2). »

C'est en 1604 que Malherbe, par l'entremise de Guillaume du

(1) M. L. Lalanne, loc. cit., I, p. 345-346.
(2) Ibid., p. 346.

Vair, premier président au Parlement de Provence, fit la connaissance de Claude Fabri de Peiresc, si célèbre plus tard par son
amour pour les sciences et les arts, l'un des plus savants antiquaires du commencement du xviie siècle. Peiresc était né
en 1580 au château de Beaugencier en Provence. Malherbe, écrit
M. Emmanuel de Broglie (1), « se prit de la plus vive affection
pour Peiresc, bien qu'il fût son aîné de près de trente ans. Le
poète au caractère rude et revêche, mais rempli d'une finesse
toute normande, sut vite apprécier l'intelligence ouverte et la
parfaite probité morale du jeune homme et lui voua une amitié,
une confiance qui ne se démentirent jamais. » Cette amitié, de la
part de Peiresc, se manifesta constamment par les actes du plus
sincère dévouement.

En 1604 aussi, ou dans les premiers mois de 1605, Malherbe
écrivait cette belle et gracieuse strophe, la première de la *pièce* xive,
aux Ombres de Damon (2) :

> L'Orne comme autrefois nous reverrait encore,
> Ravis de ces pensers que le vulgaire ignore,
> Egarer à l'écart nos pas et nos discours;
> Et couchés sur les fleurs comme étoiles semées,
> Rendre en si doux ébat les heures consumées
> Que les soleils nous seroient courts.

Sous le ciel étincelant de la Provence et au sein de cette nature
poudreuse, Malherbe, en effet, jetait un regard de regret vers sa
famille de Normandie et les nombreux amis qu'il y avait laissés.

Quelques mois après, au commencement d'août 1605, il quittait
la ville d'Aix, appelé en Normandie, si nous en croyons M. L. Lalanne (3), pour affaires particulières. Nul doute qu'il voyagea avec
Guillaume du Vair et Peiresc qui se rendaient à la cour. Lui-
même n'alla pas plus loin, et c'est alors qu'il fut introduit près
du Roi et de la Reine, inaugurant ainsi un genre de vie tout nouveau pour lui, le seul qu'il devait mener jusqu'à sa mort en 1628.

Depuis longtemps déjà, au dire de Racan, il avait été chaudement recommandé à Henri IV et à Marie de Médicis par deux

---

(1) *Un Mécène de l'érudition : Peiresc et ses lettres* (*Correspondant*, 10 janvier 1893, p. 153).

(2) M. L. Lalanne, loc. cit., i, p. 58 et seq.

(3) Loc, cit., i, p. xxi.

Normands, fort liés l'un et l'autre avec sa famille, Jacques Davy
Duperron, d'abord abbé de Bellozane, puis évêque d'Évreux,
archevêque de Sens, cardinal en 1604, et Nicolas Vauquelin, sieur
des Yveteaux, compatriote de Malherbe et poète comme lui. Les
beaux vers qu'il composa à son arrivée à la cour pour le voyage
du roi en Limousin lui valurent l'entretien d'un homme et d'un
cheval, ainsi que mille livres d'appointements que devait lui
donner le grand écuyer, M. de Bellegarde.

Malherbe, « ne consultant que son génie, écrit Jacques de
Cahaignes (éloge 94e), s'est complu dans le commerce doux et
paisible des muses françaises. Grâce à elles, il est l'hôte assidu
du très illustre messire Roger de Bellegarde, gouverneur de Bour-
gogne, et il possède toute sa faveur. Exempt de toute prétention
à la gloire, chose inconnue même des sages, il compose des vers
inspirés dignes de l'immortalité, vers qui appropriés aux doctes
oreilles de ce siècle, seront lus et admirés par la postérité. Heureux
Bellegarde qui a trouvé un chantre si illustre de ses mérites (1). »

Huet nous dit que Malherbe reçut de M. de Bellegarde une
place d'écuyer du Roi. Il semble très naturel à M. L. Lalanne de
supposer qu'à cette place étaient attachés, en tout ou en partie,
les avantages que nous venons d'énumérer. « Malherbe, ajoute-
t-il (2), devint probablement, à la même époque, gentilhomme
ordinaire de la chambre du Roi (suivant Huet, ce fut aussi M. de
Bellegarde qui lui fit avoir cette charge), et les gages qu'il recevait
en cette qualité, si, ce que tout porte à croire, ils étaient ce qu'ils
furent cinquante ans plus tard, se montaient à deux mille livres. »

C'est à partir de cette époque que Malherbe écrivit à son ami
Claude Fabri de Peiresc ces admirables lettres qui offrent au lecteur une chronique précieuse et parfaitement authentique des
faits et gestes de la Cour de France, pendant les dernières années
de Henri IV et les premières du règne de Louis XIII. Il n'entre
pas dans le cadre de notre sujet de parler de toutes ces lettres de
Malherbe à Peiresc qui furent publiées pour la première fois
en 1822, d'après les originaux conservés à la Bibliothèque nationale. Il y a dans ces lettres, « comme dans toutes lettres confiden-
tielles, écrit M. Fr. de Gournay (3), du remplissage, des *nigeries*,

(1) Traduction de M. A. de Blangy, p. 360-361.
(2) Loc. cit., I, p. xxiii.
(3) Loc. cit., p. 264.

selon le mot de l'auteur. Mais cette correspondance a un mérite réel, et l'*Abrégé de l'Histoire de France*, par M. Michelet, aurait été plus conforme à la vérité, si l'auteur, à l'occasion du régicide de Ravaillac, eût consulté notamment la lettre de la collection qui rectifie ce que Malherbe avait mandé lui-même sur le compte des prédictions d'un nommé Labrosse. »

Quelques-unes des lettres de Malherbe à Peiresc, tout enjouées qu'elles soient à la surface, révèlent de temps à autre une immense tristesse. Au fond, l'éloignement de sa femme et de son fils Marc-Antoine le rendait inquiet, troublé, chagrin; et, quand il n'en avait point reçu de nouvelles, il craignait qu'ils fussent malades.

La plupart de ces lettres, c'est-à-dire celles qui furent écrites entre 1606 et 1621, renferment toujours quelque chose d'aimable pour Guillaume du Vair, orateur fameux et homme d'une austère probité, premier président du Parlement de Provence, garde des sceaux en 1616, et ensuite évêque de Lisieux. Quand, dans ces lettres, il demande à Peiresc de présenter ses respects à du Vair, la formule dont il se sert le plus ordinairement est celle-ci : « Vous lui baiserez, s'il vous plaît, bien humblement les mains de ma part, » ou encore : « Je baise bien humblement les mains à Monsieur le premier président (1). »

Nous arrivons à une période de la vie normande de Malherbe où les détails vraiment nouveaux abondent. Mais avant de déterminer la raison qui ramena une troisième fois le poète dans sa ville de Caen, nous croyons qu'il ne sera pas inutile d'indiquer, dans un rapide aperçu, les principaux membres de sa famille normande. Nous avons déjà fait la connaissance de quelques-uns d'entre eux; les autres nous sont encore inconnus.

Le père du poète, *François de Malherbe, sieur de Digny*, fils cadet de Guillaume, avait épousé damoiselle *Louise le Vallois*, femme de mœurs antiques et catholique convaincue. Des neuf enfants, issus de leur mariage, cinq étaient morts : la *première Jeanne, Josias* et *Etienne*, en bas-âge; *Pierre*, à Lisieux, au retour du siège de la Fère, à l'âge de dix-sept ou dix-huit ans; la *seconde Jeanne* était décédée depuis neuf à dix ans, laissant plusieurs enfants de son mariage avec *Jean Le Fauconnier*, sieur du Mesnil-

(1) Si l'on en croit Segrais, Malherbe « trouvait en son temps qu'il n'y avait pas un meilleur écrivain en notre langue que M. du Vair. »

Patry et de Feuguerolles (1), trésorier de France. Un frère et deux sœurs restaient encore au poète. *Eléazar*, marié, le 25 janvier 1595, à damoiselle *Marie Lambert* (2), dame en partie de la terre d'Ouville près de Falaise, avait en 1606, ou devait avoir dans la suite comme enfants : *Marie, Louise, Eléazar, Augustin, Jacques, Pierre* et *Jean* (3). *Marie*, sœur du poète, était mariée au sieur de Réveillon-Putecostes et avait eu, entre autres enfants, une fille du nom de *Madeleine* décédée au mois de juin 1599, la même semaine que sa cousine Jourdaine, la fille du poète. *Louise*, dernière sœur de Malherbe, avait épousé le sieur de Colombiers-Guerville pendant le second séjour de Malherbe en Provence. Son mari était mort de la peste au mois d'août 1598, le jour même de l'arrivée de Malherbe à Caen, laissant à sa veuve un fils et une fille (4).

Les grands parents maternels du poète, *Henri le Vallois*, seigneur d'Ifs (5), et Catherine le Joly, « héritière de plusieurs biens roturiers tant à Bretteville-la-Pavée qu'à Louvigny (6), » avaient eu, comme enfants : *Louise*, la mère du poète, *Jean, Charlotte* et *Marie*. Ces deux dernières étaient mortes avant 1606, la première sans enfants ; la seconde, mariée à Pierre Beaullart, sieur de Maizet, avait laissé un fils « marié aujourd'huy à une des filles de Fontaines-Estoupefour (7). » *Jean le Vallois*, sieur d'Ifs, frère de la mère du poète, avait épousé, en premières noces, une sœur du sieur de Lamberville, maître des requêtes, et de leur union était sortie *Marie le Vallois*, morte un quart d'heure après sa mère en 1587. D'un second mariage avec Jeanne de Mainbeville, sœur et en partie héritière du sieur de Comiers, il avait eu une fille, *Judith*, qui avait épousé, le mardi 15 février 1605, *François de Malherbe, sieur du Bouillon et d'Escorchebeuf*, le chef de la branche aînée des Malherbe. « Elle peut avoir aujourd'hui seize ans, écrit le poète dans son *Instruction* (8). Son père mourut peu de temps après qu'elle fut née, si bien qu'elle est demeurée seule héritière

(1) Portait : d'argent, à six mâcles de gueules, 3, 2 et 1.

(2) La famille Lambert portait : de gueules, au chevron d'argent, accompagné de deux croissants d'or en chef et d'une étoile d'or en pointe.

(3) V. *Pièces justificatives*, I et II.

(4) Cfr. *Instruction de Malherbe à son fils*, passim.

(5) Ifs, à une demi-lieue de Caen (canton de Caen-est).

(6) Communes du canton de Caen-ouest.

(7) Cfr. *Instruction de Malherbe à son fils* (M. L. Lalanne, loc. cit., I, p. 333).

(8) Ibid., p. 333.

de ladite terre d'Ifs et des biens assis à Bretteville-la-Pavée, qui
avoient appartenu à ladite Catherine le Joly, sa grand'mère et la
mienne. Dieu la fasse vivre et lui donne des enfans. Si elle n'en
avoit point, mon cousin de Maizet, sorti de ladite Marie le Vallois,
dont j'ai fait mention, et nous, en serions héritiers. S'il n'y avoit
autre bien que le noble, nous l'emporterions par-dessus mondit
cousin de Maizet, parce que nous sommes de Louise le Vallois,
fille aînée dudit Henri le Vallois, sieur d'Ifs, et encore l'empor-
terais-je au préjudice de mon frère, parce que je suis son aîné, et
le premier de tous les enfants sortis du mariage de mesdits père
et mère. » Disons en passant que ces prévisions d'héritage ne
devaient point se réaliser par suite de la naissance, en 1619, de
Jacques de Malherbe.

C'est ici le lieu de parler de cette curieuse épitaphe qu'on a tant
reprochée à Malherbe et « qu'il fit pour un de ses oncles, frère de
sa mère, nommé d'Is, lieutenant criminel à Caen. Comme c'estoit
un homme de réputation dans la ville, et fort considéré dans sa
famille, la mère de M. de Malherbe l'avoit pressé plusieurs fois
de faire des vers sur sa mort ; de sorte que pour se délivrer de
ceste importunité, il fit enfin ce sizain, comme par dépit :

> Icy dessous gist Monsieur d'Is,
> Pleust or à Dieu qu'ils fussent dix,
> Mes trois Sœurs, mon Père et ma Mère,
> Le grand Eléazar mon Frère,
> Mes trois Tantes et Monsieur d'Is ;
> Vous les nommé-je pas tous dix (1) ? »

Cette épitaphe, inédite au temps de Conrart, fut publiée par
Ménage en 1666, à la fin des Poésies de Malherbe, p. 239, sous ce
titre : *Epitaphe de Monsieur d'Is, parent de l'auteur, et de qui
l'auteur étoit héritier*. Les personnages qu'elle maltraite si bien
nous sont maintenant connus. Monsieur d'Is, c'est Jean le Vallois,
sieur d'Ifs (2), oncle du poète et père de Judith. Les trois sœurs
de Malherbe, ce sont Jeanne, morte vers 1597, Marie et Louise.
Les trois tantes ne sont autres que Charlotte et Marie le Vallois,
sœurs de la mère du poète, et Jeanne de Mainbeville, seconde
femme de Monsieur d'Is. Le père et la mère de Malherbe, le grand
Eléazar son frère complètent la collection.

(1) Cfr. *Anecdotes inédites sur Malherbe*, par M. L. Arnould, p. 33.
(2) Ifs s'écrivait autrefois *Ifs* et *Is*.

Disons-le bien vite, c'est moins au cœur de Malherbe qu'à son esprit qu'il faut attribuer ce sizain. Il eût été préférable que cette plaisanterie ridicule et quelque peu odieuse, composée, paraît-il, sur la demande de la mère du poète, ce qui en augmente singulièrement l'impertinence, n'eût jamais été imprimée par Ménage. Car elle jette un peu d'ombre sur la physionomie d'ordinaire noble et sérieuse de Malherbe. « Mais, écrit à ce sujet M. Fr. de Gournay (1), n'en croyons pas le poète, et absolvons l'homme qui, dès sa vingt et unième année, s'était créé une position indépendante de ses parents, et qui ne les fatigua jamais de demandes intéressées. »

Les parents paternels du poète étaient les *Malherbe sieurs de la Pigacière*. *Bertrand de Malherbe*, sieur de la Pigacière, fils de Guillaume de Malherbe et de Marie d'Elbeuf, et par suite frère du père du poète, était mort à une date restée ignorée. Avant de mourir, il avait fait avec son frère François le partage de la succession paternelle. Nous n'avons pu en retrouver l'acte qui, selon toute apparence, ne fut pas écrit au tabellionage de Caen, ou, dans le cas contraire, le fut à une époque autre que celle indiquée dans le Dictionnaire de la Chesnaye des Bois. L'abbé Béziers donne en effet le 25 janvier 1595, et cette date, nous l'avons déjà dit, est celle du contrat de mariage d'Eléazar et de Marie Lambert. Bertrand de Malherbe eut pour fils *Pierre de Malherbe*, sieur de la Pigacière, dont nous aurons bientôt lieu de constater les relations, surtout financières, avec le poète son cousin-germain. D'une alliance, restée inconnue, il eut comme fils *André de Malherbe*, sieur de la Pigacière, qui devait longtemps porter les armes pour le service du Roi, et épouser, par contrat du 6 avril 1615 (2), damoiselle Marie Gosselin. Plus tard, il aura à soutenir un grand procès contre Charles de la Rivière, écuyer, sieur de Missy, qui lui disputera sa qualité. Et dans ce procès interviendront ses cousins, issus de germain, Eléazar, Jacques, Augustin et Pierre de Malherbe, tous fils d'Eléazar. Il en résultera un arrêt des maîtres des requêtes de l'Hôtel du Roi, en date du 19 septembre 1645, qui, sur la production des titres, maintiendra ledit André de Malherbe et ses cousins dans leur qualité de nobles

(1) Loc. cit., p. 327.
(2) Le manuscrit de Quens donne le 14 mai 1615.

d'ancienne race, avec défense au sieur de la Rivière et à tous autres de les inquiéter dans cette qualité, sous peine de 3.000 livres d'amende et de tous les dépens, dommages et intérêts (1).

Nous lisons dans l'ouvrage de M. A. de Courson (*Recherches nobiliaires*, p. 453) : « Eléazard de Sarcilly de Chandeville, fils de François (intendant de l'amiral de Montpensier, époux de Marthe Malherbe en 1591), neveu du grand poète Malherbe..., naquit en 1611 à Brucourt. »

Ces lignes laisseraient à supposer que le poète aurait eu une autre sœur du nom de *Marthe*. La même opinion résulterait de l'ensemble d'une petite brochure intitulée : *Portrait de Eléazar de Chandeville, neveu de Malherbe, tiré du Cyrus de Mlle de Scudéry,* et publiée par M. Trébutien (Caen, Le Gost-Clérisse, 1858). Cependant, il est absolument certain que Marthe Malherbe n'était pas la sœur du poète. Elle pourrait avoir été sa nièce à la mode de Bretagne, ou plutôt sa cousine issue de germain : car nous serions presque tenté de croire qu'elle était la fille de Pierre de Malherbe, sieur de la Pigacière, dont nous venons de parler. Ce n'est là qu'une conjecture fondée, il est vrai, sur un contrat de constitution de rente, en date du mois d'octobre 1611, que nous avons trouvé, aux archives du Calvados, dans les registres du contrôle. Son nom se lit aussi dans une foule d'autres contrats et actes du tabellionage et du bailliage. Eléazar de Sarcilly serait bien alors un neveu du poète, dans la très large acception qu'on donne quelquefois à ce degré de parenté.

Le manuscrit de Quens est moins explicite : « Eléazar de Sarcilly, parent du poète Malherbe. » Selon Huet (4), ce jeune homme avait un rare talent pour la poésie. Isabelle de Bourgueville, fille d'honneur de la reine Henriette, femme de Charles 1er, et arrière-petite-fille de M. de Bras, fut sa première inclination. Il composa des vers en son honneur. Il mourut en 1633, à l'âge de vingt-deux ans, et fut enterré à Saint-Germain-l'Auxerrois. M. de Montausier, étant venu à Caen prendre possession de son gouvernement, dit une fois, en parlant de M. de Sarcilly de Chandeville, « qu'il n'était pas un jour qu'il ne donnât plus d'un quart d'heure à sa mémoire. » Ses poésies, qu'il voulait supprimer lors de sa

---

(1) Nous renvoyons pour cet arrêt au Chapitre 1er où il en a été déjà fait mention. (V. *Pièces justificatives,* vii).

(2) *Origines de Caen.*

mort, ne nous seraient point parvenues sans M. de Scudéry qui prit soin de les recueillir et de publier ce qui nous en reste. Elles sont conservées à la Bibliothèque nationale (1).

Nous avons laissé Malherbe à la cour de France. C'est là qu'il reçut la nouvelle de la mort de son père survenue, selon toute probabilité, vers la fin de juin ou dans les premiers jours de juillet 1606. « Il mourut dans une extrême vieillesse, dit Jacques de Cahaignes (2), sans être affligé des infirmités si fréquentes à cet âge. Ses forces, cédant enfin devant la volonté du destin, il mourut la sixième année de ce siècle, emportant dans la tombe l'estime générale :

> Nempe rapit juvenes mors in florente juventa.
> Non oblita rapit sed tamen illa senes. »

Nous croyons, et nous aimons à le répéter, que le père du poète mourut dans le sein de l'Eglise catholique, et fut enterré dans la chapelle Saint-Jacques qu'il avait jadis fieffée dans l'église paroissiale de Saint-Etienne-le-Vieil. Mais nous ignorons si le poète fut averti assez tôt pour venir recevoir le dernier soupir de son père ou du moins pour pouvoir assister à ses obsèques. Ce que nous pouvons affirmer, c'est qu'il était à Caen le 17 juillet 1606, pour le partage avec son frère et la choisie des lots de l'héritage paternel.

Là encore s'impose un rapide aperçu des rapports qui avaient pu exister avant cette époque entre le poète et son père, relativement à ce qu'il en avait reçu, non moins qu'entre le poète et son frère, en ce qui concerne les biens qu'ils pouvaient avoir à se partager.

Malherbe avait eu jusque-là bien peu de chose de son père. Nous avons déjà parlé dans le cours de ce chapitre et dans le précédent des frais qu'avait occasionnés son éducation en Normandie, en Allemagne et à Paris. Nous avons aussi rapporté les paroles amères de l'*Instruction à son fils* qui font allusion à son premier séjour en Provence de 1576 à 1586 : « Durant cette absence, je n'ai pas eu un liard de la maison, etc., etc... De toutes lesquelles choses, il se voit le peu de dépense que j'ai faite à mon père, etc., etc. » Malherbe n'est pas moins explicite sur les rapports financiers et les relations plus ou moins tendues qu'il eut jusqu'en 1605 avec son frère Eléazar. Il en profite même pour

(1) Voir, pour toute cette question, les *Pièces justificatives*, I et II.
(2) *Eloge 94ᵉ* : traduction de M. A. de Blangy, p. 361.

bien marquer à son fils quelle part il compte devoir lui revenir dans l'héritage des biens paternels : « En faisant son mariage, mon père lui a donné un état de conseiller au siège présidial de Caen, qu'il lui avoit baillé dès l'année 83 ou 84 ; mais il faut que mon frère m'en tienne compte de la moitié, parce que, par la coutume de Normandie réformée devant ledit mariage, un père ne peut directement ni indirectement avancer un fils plus que l'autre. Cet état valoit douze cents écus pour le moins, quand mon père le lui bailla, de sorte que je lui en veux demander six cents avec les intérêts depuis ce temps-là, qui sont vingt ou vingt-deux ans (1). »

Nous n'avons nulle part découvert que Malherbe ait jamais fait à son frère une réclamation de ce genre : Sans doute qu'en connaissance de cause, Eléazar prévint toute espèce de conflit.

« Je fais compte, dit-il encore, que ceci m'acquitte trois cents écus que je dois au sieur Fauconnier et dont je lui fais la rente au denier dix, et vingt écus de rente que je fais à Harcourt pour deux cents écus qu'il me prêta pour le voyage de ma femme, quand elle s'en revint en ce pays ici. Le contrat fait avec ledit Fauconnier contient quatre cents et quelques écus de principal, mais la vérité est que je n'en reçus que trois cents livres. Le surplus étoit déjà dû audit Fauconnier, pour pareille somme par lui prêtée à mon père pour l'achat de la petite maison qui est près de la nôtre, à ce que mon père me le dit (2). »

Et ensuite : « Mon cousin de la Pigacière, Pierre Malherbe, m'a plégé envers ledit Fauconnier de ladite somme de trois cents livres, dont mon père lui a fait une promesse de l'indemniser, dans laquelle promesse il déclare que je n'ai touché que lesdites 300 livres, et qu'il devoit le reste auparavant (3). »

Il poursuit, tout en donnant un léger coup de pied à la vérité : « Pour le regard de ce que je suis signé au mariage de mon frère, cela ne me peut préjudicier pour ma part dudit office, parce que mon père m'y mena et que pour son respect seul je me signai audit mariage (4). »

« De toutes ces affaires, conclut-il, et autres que je puis ou

(1) M. L. Lalanne, loc. cit., i, p. 334.
(2) Ibid.
(3) M. L. Lalanne, loc. cit., i, p. 334.
(4) Ibid., p. 334-335.

pourrai avoir en Normandie, j'espère avec l'aide de Notre Seigneur
en envoyer des mémoires plus amples à ma femme, aussitôt que
je serai arrivé par-delà, et lui envoyer aussi le rôle bien particulier des biens que mon père possède, et des papiers que j'ai par-
delà concernant les affaires de deçà, comme sont les quittances
de Mᵐᵉ d'Oise, héritière du sieur de Villars, et du capitaine Benoît
de Languedoc et autres (1). »

Malherbe fit-il réellement cet envoi à sa femme? Nous ne le
croyons pas : un rôle des biens paternels était, en effet, chose
inutile après le partage de ces mêmes biens librement fait et
accepté par les deux frères.

Mais le Normand se laisse trop deviner dans la suite de la même
Instruction : « S'il falloit plaider contre mon frère, il lui faudra,
outre ce que dessus, objecter que toujours il a été nourri et entretenu aux dépens de la maison, de laquelle il n'a jamais bougé,
même depuis qu'il a ledit office, ni depuis qu'il est marié, sinon
peut-être un an qu'il demeura en la maison du sieur de l'Escarde
tout vis-à-vis de la nôtre, où il recevoit ordinairement plusieurs
provisions nécessaires. Hormis ladite année, il a continuellement
demeuré chez mon père, et lui et sa famille ont été nourris aux
dépens de la maison, lui, sa femme et ses enfants, vivant à la table
de mon père; et quand pour le ménage mon père et ma mère, aux
mois de juillet, août et septembre, se retiroient aux champs, mondit frère, sa femme, enfants et serviteurs s'y retiroient aussi, vivant
aux dépens de mon père, ce qui est notoire à tout le monde (2).

S'il falloit plaider contre mon frère : voilà, ce nous semble, les
paroles de Malherbe qui l'ont fait passer jusqu'à ce jour pour un
chicaneur de premier ordre, pour un Normand toujours en procès
avec son frère ou les autres membres de sa famille (3). De ce que
Malherbe défendait ses intérêts comme un docteur en droit, ou
plutôt comme un avocat normand habitué à l'argot de la chicane,
il ne faudrait pas conclure qu'il fut nécessairement processif.
C'était tout simplement un homme d'ordre, et on citerait peu de
poètes d'une exactitude aussi remarquable et d'une administration
aussi exemplaire. Toutefois, nous avons essayé de trouver ne

(1) M. L. Lalanne, loc. cit., ɪ, p. 335.
(2) *Instruction* (M. L. Lalanne, loc. cit., ɪ, p. 335).
(3) M. L. Arnould écrivait tout récemment encore (*Anecdotes inédites sur
Malherbe*, p. 35) : «..... Son frère, avec qui Malherbe fut sans cesse en procès. »

fût-ce qu'un procès de Malherbe avec les siens. Mais les nombreux registres du bailliage que nous avons feuilletés sont restés absolument muets sur ce point. Il est vrai que parmi ces registres, jusque-là peu ou point inventoriés et classés, plusieurs manquent à certaines dates ou sont totalement détériorés, au point de faire regretter leur disparition ou leur inutilité.

Il ne faudrait donc pas prendre tout-à-fait au pied de la lettre cette historiette où Tallemant des Réaux met en scène un personnage qui dit à Malherbe : « Des procès entre des personnes si proches ! Jésus ! que cela est de mauvais exemple. » — « Et avec qui voulez-vous que j'en aie, répond le poète; avec les Turcs ou les Moscovites ? Je n'ai rien à partager avec eux. »

Nous n'avons point trouvé trace de procès, pour la bonne raison qu'il n'y eut pas matière à en avoir, comme la suite de cette étude et les divers contrats passés par le poète le montreront clairement. Et à cette occasion, nous ne pouvons passer sous silence la fausse interprétation donnée à une lettre du poète au cardinal Duperron. « Plus il avançait en âge, écrit M. Fr. de Gournay (1), et moins il songeait à revenir en Normandie, d'où il voulait retirer *le peu* qu'il avait. Il est vrai que les procès qu'il y soutenait ne l'y attiraient que par contrainte. « Je suis icy, écrivait-il à Duperron, accroché encore pour quelques jours à deux ou trois méchants procès, et n'attends que d'avoir trouvé quelque fil à ce labyrinthe pour m'en retourner en nos quartiers. » Il est fort regrettable, nous l'avons dit dans le cours de ce chapitre, que M. Fr. de Gournay ait fait écrire cette lettre en Normandie alors qu'elle le fut en Provence.

« J'ai discouru tout ceci, dit encore le poète dans son *Instruction*, afin que si mon frère de bonne foi ne voulait faire raison à mon fils, il ait de quoi se la faire faire. Dieu me fera, s'il lui plaît, la grâce de vivre pour le délivrer de cette peine, et lui conserver ce que nature lui a donné (2). »

Eléazar devait mourir longtemps avant son frère et avant que Marc-Antoine n'eût atteint sa seizième année. Il est plus que probable qu'il n'a fait aucun tort ni à l'un ni à l'autre.

Le détail qui suit nous paraît, malgré les protestations du poète

(1) Loc. cit., p. 272.
(2) M. L. Lalanne, loc. cit., I, p. 336.

à la fin de son *Instruction*, absolument contraire à la vérité; et nous serions presque d'avis que Malherbe a fait là un mensonge gros comme la peur qu'il avait d'être frustré de l'héritage paternel. « J'ai icy, écrit-il, une déclaration que mon frère m'a envoyée, par laquelle il me reconnaît, et après moi mon fils Marc-Antoine, son héritier en la moitié de tous ses biens présents et à venir. Ladite déclaration est du 24e septembre 1602, passée à Caen devant Horace le Forestier, et Nicolas Roque, tabellions dudit Caen (1). »

A moins d'erreur de date, ce qui ne serait pas absolument impossible, nous certifions que la minute de cette pièce fait complètement défaut dans les registres du tabellionage, au 24 septembre 1602. D'ailleurs, il nous semble bien extraordinaire qu'Eléazar, alors père de plusieurs enfants, ait songé à reconnaître son frère comme son héritier en la moitié de ses biens présents et à venir. Cela nous parait d'autant plus étrange que les lots et partages n'étaient pas encore faits, et que, jusqu'à cette année 1602, les deux frères n'avaient pas été des plus unis, comme cela ressort clairement de tout ce qui précède. L'acte de partage de 1606 ne fait aucune allusion à un engagement de cette sorte de la part d'Eléazar.

Si nous voulions résumer toutes les citations que nous avons faites jusqu'ici de l'*Instruction de Malherbe à son fils Marc-Antoine*, nous dirions qu'elle nous rappelle involontairement ces vers de Boileau :

> Soutenons bien nos droits, sot est celui qui donne :
> C'est ainsi devers Caen que tout Normand raisonne;
> Ce sont là les leçons dont un père Manceau
> Instruit son fils novice au sortir du berceau.

(Epit. iie, 1673).

Au mois de juillet 1605, Malherbe écrivait dans son *Instruction :* « Mon père peut aujourd'hui posséder six ou sept cens écus de rente, selon l'estimation que plusieurs fois j'en ai ouï faire, et même dernièrement quand je partis de Normandie au mois de décembre 1599 (2). »

Nous savons aussi quels étaient les biens immeubles et les diverses rentes actives du père de François et d'Eléazar de Mal-

---

(1) M. L. Lalanne, loc. cit., I, p. 330.
(2) M. L. Lalanne, loc. cit., I, p. 332.

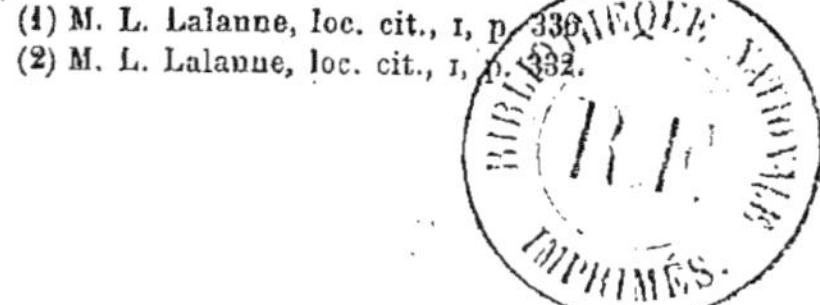

7.

herbe. Ces biens, sans parler de ceux de sa femme, pouvaient être de 149 à 150 acres de terres en labour, prés, jardins, plants, bois taillis et de haute futaie, situées dans les communes d'Arry, de Bougy et de Missy. A ces terres étaient jointes des maisons et bâtiments tant à la ville qu'à la campagne.

Déjà, en 1829, dans la *Notice biographique sur le véritable nom de Malerbe* (1), on avait signalé l'acte de partage qui eut lieu, le 17 juillet 1606, entre le poète et son frère. M. Fr. de Gournay (2) et, après lui, M. L. Lalanne (3), en avaient reconnu l'existence dans l'étude de M⁰ Lavarde, notaire à Caen. M. A Gasté (4) a davantage précisé, en nommant l'étude de M⁰ Moisy. C'est là que nous avons consulté à notre tour et relevé en son entier cet acte de partage.

Ces lots et partage des maisons, terres et rentes ayant appartenu, à « noble homme M. Françoys Malerbe vivant sieur Digny » furent, d'après la coutume de Normandie, faits et présentés par Eléazar, fils puîné, le 6 juillet 1606, et déposés, le 17 du même mois, devant les tabellions de Caen Roque et Martin, en présence des sieurs Potier et de Missy, témoins.

L'acte de partage (5) comprenait deux lots :

Le premier se composait de quatre maisons et d'une portion de maison, de jardins et de terres, soit 64 acres environ, sis aux paroisses d'Arry, de Missy et de Bougy (6). Le second consistait en deux maisons dont l'une, avec cour et jardin était au quartier Saint-Etienne, place de la Belle-Croix (aujourd'hui place Malherbe), et en 70 acres environ de terres labourables, près, plants et jardins situés à Missy, principalement aux fontaines Digny et au hameau des Forges. Les deux lots comprenaient en outre quelques faibles rentes en argent, blé et orge, et des faisances de peu d'importance.

Le poête, ayant droit de choisie, prit le second lot, celui dans lequel était la maison qu'habitait son père, et qui est présente-

(1) Cfr. la fin du 1ᵉʳ chapitre de cette étude.
(2) Loc. cit., p. 262.
(3) Loc. cit., ɪ, p. xxɪɪɪ.
(4) *La Jeunesse de Malherbe*, p. 9.
(5) La minute de cet acte a 15 pages de texte. (V. *Pièces justificatives*, xv).
(6) Arry, ancienne commune rattachée à celle du Locheur (canton de Villers Bocage); Missy (même canton); Bougy (canton d'Evrecy).

ment connue à Caen sous le nom de *Maison de Malherbe*. Sur ces biens, les deux frères devaient payer une part du douaire de leur mère, Louise le Vallois, et diverses rentes passives, tant pour les légitimes de leurs sœurs que pour d'autres motifs. Ces rentes, pour le poète, pouvaient monter à 163 livres dix sols.

Malherbe n'avait « donc pas trop à se plaindre de son étoile, écrit M. Fr. de Gournay (1); et si, notamment dans une de ses lettres à Louis XIII, il supposait sa famille pauvre et ruinée, c'était d'une pauvreté relative qu'il entendait parler; c'était une forme employée pour éveiller l'intérêt et provoquer la munificence royale. Il était passé maître en cet art qu'un jour il enseignait à une de ses parentes, en l'exhortant à lui envoyer pour Mme de Longueville *une lettre où elle feroit bien la piteuse* (2). »

Malherbe n'avait aucune raison de rester plus longtemps en Normandie, et il ne tarda pas sans doute à revenir à la cour. Il y était certainement en octobre 1606, comme il résulte d'une lettre qu'il écrivit de Fontainebleau à Peiresc, en date du 2 de ce mois (3).

Le poète avait vu grossir son revenu. Malgré cela, pendant les quatre dernières années du règne de Henri IV, Malherbe ne se fera pas faute de solliciter, soit sur le trésor royal, soit sur un évêché ou une abbaye, une pension que le bon roi, de son côté, ne se lassera point de promettre aux odes, aux vers de ballet et aux sonnets du gentilhomme ordinaire de sa chambre.

Devenue, en 1610, après la mort tragique de son époux, régente de son jeune fils Louis XIII, la Reine-mère, Marie de Médicis, ne voulut point garder rancune au poète de ses vers pour Oranthe. « Elle se chargea, nous dit M. L. Lalanne (4), d'acquitter les promesses de son époux. Six semaines à peine s'étaient écoulées depuis l'attentat de Ravaillac que Malherbe pouvait écrire à Peiresc : « Mme la princesse de Conti gouverne la Reine plus que jamais. Elle me fit hier accorder un méchant don... Je n'ai autre peur que de ma mauvaise fortune, qui pourrait bien à l'accoutumée me frustrer de cette espérance (5). »

(1) Loc. cit., p. 263-264.

(2) Cfr. M. L. Lalanne, loc. cit., iv, p. 80-82 : (Lettre à sa belle et chère cousine).

(3) Cfr. M. L. Lalanne, loc. cit., iii, p. 5-6.

(4) Loc. cit., i, p. xxvi.

(5) Lettre du 26 juin 1610. (Cfr. M. L. Lalanne, loc. cit., iii, p. 177 et seq.).

Quelques jours après, dans une nouvelle lettre à Peiresc, Malherbe revenait sur ce « méchant don » qu'il appelait maintenant une « méchante affaire. » On lui avait cependaut dit que cette « méchante affaire » valait dix mille écus. Elle ne fut « terminée qu'en 1618, continue M. L. Lalanne, et M. Roux-Alphéran (1) l'a parfaitement résumée d'après les pièces originales conservées aux archives d'Aix. Voici ce dont il s'agissait. Au mois de juin 1615, Malherbe présenta au roi un placet pour obtenir en pur don un terrain situé sur le port de Toulon, et où il se proposait de faire bâtir des maisons. Après une expertise faite par les trésoriers généraux de France à Aix, ceux-ci, malgré l'opposition des consuls de Toulon, reconnurent l'utilité du projet, et Louis XIII, par un brevet, daté du 30 juin 1617, et où il déclare « vouloir gratifier le sieur de Malherbe en considération de ses mérites et des bons et recommandables services qu'il a rendus et rend journellement à Sa Majesté », lui fit don du terrain demandé. Ce terrain était situé dans l'enclos de la darsine de Toulon, et on devait y bâtir vingt-deux maisons, à la charge, les constructions terminées, d'une rente annuelle de deux écus par maison, et des droits seigneuriaux en cas d'aliénation, au profit de Sa Majesté. Le brevet fut suivi de lettres patentes enregistrées au parlement d'Aix, au mois d'avril 1618. Cette compagnie, où il comptait beaucoup d'amis, le tint quitte des *épices* dues à raison de l'enregistrement (2). »

Le 23 décembre 1610, Malherbe annonçait encore (3) à Peiresc qu'il était inscrit au nombre des « nouveaux pensionnaires »; et il ne lui cachait pas les alarmes que lui causaient les dispositions hostiles de Sully. « Il est vrai, ajoutait-il, que la Reine en me promettant ma pension a usé de ce mot d'*absolument*. Nous saurons dans dix ou quinze jours ce qui en sera. » Les jours, les semaines et les mois se succédèrent, et ce fut seulement vers la fin d'avril 1611 que la chose fut réglée. Cette pension, de 400 écus dans le principe, devait être portée à 500 en juin 1612 (4), et être le prix des devises faites par Malherbe pour la Reine-mère.

(1) Loc. cit., p. 30-32.
(2) M. L. Lalanne, loc. cit., I, p. XXVI.
(3) Cfr. M. L. Lalanne, loc. cit., III, p. 211 et seq.
(4) Cfr. Lettre de M. de Valavez à son frère Peiresc, en date du 13 juin 1612; — lettre de Malherbe à Peiresc. (Cfr. M. L. Lalanne, loc. cit., III, p. 257 et seq.).

Des Yveteaux n'avait pas tout-à-fait tort de reprocher à Malherbe de demander toujours l'aumône un sonnet à la main. Le poète cependant pouvait lui répondre en toute assurance : « La monnoie dont les petits payent les bienfaits des grands, c'est la gloire. J'espère que, de ce côté-là, on ne m'accusera jamais d'ingratitude (1). »

« De ce côté-là, soit, écrit M. L. Lalanne (2); mais il est plus d'un genre d'ingratitude, et il y a dans sa vie des taches dont avec la meilleure volonté du monde on ne peut laver sa mémoire. A partir du moment où un attachement trop grand à la mère du Roi pouvait devenir dangereux, n'a-t-il pas oublié bien vite *l'objet divin des âmes et des yeux*, la *Reine sans pareille*, la *Reine chef-d'œuvre des cieux*, la princesse à qui il devait tout, qu'il avait si souvent célébrée et dont le nom ne se retrouve plus dans ses vers? N'a-t-il pas adulé bassement, dans une dédicace qui est un chef-d'œuvre du genre (3), le connétable de Luynes qu'après sa mort, quelques mois plus tard, il appelait *cet absinthe au nez de barbet qu'il aurait voulu voir au gibet* (4)? Je reconnais que jusqu'à la fin de sa vie, il ne cessa de chanter les louanges, en vers et en prose, de Richelieu, de *ce grand cardinal, grand chef-d'œuvre des cieux;* mais je n'aurais pas conseillé à l'illustre Éminence, à « *cet adorable prélat* », comme disait encore Malherbe, d'être disgracié du vivant du poète, ou de le précéder dans la tombe. »

Nous accuserions presque d'exagération le biographe si consciencieux qui a écrit ces dernières lignes : car Malherbe avait trop reçu du Cardinal pour l'oublier à ce point. Ce fut à Richelieu, en effet, que le poète dut probablement le don d'un office de trésorier de France. Et à ce sujet il écrivait à l'évêque de Mende, selon toute apparence en 1626 : « Il plut à Monseigneur le Cardinal, il y a quelques jours, de me promettre qu'aussitôt que M. de Fiat (d'Effiat) seroit de retour, il me feroit payer de ma pension (5),

(1) Cfr. Lettre à l'évêque de Mende. (M. L. Lalanne, loc. cit., iv, p. 98.).
(2) Loc. cit., i, p. xxx.
(3) Celle de la traduction du xxxiiie livre de Tite-Live.
(4) Pièce lxxxive (M. L. Lalanne, loc. cit., i, p. 250).
(5) Dans la collection des *Pièces Originales* (1816e volume, no 41.954) de la Bibliothèque nationale, se trouvent deux quittances de pensions royales, signées de la main du poète et que nous croyons encore inédites. La 1re (Pièce 39e, sur parchemin) est ainsi libellée :
« Nous, François Malherbe, soubzsigné confessons avoir eu et receu comp-

et y ajouta encore qu'il vouloit faire mes petites affaires... Aujour-
d'hui que M. de Fiat est arrivé, il est question de me ramentevoir
à Monseigneur le Cardinal, afin qu'il se souvienne, tant de l'assistance qu'il m'a offerte en cette occasion, que de celle qu'il m'a
promise en l'office de trésorier de France, dont il a plu au Roi
me gratifier (1). »

Peiresc écrivait à Dupuy, le 22 novembre 1626 : « Il n'y auroit
pas grand mal quand vous feriez demander quelque office, en
finançant quelque petite portion seulement : c'est comme cela
que Malherbe s'est faict donner une charge de trésorier de France
en ce païs (Provence), et le neveu du P. Suffren une autre, à fort
bon marché, et leur mérite et qualité fera passer l'édict pour
l'amour d'eux, qui ne passeroit jamais (2). »

tant de Mᵉ Anthoine Feydeau, consᵘᵉʳ du Roy, trésorier général des pentions
Lâ somme de sept cens cinquante livres de parisis La première demye année
de la pention de XVᶜ l. que plaist au Roy nous donner La présente mil six cens
seize de laquelle somme de VIIᶜ L l. nous nous tenons contant bien payé et
en quittons ledict sʳ Feydeau trésorier susdit et tous autres par la présente
signée de nostre main le VIIᵉ jour de juillet mil six cens quinze.

Fr. Malherbe
(avec paraphe).

(Au bas) : François Malherbe.

(Au dos) : Pour servir de quittance à Monsieur Feydeau, consᵉʳ du Roy et
trésorier général des pensions, de la somme de sept cens cinquante livres pour
la première demye année de la pension de XVᶜ liv. qu'il a plu au Roy me
donner l'année mil six cens seize.

La 2ᵉ quittance (Pièce 40ᵉ, sur parchemin) est un peu endommagée :

« Je François de Malherbe confesse avoir eu et reçu comptant *de* (?)
Mᵉ Paul Ardier (?) sieur de Beauregard, conseiller du Roy en ses conseils d'Estat
et privé (?) et Trésorier de son espargne la somme de deux mil livres a moy
or *données* (?) par Sa Majesté pour ma pention et gratisfication pendant la
présente année XVIᶜ vingt sept de laquelle somme de deux mil Livres je me
tiens comp *tant* (?) et bien payé et en quitte ce dit sieur de Beauregard trésorier de l'espargne susdite et tous autres : tesmoing mon seing cy mis le
quinziesme decembre mil six cens vingt sept.

(Ce qui suit est de la main du poète) :

Quittance de deux mille Livres pʳ ma pension de l'année mil six cents vingt
sept.

Fr. Malherbe
(av. par.).

(1) Cfr. M. L. Lalanne, loc. cit., ɪv, p. 99-100.

(2) *Lettres de Peiresc aux frères Dupuy*, publiées par Tamizey de Larroque, ɪ,
p. 88-89.

M. L. Lalanne remarque (1) à ce sujet que « malgré la bonne volonté du prince, la position d'un « pensionnaire » était toujours fort précaire. Trop souvent il dépendait d'un ministre de retarder, ou même d'arrêter complètement les effets de la munificence royale. Malherbe le savait, et il manœuvra assez prudemment au milieu des intrigues et des révolutions de la cour pour ne jamais compromettre, je ne dis pas la dignité de son caractère, mais sa position... Sa pension de cinq cents écus, ses appointements de gentilhomme ordinaire et, plus tard, de trésorier de France, ce qu'il avait recueilli des successions de son père et de sa mère, et surtout la concession des terrains à Toulon (et peut-être aussi des salines de Castigneau dont les titres se trouveraient, d'après M. Fr. de Gournay, à Toulon (2), lui procurèrent, en effet, bien qu'il ne fût pas « ménager » (comme il le dit dans une lettre à son cousin du Bouillon), une existence fort honorable. Et notez que je ne fais pas figurer dans ce calcul les gratifications qu'il dut recevoir de temps en temps, soit du Roi, soit d'autres personnages pour lesquels il a fait des vers. Il dit lui-même quelque part « qu'il ne se donnait pas volontiers de la peine aux choses dont il n'espéroit ni plaisir ni profit (3). »

Plusieurs des lettres de Malherbe à Peiresc, écrites en 1615, nous apprennent qu'il avait eu quelque temps l'espérance d'obtenir une pension sur l'archevêché de Rouen. Il lui disait, le 19 août : « Ce petit mot est... pour vous faire tenir une harangue de M. de Saint-Victor qu'il m'a fait cette faveur de me donner. Je ne vous en dirai rien ; vous y voyez assez clair... Je n'oserais mettre ma censure à ce qui part de mon archevêque futur, de peur qu'à son tour il ne me fit quelque jour sentir la sienne (4). » L'abbé de Saint-Victor était en effet désigné pour l'archevêché de Rouen.

Et le 6 novembre suivant : « J'attends le succès de la pension qui dépend entièrement de M. de Valavez (5). »

Le 15 : « J'attendois toujours la réponse de M. de Valavez sur l'affaire de la pension, dont vous avez pris la peine de lui écrire, pour m'en aller en Provence ; mais je crains qu'il soit allé à

(1) Loc. cit., i, p. xxx-xxxii.
(2) Cfr. M. Roux-Alphéran, loc. cit., p. 392-393.
(3) Lettre à Racan, du 18 octobre 1625 (Cfr. M. L. Lalanne, loc. cit., iv, p. 21).
(4) M. L. Lalanne, loc. cit., iii, p. 521.
(5) Ibid., p. 526.

Bayonne avec M. de Guise, ou que, s'il est demeuré, il n'a rien pu avancer. Quoiqu'il en soit, il faut vouloir ce que Dieu veut (1). »

Enfin le 28 : « Je n'ai point été trompé de l'affaire de la pension : là où il y a un coadjuteur, il n'y a point lieu de rien espérer (2). »

Nous nous sommes étendu, un peu trop longuement peut-être, sur cette question des pensions et gratifications que Malherbe dut à la munificence royale désireuse de récompenser ses services littéraires. S'il nous en souvient, nous avons précédemment laissé le poète à son retour de Normandie, en octobre 1606, et c'est à la cour que nous allons le retrouver, toujours soucieux et occupé des siens.

Depuis quelque temps déjà, Malherbe entretenait Peiresc du désir qu'il avait d'abandonner à tout jamais sa province natale pour une plus agréable. « Je ne sais pas, écrivait-il le 28 juillet 1607 (3), à quel parti me fera résoudre la fortune, c'est-à-dire si je demeurerai Normand, ou si je deviendrai Provençal : car je suis combattu de beaucoup de considérations de côté et d'autre. »

Et le 20 août 1608 : « Si vous y ajouterai-je qu'autant de fois que je balance en moi-même qui aura mes os de la Normandie ou de la Provence, une des considérations principales qui me tire vers la Provence, c'est la douceur de sa conversation (4). »

Le 3 septembre 1610, il reprenait le même thème : « Le sacre du Roi se doit faire le 10e du mois prochain, si la résolution ne change. Je m'en vais passer ce temps-là en Normandie pour me préparer à faire ma retraite en Provence tout-à-fait (5). »

Et le 19 du même mois : « Adieu, Monsieur, je m'en vais en Normandie jusques à la Toussaint (6). »

Cependant, Malherbe était encore à la cour en octobre et pendant les mois qui suivirent. Le 4 mars 1611, il faisait de nouveau part à Peiresc de ses projets : « Pour la cour, elle est si calme qu'elle ne le fut jamais plus. Tout le bruit qui y est, c'est l'attente de l'état des pensions : je crois qu'après avoir bien écouté, nous en sortirons demain; je n'attends que cela pour m'en aller en

(1) M. L. Lalanne, loc. cit., iii, p. 530.
(2) Ibid., p. 531.
(3) Ibid., p. 44.
(4) Ibid., p. 73.
(5) Ibid., p. 204.
(6) Ibid., p. 206.

Normandie, et de là faire un voyage en Provence, avec le congé de la Reine (1). »

Mais nouveaux empêchements de partir et, aussi, nouvelles lettres de Malherbe à Peiresc. Le 23 juillet : « Si vous n'avez bien souvent de mes lettres d'ici deux à trois mois, un voyage que je vais faire en Normandie en sera cause; mais là, comme ici et partout, je serai toujours votre serviteur très-affectionné (2). »

Le 1ᵉʳ août : « De Paris, ce premier août, prêt à partir pour aller voir la comédie de Madame, qui est la *Bradamante* de Garnier. C'est à demain au soir : M. de Valavez y sera, qui vous en fera le discours, car pour moi, je m'en vais au partir de là en Normandie, aussitôt que la Reine m'aura donné congé (3). »

Le 4 août : « Je m'en retourne demain à Saint-Germain prendre congé. Ce que je ne pus faire dernièrement (4). »

Enfin le 14 août : « Je m'en vais faire un petit voyage en Normandie; si durant ce temps-là je ne vous écris si souvent, et peut-être point du tout, ne vous en étonnez pas, la difficulté des commodités en sera cause. Pour mon affection, vous en ferez toujours le même état; je la porterai où je vais, et la rapporterai telle que je la vous ai dédiée (5). »

En septembre 1611, c'est-à-dire un an après en avoir parlé à Peiresc pour la première fois, Malherbe se rendait en Normandie. Etait-ce un simple voyage d'agrément que le poète voulait faire, avant de se fixer en Provence, sur les bords de l'Orne et de l'Odon? Ou plutôt ne trouvait-il pas que les 400 écus de la Reine-mère étaient bien peu pour vivre et faire vivre les siens, et qu'il fallait, à tout prix, se dessaisir d'une portion de l'héritage qui lui était échu en 1606? Nous penchons vers la seconde hypothèse qui n'en est pas précisément une; car, c'était bien pour vendre la plus grande partie de ses biens que le poète demandait si instamment congé à la Reine.

Nous avons découvert, en effet, aux archives du Calvados, dans le *Registre hérédital du controlle des titres de la ville et vicomté de Caen*, en date du « sabmedy dix sept yesme septembre 1611, » le

(1) M. L. Lalanne, loc. cit., III, p. 219.
(2) Ibid., p. 243.
(3) Ibid., p. 244.
(4) Ibid., p. 247.
(5) Ibid., p. 249.

contrôle d'un acte passé la veille, devant le Sueur et le Monnyer, tabellions à Villers et Evrecy (1), par lequel le poète vendait à son cousin-germain, Pierre de Malherbe, sieur de la Pigacière, fils et héritier de Bertrand, tous les biens, rentes et faisances qu'il possédait à Missy depuis les lots et partage faits en juillet 1606.

Nous avons soigneusement comparé les deux textes, celui du second lot dans l'acte de partage de 1606, et celui de vente en septembre 1611. Les différences, presque nulles, portent sur quelques détails de forme. La maison de la place de la Belle-Croix, à Caen, était seule exceptée de la vente.

Plusieurs passages de ce contrat sont curieux à signaler.

Le poète déclare qu'il ne sait pas « de quels secgnieurs » les biens qu'il vend « sont tenus d'autant qu'il est nouveau héritier et baille iceux audict acquéreur pour faire les deubz et devoirs sieuriaux dont ils se trouveront estre tenus. »

Le prix de la vente était ensuite fixé à 11.000 livres tournois « franchement venant ez mains dudict sieur vendeur, de laquelle somme il en a esté payé présentement contant par ledict sieur acquéreur audict sieur vendeur en or et argent de cours et mise la somme de huict cents soixante cinq livres; et en a ledict vendeur laissé es mains dudict acquéreur la somme de trois mil cent trente cinq livres pour l'acquitter et descharger de ce jour et advenir du corps et arrérages de trois cens traize livres dix sols de rente hypotèque racquittable au denier dix. » Cette rente de 313 livres 10 sols était ainsi due par le poète :

75 livres à noble homme Robert le Boctey, sieur de Marolles, et à Marie Malherbe sa femme, ou à leurs représentants;

« Six vingt douze livres » à Nicolas le Fauconnier, écuyer;

6 livres à un nommé Potevin ou à ses représentants;

30 livres aux héritiers Benoit Vasnier ou à leurs représentants;

30 sols à Pierre de la Rivière, écuyer, sieur de Missy;

100 sols à l'Université de Caen;

60 livres à Pierre Harcourt, bourgeois de Caen (2).

Les amortissements de cette rente, ou plutôt, de ces rentes diverses

(1) Nous avons jugé inutile de rechercher dans les archives du tabellionage de Villers et Evrecy la minute de ce contrat de vente, intégralement reproduite par celle du contrôle.

(2) Il doit y avoir une erreur dans la minute du contrôle, puisque ces diverses sommes ne donnent que 309 livres 10 sols.

devaient être faits « dans un an de ce jour, » après quoi les contrats de création demeureraient aux mains de l'acquéreur.

Les 7000 livres qui restaient étaient constituées par Pierre de Malherbe sur ses biens et héritages, au bénéfice du poète, en 500 livres tournois de rente « jusques au racquit et admortisse- ment » de ces 500 livres que l'acquéreur pouvait retirer en payant la somme de 7000 livres, arrérages et prorata.

En outre, Pierre de Malherbe devait « souffrir le douaire » de Louise le Vallois, la mère du poète; et, à cause de ce douaire, le poète déduirait tous les ans, tant que sa mère vivrait, la somme de « six vingt quinze livres sur lesdicts cinq cents livres de rente. »

De plus, Pierre de Malherbe consentait à ce que son cousin « racueille à son proffict, pendant la vie de ladicte damoiselle, soixante quinze livres par an pour pareille rente qui estoit deube » à Robert le Boctey, sieur de Marolles, et qu'Eléazar, frère du poète, devait faire en raison des lots à douaire établis entre eux et leur mère. Il consentait aussi à ce que le poète « racueille sur ladicte damoiselle, pendant sadicte vie, trente livres tournois par an pour pareille somme qu'elle est subjecte faire par lesditz lotz à douaire à Benoit Vasnier. »

Enfin, les parties contractantes obligeaient « l'un vers l'autre, chacun en son faict et regard, tous leurs biens meubles et héri- tages et de leurs hoirs, par exécution de justice sans procès (1). »

Ce contrat de vente nous a permis d'expliquer quelques lettres écrites dans la suite par Malherbe et restées jusqu'à ce jour sans interprétation. Le 25 septembre 1622, Malherbe envoyait d'Aix à Peiresc, alors à Paris, une lettre où il lui disait : « J'écris un petit mot à M. du Bouillon, à Caen, pour le prier de recevoir une méchante rente de cinq cents livres, dont le terme est échu depuis le seizième de ce présent mois, et les vous envoyer. Vous me ferez, s'il vous plaît, l'honneur de les prendre, et en bailler à M. Ycart ce qu'il vous demandera, et le reste vous me le ferez tenir par la première commodité. Vous voyez, Monsieur, comme j'abuse de vous (2). »

Cette « méchante rente de cinq cents livres » n'était autre que

<hr>

(1). Cfr. Un acte du 2 juillet 1612, dans le *Registre des minutes du tabel- lionage de Caen, depuis le 1er juillet jusqu'au 1er octobre 1612.* (Archives du Calvados). (V. *Pièces justificatives,* xvi et iii).

(2) M. L. Lalanne, loc. cit., iii, p. 570.

celle qui devait être payée au poète, d'an en an depuis 1611, par Pierre de Malherbe, son cousin-germain, ou plutôt, à cette date de 1622, par André de Malherbe, fils et héritier de Pierre.

Le 26 octobre suivant, François de Malherbe, sieur du Bouillon, écrivait à Peiresc : « Monsieur, je vous dois mille remerciments non-seulement du soin qu'il vous plaît prendre de me faire tenir les lettres de mon cousin Malherbe, mais de votre bienveillance particulière en les voulant accompagner des vôtres et de vos agréables nouvelles... J'écris un mot à mon cousin Malherbe; je vous supplie, Monsieur, de me faire tant de faveur que de le lui faire tenir. Il me charge de lui faire payer une partie de cinq cents livres par deçà; aussitôt que je l'aurai reçue, je vous l'envoirai comme il le désire (1). »

André de Malherbe ne se pressa pas de payer cette rente, puisque le poète écrivait à Peiresc, le 23 novembre, c'est-à-dire plus de deux mois après l'échéance : « ..... Je vous supplie, Monsieur, si l'on m'envoyait l'argent de Normandie, en bailler à M. Ycart ce qu'il a fourni pour moi, et me garder le reste à mon arrivée à Paris (2). »

En 1627, un an avant la mort du poète, cette rente n'était pas encore amortie, comme en fait foi une lettre de Malherbe à son cousin François de Cauvigny, sieur de Colomby ou Coulomby (3). Dans cette lettre, datée du 5 novembre, Malherbe lui demandait de prier son cousin du Bouillon d'effectuer l'avance qu'il lui avait promise de sa rente de cinq cents livres; mais « vous le lui direz, s'il vous plaît, comme de votre part (4). »

Malherbe revint à la cour dans les premiers jours de novembre 1611. Deux ans après, le 21 novembre 1613, il perdait sa digne et respectable mère, Louise le Vallois, « femme de mœurs antiques », alors âgée de 82 ans. Marie de Médicis envoya au poète un de ses officiers lui faire ses compliments de condoléance auxquels il répondit « qu'il ne pouvoit se revancher de l'honneur que lui faisoit la Reine, qu'en priant Dieu que le Roy son fils pleurât sa mort aussi vieux qu'il pleuroit celle de sa mère. »

Nous ne pourrions dire si le poète quitta alors la cour pour

(1) M. L. Lalanne, loc. cit., III, p. 591-592.
(2) Ibid., p. 571.
(3) L'un des premiers membres de l'Académie Française.
(4) M. L. Lalanne, loc. cit., IV, p. 76-77.

venir à Caen rendre les derniers devoirs à sa vieille mère. Nous ne le croyons pas, sachant qu'il était à Paris les 24, 27 et 30 novembre 1613, comme le témoignent les lettres qu'il écrivit alors à son ami Peiresc, et dans lesquelles il ne fait aucune allusion au malheur qui venait de le frapper (1). »

On possède, à partir de 1614, nombre de lettres de Malherbe à son cousin François de Malherbe, sieur du Bouillon, procureur du Roi au baillage de Caen. La première de celles que cite M. L. Lalanne est datée du 13 mars 1614 (2). On peut constater, dès les premières lignes, que, depuis longtemps déjà, les deux cousins avaient l'un pour l'autre une grande estime et une non moins grande affection. « Vous me confirmez toujours l'opinion que j'ai il y a longtemps, dit le poète, que vous m'aimez plus que je ne vaux. Si le fils ne paye ce que doit le père, vous courez fortune d'en être très-mal assigné... Je suis en un âge où il me faut plus prêter qu'en intention de perdre. Si vous vous voulez assurer votre dette, faites un héritier et la lui donnez. J'espère que, quand vous le (mon fils) verrez, vous le trouverez digne d'une bonne fortune. »

Et le 29 mars : « Il se faut laisser vaincre à vos courtoisies, à peine de recevoir un affront. Vous avez le premier intérêt en la gloire du nom de Malherbe : c'est à vous de faire le principal effort pour la relever. Il y faut de la fortune. Jusques ici elle nous a tellement abandonnés, qu'il y aura bien de la peine à nous la réconcilier. Mon âge me défend de rien entreprendre qui soit ni long ni difficile. C'est aux jeunes à planter des chênes; les vieux comme moi ne doivent plus planter que du persil, des choux, des épinards, et autres telles denrées (3). »

Et le 1er décembre : « Je ne vaux pas le soin que vous avez de moi; mais je ne me plaindrai pas de vous pour cela. Je ne saurois trop souvent recevoir des témoignages d'une chose qui m'est si chère comme la continuation de votre amitié. Mon affection est plus assurée que je ne le vous saurois exprimer (4). »

Dans une autre lettre, en date du 20 mai 1615, Malherbe exprimait à son cousin ses condoléances au sujet de la mort d'un membre, demeuré inconnu, de la famille des Malherbe du Bouillon :

(1) M. L. Lalanne, loc. cit., iii, p. 37-38.
(2) Ibid., p. 38-39.
(3) Ibid., i, p. xxxii.
(4) Ibid., p. 356-365.

« Je m'étonnois certainement, lui disait-il, d'être si longtemps
sans avoir de vos nouvelles; mais je ne pensois pas que la cause
en fût si triste comme elle est. Il faut louer Dieu, de quelque façon
et en quelque temps qu'il dispose de nous ou des nôtres. Bien est-
il malaisé de recevoir de si pesants coups, sans donner quelque
signe de ressentiment; mais il en faut toujours revenir là, que
c'est un passage nécessaire à tout ce qui vit au monde, et que si
aujourd'hui nous perdons et pleurons, demain nous serons perdus
et pleurés à notre tour. Je vous en dirois davantage, mais en semblables occasions les paroles ont plus d'ostentation que d'effet (1). »

Vers la fin de 1615, ou tout au moins dans les premiers mois
de 1616, Malherbe se rendit une nouvelle fois en Provence. Depuis
1605, il était resté éloigné de sa femme. Toutefois leurs relations
n'avaient pas cessé d'être suivies, et l'on trouve, nous dit M. L.
Lalanne (2), en maintes pages de la correspondance de Malherbe,
les preuves de l'affection sincère et tendrement dévouée qu'il
avait pour sa femme. Sans cesse il lui envoyait de l'argent, souvent
même des sommes assez fortes.

Malherbe dut retrouver bien grandi son fils Marc-Antoine. Celui-
ci avait maintenant quinze ans accomplis, et le poète connaissait
parfaitement bien, par les lettres de Peiresc, les heureuses dispositions et les succès de l'enfant devenu jeune homme, et qui n'était
rien moins qu'un « vrai prodige. »

Dix ans auparavant, le 17 octobre 1606, Peiresc n'écrivait-il pas
déjà à Malherbe : « Le petit Marc-Antoine est plus grand que vous
ne l'avez laissé d'un bon demi-pan, et je ne vis jamais enfant de
son âge si gentil ni si éveillé que lui. Vous ne sauriez croire
comme il se plait à bien apprendre ses leçons, et le grand plaisir
qu'il a d'ouïr dire qu'il fait mieux que ses compagnons (3). »

Et le 26 novembre suivant : « Le petit Marc-Antoine est toujours
plus gentil. Il dina dernièrement chez Mr du Périer, le jour du
doctorat de son fils, où il entretint merveilleusement toute cette
compagnie, et avec les discours pertinents, comme si c'eût été un
homme bien consumé (consommé) (4). »

(1) M. L. Lalanne, loc. cit., III, p. 36-37.
(2) Ibid., IV, p. 36-36.
(3) Bibliothèque de Carpentras : *Manuscrits de Peiresc, correspondance* :
vol. H-M, fo 456.
(4) Ibid.

Le 25 juillet 1609, Peiresc écrivait encore à Malherbe : « Votre petit Marc-Antoine est si gentil, maintenant qu'il a le haut-de-chausses, qu'il ne se daigne point d'aller avec des enfants. Ses discours sont si bien sensés que d'homme de trente ans que je connaisse. Il n'espère à rien qui ne soit grand, et ne veut point de passe-temps qui ne soit honorable. Il a tant importuné sa mère de lui faire montrer à sonner du luth, qu'elle a été contrainte de le lui accorder. A quoi il a si bien avancé que M. Regis assure qu'il a plus appris dans trois jours qu'aucun autre n'auroit fait en quinze. Madame y faisoit quelque difficulté, croyant que cela ne vous fût pas bien agréable ; mais je lui dis bien que j'écrirois que vous le trouveriez bon, car cela sert toujours aux personnes de toute qualité (1). »

Le 30 janvier 1613, nouvelle lettre de Peiresc : « Votre petit Marc-Antoine est toujours plus gentil. Il m'a fait des vers en latin d'importance : ce va être une merveille du siècle, Dieu aidant (2). »

Et le 27 septembre 1614 : « Votre petit Marc-Antoine est bien avant en la logique. Il y a des discours si judicieux que j'en suis quelquefois ravi. Il nous tarde bien que vous puissiez le voir (3). »

Enfin le 18 novembre suivant : « Votre fils soutint ses thèses en philosophie ces jours passés, où Monsieur le premier président (Guillaume du Vair) voulut assister, sans que celui à qui elles étaient dédiées l'eût invité. La plus grande partie de notre compagnie y fut aussi. Mais sans cajolerie, je ne vis jamais mieux faire, ni réfuter les arguments, ni parler si élégamment, ni avec tant d'assurance, de promptitude, ni avec un si beau langage, et avec une aussi grande connaissance de cette science. Tout le monde en étoit ravi. Le cathédrant n'étoit rien au prix du répondant. Monsieur le président dit au sortir de là que c'étoit le plus grand miracle qu'il étoit possible d'imaginer ; jugez si c'est à bon titre que nous vous en devons féliciter. Vous avez bien occasion de louer Dieu. Je n'y eusse désiré que votre présence ; mais d'ailleurs j'eusse quasi eu de l'appréhension qu'un si grand excès de réjouissance qu'il vous eût fallu ressentir de nécessité, n'eût apporté du préjudice à votre santé (4). »

(1) Bibliothèque de Carpentras : *Manuscrits de Peiresc, correspondance :* vol. H-N, f° 477.
(2) Ibid., f° 505. Cfr. lettre du 20 janvier 1613, f° 513.
(3) Ibid., f° 524.
(4) Ibid., f° 539.

Malherbe put constater de ses propres yeux la vérité des paroles
si élogieuses de Peiresc. Mais il s'arracha vite aux douceurs de la
conversation de Provence, non moins qu'au bonheur de se retrouver au milieu des siens, entre une épouse qu'il chérissait et un fils
dont il avait alors le droit de s'enorgueillir. Le 19 avril 1616, en
effet, il repartait en compagnie de Peiresc, qui devait rester à
Paris jusqu'en 1623, et de Guillaume du Vair, nommé garde des
sceaux. Marc-Antoine, lui aussi, accompagnait son père, et peut-
être pour son malheur. Car il semble que le séjour de la capitale
exerça sur le jeune homme une influence fâcheuse, malgré les
soins et la vigilance de son père qui, chaque jour, le faisait travailler quatre à cinq heures sous ses yeux. Une lettre de Peiresc,
écrite de Paris à Madeleine de Carriollis, le 29 octobre 1617 (1),
montre bien quelles étaient alors les inquiétudes de cette pauvre
mère qui redoutait de voir son fils renoncer à la carrière de la
magistrature que, par suite de ses relations de famille, elle devait
désirer par-dessus tout. Nous reconnaîtrons plus tard, dans un
chapitre spécial, que ces inquiétudes étaient bien fondées, et que
d' « enfant prodige » qu'il avait été dans le principe, Marc-Antoine
de Malherbe devint en fort peu de temps un fieffé mauvais sujet
et un bretteur achevé. Il dut quitter Paris et retourner en Provence
à une époque que nous ne saurions déterminer. Il y était certainement au mois de mai 1621, comme il résulte d'un acte que nous
aurons bientôt l'occasion de citer (2).

Deux mois après son retour à la cour, le 20 juin 1616, Malherbe
perdait son frère Eléazar, « le grand Eléazar », comme il l'appelait dans la fameuse épitaphe de Monsieur d'Is. Rien ne prouve
qu'il se soit alors déplacé pour rendre à son frère les derniers
devoirs et offrir ses services à sa belle-sœur, Marie Lambert, et à
ses enfants encore mineurs (3).

(1) Bibliothèque de Carpentras : *Manuscrits de Peiresc, correspondance*
vol. H-M, f° 532.

(2) V. *Pièces justificatives*, XVII.

(3) Ce n'est que le 11 juillet 1636, vingt ans après la mort de leur père, et
huit ans avant celle de leur mère, inhumée à Saint-Etienne-le-Vieil le 1er janvier 1644, que les fils d'Eléazar, Eléazar, Jacques, Augustin et Pierre, tous
mineurs en 1616, firent le partage des biens paternels. (Cfr. copie de ce
partage, *Fief de Vendes, Titres de propriété*, IV°, 1226-1789, 12e liasse, série G
des Archives du Calvados). Cet acte de partage mentionne une *Catherine de
Malherbe*, sœur des enfants d'Eléazar et non mariée en 1636. Ce dernier détail

Deux ans après, le 2 août 1618, dans une lettre déjà citée en partie dans le 1ᵉʳ chapitre de cette étude, Malherbe écrivait à son cousin du Bouillon : « Je ne sais pas comment ma sœur de Malherbe porte patiemment que son aîné se soit fait jésuite; mais pour moi j'estime si peu le monde, que je n'estime pas en quel habit nous fassions le peu de chemin que nous avons à y faire. Je voudrois qu'il y en eût encore un religieux et deux chevaliers de Malte, afin qu'il n'en demeurât qu'un qui fût un peu à son aise (1). »

A la même époque, le poète écrivait à sa sœur une lettre (2) où il est encore question d'un « fils jésuite. » On y lit : « Mademoiselle ma sœur, le porteur de cette lettre me vient tout présentement d'avertir que mon neveu votre fils avoit été reçu aux jésuites. Il est six heures du soir, et s'il n'étoit si tard, j'irois le trouver, pour apprendre plus particulièrement ce qui en est. Je remettrai la chose à demain au matin, et vous donnerai avis de tout. Bien crois-je que de lui ôter une opinion de si longtemps enracinée en son esprit, ce ne sera pas chose sans difficulté; et pour vous parler encore plus librement, je crois qu'il sera du tout impossible. Il n'y a poix qui tienne comme ces imaginations mélancoliques. Je m'assure qu'il ne se peut rien dire là-dessus que vous ne lui ayez dit ou fait dire par tous ceux dont vous avez cru que les remontrances dussent être de quelque considération en son endroit. Mais ce que les pères ne peuvent faire, il ne faut pas que les mères ni les parents se le promettent. Il print la peine de me venir voir aussitôt qu'il fut arrivé en cette ville; et dès l'heure même je lui en touchai quelque chose, mais légèrement, par l'opinion que j'avois qu'il n'y pensoit plus, et que vous ne l'eussiez pas envoyé ici, si vous ne l'eussiez cru du tout guéri de cette maladie. Je le verrai donc, et lui dirai ce qu'en même sujet, je dirois à mon propre fils. Si c'est avec effet, à la bonne heure; sinon, il se faut résoudre à souffrir ce qui ne laissera pas d'être quand nous ferons tout ce que nous pourrons pour l'empêcher. » Et plus loin : « La

empêche qu'on la confonde avec les deux autres filles d'Eléazar, Louise et Marie, qui n'étaient pas dans le même cas en 1636; et peut-être serait-il permis de la prendre pour cette *Catherine* de Malherbe dont le ms. in-4° 111 de Ch. de Quens (Bibliothèque de Caen) cite, page 146, le mariage, en 1641, avec Charles Cousin, écuyer, sieur de la Rivière. (V. *Pièces justificatives*, I).

(1) Cfr. M. L. Lalanne, loc. cit., IV, p. 43-45.

(2) Ibid., p. 78-80.

meilleure condition où il pouvoit arriver par le chemin où vous l'aviez mis, étoit d'être ou conseiller ou président en un parlement. » D'ailleurs, le poète ne fait aucune différence entre ces gens-là et les jésuites. Car d'ici à cent ans, son neveu « ne sera ni jésuite ni président. » Il va plus loin et soumet à sa sœur cette considération qui a bien son importance : « Si vous voulez encore vous arrêter à la vanité, ne voyez-vous pas des jésuites aussi près des rois que tous ceux de qui vous estimez davantage la condition? Je sais bien qu'il est impossible de ne désirer à nos enfants une chose plutôt qu'une autre ; mais je sais bien aussi qu'il n'y a que l'évènement qui nous puisse apprendre si c'est leur bien ou leur mal que nous leur désirons. »

Nous avons essayé de découvrir quels pouvaient être et ce neveu de Malherbe, entré aux jésuites en 1618, et cette sœur à qui le poète adressait la lettre que nous venons de citer. Nous ne pouvions, en effet, nous contenter de cette phrase laconique de M. L. Lalanne : « Malherbe avait trois sœurs, Jeanne, Marie et Louise, qui toutes laissèrent des enfants. Nous ignorons à laquelle des trois s'adresse cette lettre (1). » Avec un peu plus de réflexion, M. L. Lalanne aurait écrit : « à laquelle des deux. » Malherbe ne nous dit-il pas, en 1605, dans son *Instruction à son fils* : « La seconde *Jeanne décéda* il y a environ huit à neuf ans, et a laissé plusieurs enfans mâles, ayant été mariée avec le sieur Fauconnier, trésorier de France (2)? »

Malherbe n'avait donc plus, en 1618, que deux sœurs, *Marie* et *Louise* : la première, mariée au sieur de Réveillon-Putecostes « dont elle a des enfans », écrit encore le poète; la seconde, au sieur de Colombiers-Guerville, mort en 1598, en lui laissant un fils et une fille. Il ne peut être question de *Louise*, puisque Malherbe, dans sa lettre à son cousin du Bouillon, parle d'un fils « aîné, » et voudrait qu'il y eût encore parmi ses autres frères « un religieux et deux chevaliers de Malte, afin qu'il n'en demeurât qu'un qui fût un peu à son aise. » Resterait donc *Marie*, femme du sieur de Réveillon-Putecostes. De prime-abord, on serait tenté de le croire. Mais nous préférons émettre une opinion qui ne manque pas d'une certaine vraisemblance.

(1) Loc. cit., IV, p. 78.
(2) Ibid., I, p. 333.

Nous avons pris quelques informations à Paris près d'un Père de la Compagnie de Jésus, et voici le renseignement qu'il nous a communiqué après l'avoir relevé sur d'anciens catalogues :

« François Malherbe, entré dans la Compagnie en 1618; était professeur de troisième à Alençon en 1625-1626; mort le 29 avril 1665, âgé de 64 ans. »

Ce document complète singulièrement cet autre que tout le monde peut lire à la page 146e du ms. in-4° 111 de Ch. de Quens (Bibliothèque de Caen) :

« Le mercredi 29 avril 1665, Révérend Père François Malherbe, prestre, jésuite, âgé d'environ 64 ans et 4 mois..... natif de Saint-Etienne de Caen..... inhumé dans le chœur de Saint-Etienne (Me Germain Guillebert, curé) (1). »

De ces deux textes il ressort bien clairement qu'il est né, en 1601, à Caen, sur la paroisse de Saint Etienne-le-Vieil, un homme du nom de *François Malherbe;* que cet homme, dont on ne pourrait citer le père et la mère, puisque les registres de catholicité manquent à cette date, est entré chez les jésuites en 1618, et qu'il est revenu mourir dans sa paroisse natale en 1665. Dès lors, ne serait-il point l'un des fils d'Eléazar, frère du poète? Eléazar, nous l'avons déjà dit, avait épousé, le 25 janvier 1595, Marie Lambert, et de ce mariage deux filles étaient d'abord nées : Louise, qui fut mariée à Charles du Vernay par contrat du 26 juin 1611 reconnu le 19 janvier 1612, et Marie, qui épousa Etienne Laisné le 12 octobre 1615. Cinq fils étaient ensuite nés et nous sont déjà connus : Eléazar, Jacques, Augustin, Pierre et Jean. Mais ne pouvaient-ils pas avoir un aîné, qui aurait précisément vu le jour en 1601, et cet aîné ne serait-il pas alors ce « François Malherbe » entré aux jésuites en 1618? Il est vrai qu'aucun acte connu ne cite ce jésuite comme ayant été le frère des autres enfants d'Eléazar; il est vrai aussi que, dans sa lettre à son cousin du Bouillon, le poète, au lieu de six frères, ne semble parler que de cinq : « Je voudrois qu'il y en eût encore un religieux et deux chevaliers de Malte, afin qu'il n'en demeurât qu'un qui fût un peu à son aise. » À moins, toutefois, que Malherbe n'eût voulu dire : « Je voudrois qu'il y en eût encore un religieux....., avec celui qui l'est déjà à l'abbaye de Saint-Etienne de Caen. » En effet, Jean, fils d'Eléa-

(1) Cfr. *Registre des sépultures de la paroisse de Saint-Etienne-le-Vieil, année 1665.* (Archives municipales). (V. *Pièces justificatives,* I).

zar, était entré chez les Bénédictins le 31 octobre 1613; il avait
pris l'habit monastique le 24 novembre suivant, et fait sa profession le 7 janvier 1618 (1). Avec cette interprétation, un peu subtile
peut-être, du passage cité de la lettre de Malherbe, il resterait
bien trois fils : « deux » futurs « chevaliers de Malte » (ce qui
était le désir de Marie Lambert, au moins pour l'un de ses fils (2),
et un autre qui, par la situation que les deux précédents auraient
choisie ou obtenue, aurait été « un peu à son aise, » soit qu'il fût
« conseiller » comme son père et son grand-père l'avaient été au
siège présidial, soit même qu'il obtint la charge de « président en
un parlement. »

Telle est l'opinion que nous avons voulu émettre; et bien
qu'elle soit, jusqu'à un certain point, sujette à caution, elle n'est
nullement infirmée par les expressions dont se servait Malherbe
lorsqu'il disait à la veuve de son frère : « Mademoiselle ma
sœur », et en parlant d'elle à son cousin du Bouillon : « Ma sœur
de Malherbe. »

Il est maint passage curieux des autres lettres du poète à son
cousin du Bouillon que nous voudrions citer tout au long. Nous
nous contenterons de celui-ci : « Il y a ici un homme qui a une eau
tellement amie de nature qu'elle remet ceux qui en usent en
leur première force. J'attends l'évènement d'un essai qu'il en fait
sur une personne de ma connoissance, pour en user si elle réussit.
J'en ai goûté cette après-dînée..... Le goût en est tel que d'encre;
la couleur très-belle et très-claire. Je vous en dirai davantage, si
l'expérience me fait voir que ce soit chose qui le mérite. Elle a
été proposée à Monsieur le garde des sceaux. Le plus beau que
j'y vois, c'est qu'il ne veut point d'argent, si l'on ne guérit
point (3). »

(1) Cfr. *Recueil de pièces relatives à l'abbaye de Saint-Etienne de Caen*, ms.
in-f° 126 de la Bibl. de Caen, t. i, p. 162; t. ii, p. 102. Ce religieux bénédictin
mourut diacre le 22 octobre 1625.

(2) Cfr. le premier chapitre de cette Etude, relativement aux armes des
Malherbe peintes dans l'abbaye de Saint-Etienne de Caen. Toujours dans sa
lettre du 2 août 1618 à son cousin du Bouillon, Malherbe disait à ce sujet :
« J'attends..... le retour de M. de Vignacourt, pour le prier de faire avec Monsieur le Grand-Maitre (de Malte), son frère, qu'il donne à un de mes neveux
une place de page chez lui, pource que par ce moyen, il pourra être reçu chevalier dès à cette heure, là où sans cela il ne le pourroit être qu'à seize ans. »

(3) Lettre du 16 février 1619. (M. L. Lalanne, loc. cit., iv, p. 49-50).

Crédulité ou coquetterie, peut-être les deux à la fois! Mais si Malherbe, plus que sexagénaire, songeait à rajeunir et sans doute à plaire, que n'allait-il, au lieu de boire cette eau dont le goût était d'encre, faire une cure à la Fontaine de Jouvence, quand bien même il aurait dû traverser l'Atlantique pour la trouver en Floride, là où Ponce de Léon l'avait placée moins d'un siècle auparavant! Le plus beau de l'histoire, à son avis, était que l'inventeur ne voulait pas d'argent, si l'on ne guérissait point. Il y a tout lieu de croire que le charlatan en fut pour ses frais de réclame, et notre poète, pour la honte d'avoir été si bien joué par lui.

Nous avons dit plus haut que le cousin du poète, François de Malherbe, sieur du Bouillon et d'Escorchebœuf, chef de la branche aînée des Malherbe, avait épousé, le mardi 15 février 1605 (1), en l'église de Saint-Sauveur de Caen, damoiselle Judith le Vallois, fille de Jean le Vallois, sieur d'Ifs et frère de la mère du poète. Le samedi 23 mars 1619, Judith donnait le jour à un fils qui fut nommé Jacques; elle mourait quatre jours après, le mercredi 27.

Le poète composa à cette occasion l'épitaphe d'un tombeau dont le manuscrit de Quens (2) fait mention en ces termes : « Dans l'église Saint-Sauveur de Caen, dans la 2ᵈᵉ chapelle après le grand autel, à main gauche du côté de l'évangile, on lit l'inscription suivante contre le mur opposé à l'autel :

« Eh bien, passant, qu'est-ce qui te semble de la misérable condition de la vie humaine? J'ay esté entre les exemples de la félicité de ce monde, et mé voicy entre ceux de sa vanité. Mon nom fut Judit le Valois, fille et héritière unique de Jean le Valois sieur d'Ifs, et de Jane de Mainbeville de la maison de Cornières (3); je fû femme du sieur du Bouillon de l'ancienne race des Malherbes de Sainct Agnan. Ainsy et en ma naissance et en mon mariage, comme en toute autre chose, j'avois de quoy ne porter

---

(1) Le contrat de mariage fut passé devant les tabellions le 10 février 1615 (*Registre du Tabellionage, Héritages, 1605*). Judith le Vallois y signe *Judic*, et « François Malherbe, sieur Digny, » le père du poète, y est cité comme « tuteur et guardian par authorité royale de la dicte damoiselle d'Ifs et son oncle en loy. »

(2) p. 134 du *Catalogue alphabétique des personnes qui ont été anoblies*, etc., par Ch. de Quens, avocat à Caen (ms. in-4° 111 de la Bibl. de Caen).

(3) Pour Comiers.

envie à personne. Ma stérilité seule me tenoit en peine : et de tous mes souhaits, celuy que j'avois le plus ordinairement en la bouche, et le plus véritablement au cœur, estoit de pouvoir donner à mon mary un héritier, pour gage de mon amour, et ne vivre pas une heure après. Je l'obtins (1) au bout de quatorze années, et l'obtins à la condition que je l'avois demandé. J'accouché d'un fils le samedy 23 de mars 1618 (2) et décédé le mercredy en suivant. Si tu scais que c'est que d'aimer, juge ce qu'il sentit, quand ayant bien à peine acquis le nom de père, il luy falut perdre celui de mary.

C'est assez, passant. Je ne tourne pas volontiers mon imagination vers un objet si pitoyable. Va t'en en paix et Dieu te donne les joyes que tu désires; et te les donne à meilleur marché que la nostre. Je vesquy 28 ans, 5 mois, 8 jours. Mon entrée au monde fut le 25 jour d'octobre. Ma sortie, je l'ay dite.

> *Qui fles talia, nil fleas, Viator* (3). »

Cette épitaphe est interfoliée dans le manuscrit ou mémorial de famille conservé au château de Juvigny. Au bas, on lit la note suivante, écrite de la main de François de Malherbe, sieur du Bouillon :

« Ce tombeau françois me fut donné par mon cousin Malherbe demeurant pour lors à Paris, qui a été estimé en son siècle pour l'un des premiers et excellents poëtes françois; je le fis graver à Paris en une table de marbre qui est posée en notre chapelle de Sainct Sauveur, la seconde de l'aisle du cœur à main gauche; elle

---

(1) A cet endroit du manuscrit est intercalée une note de Jean Beaullart : « Ma cousine, femme de M. du Bouillon, nommée Judit le Vallois, décéda le mercr. 27 mars 1619 env. 10 h. du matin et ce à cause d'une fièvre qui lui survint après son accouchement. qui fut le jour précéd^t, d'un fils nommé François par M. de Rotot, et Mlle Malherbe, v^ve du cous^r Malerbe mon cousin. » Relevons les deux erreurs de Jean Beaullart qui fait mourir Judith le Vallois le lendemain de la mort de son fils, et qui donne à ce dernier le prénom de *François* pour celui de *Jacques*.

(2) Cette date est inexacte. C'est 1619 qu'il faut lire. A la page 157 du même manuscrit de Quens, on lit : « Le 22 avril 1618 (pour 1619), Jacques, fils François Malherbe. escr, sr du Bouillon, pr du Roi au baillage et siège présidial de Caen et de dam^lle Judic le Vallois..... baptisé à St Sauveur et nommé par M. Jacques Benart. escr, sr de Rotot, conseiller au siège présidial, et dam^lle Marie Lambert, v^ve de feu Eléazar Malherbe, cous^ller aud. siège. »

(3) Cfr. *La maison de Malherbe à Caen*, par M. le comte A. de Blangy, p. 29. La date de 1618 n'y est pas rectifiée.

est enchassée dans une pierre, où les armes de feüe ma femme et les miennes sont gravées (1). »

Cette épitaphe fut publiée pour la première fois par M. G. Mancel, avec la même erreur de date que dans le manuscrit de Quens. M. L. Lalanne, qui l'a transcrite à son tour (2), aurait pu facilement corriger cette inexactitude, puisqu'il nous donne (tome IV, pp. 50-51), comme écrite au mois de mars ou d'avril 1619, la lettre de condoléances adressée par le poète à son cousin (3). Voici cette lettre :

« Je ne pensois pas quand je vous écrivis ma dernière lettre, que la réponse que vous m'y feriez dût être accompagnée d'une si pitoyable nouvelle comme celle que vous me mandez. Ce n'est pas que la fortune ne me soit toujours suspecte; mais étant notre vie exposée à autant de ses injures que nous avons de choses qui nous sont chères, il n'est pas possible de prévoir qui sera le premier endroit où nous en serons assaillis. Je dois bien croire, Monsieur mon cher cousin, et votre lettre me le fait paraître assez clairement, que vous êtes encore en un état où les consolations vous seroient des offenses. C'est pourquoi vous n'en recevrez point de moi. Vous avez perdu une des meilleures et des plus aimables femmes du monde. J'aurois mauvaise grâce de vous parler ou d'être insensible à cette infortune, ou de ne la sentir que légèrement. Non, non, mon cher cousin, satisfaites à votre devoir, satisfaites à votre bon naturel, et satisfaites encore à la pauvre défunte, qui sans doute ne peut être mieux assurée du plaisir que vous avez eu en sa compagnie que par les témoignages que vous rendrez du regret d'en être privé. Je vous donne certes un conseil bien extraordinaire; mais je le fais d'autant plus hardiment que je sais qu'il est selon votre humeur, et que vous savez qu'il est selon la mienne. J'en ai fait de même quand j'ai eu les mêmes occasions. Dieu qui vous a envoyé cette affliction vous la récompensera, s'il lui plaît, par la conservation de ce qui vous reste..... »

François de Malherbe, sieur du Bouillon, se remaria trois ans

(1) Cfr. *La maison de Malherbe à Caen*, par M. de Blangy, p. 10.

(2) Loc. cit., p. 363.

(3) Il est difficile que le poète ait écrit cette lettre dans les derniers jours de mars. Nous préférons la placer au mois d'avril sans toutefois pouvoir en préciser le jour.

plus tard, le 3 septembre (1) 1622, à damoiselle Anne le Clerc, fille de noble homme Jacques le Clerc, sieur d'O, conseiller au siège présidial de Caen, et de damoiselle Anne de Cauvigny.

Dans l'intervalle, Malherbe continua de correspondre avec son cousin qu'il informait des faits et gestes de la cour et du gouvernement. Une de ses lettres, à la date du 10 novembre 1610 (2), se termine par l'éloge du jeune Roi Louis XIII : « Sans mentir, mon cher cousin, nous avons un grand Roi, qui a toutes les vertus des Rois, et pas un seul de leurs vices; aussi est-il de bon père et de bonne mère. Dieu nous le fasse vivre et nous donne de sa race! Elle est bonne. »

Quelque temps après, Malherbe envoyait à du Bouillon sa traduction du XXXIIIᵉ livre de Tite-Live; et, dans une lettre en date du 10 février 1621, il lui exprimait tout son contentement du bon accueil fait à ce livre par ses amis de Caen : « J'en eusse envoyé davantage d'exemplaires, si je n'eusse eu peur d'avoir trop de juges en une mauvaise cause; mais puisqu'ainsi est, pour contenter ceux qui vous ont fait des plaintes que je les ai oubliés, je vous en envoie encore six, que vous distribuerez comme il vous plaira (3). »

Au lieu de « six, » Malherbe avait d'abord écrit « quatre »; puis, après avoir changé « quatre » en « six », il avait ajouté et ensuite rayé : « deux qui seront, s'il vous plaît, pour mes cousins de Retot (Routot) et de Maizet, et les deux autres pour M. de Janville et M. le Clerc, et deux pour M. des Ifs et pour M. de St-Christofle (?) le Porcher. »

Le poète écrivait encore : « Si je n'ai point nommé M....., ce n'a pas été faute d'affection. Au contraire, je n'ai parlé des trésoriers de l'Epargne que pour l'amour de lui, pource que véritablement je lui ai de très-grandes obligations; mais ce qui est différé n'est pas perdu. Je le mettrai bientôt en quelque lieu où il ne sera pas moins en son lustre qu'il n'eût été ici. »

M. G. Mancel croit qu'il s'agit dans ces dernières lignes du correspondant même de Malherbe, le sieur du Bouillon. Nous serions plutôt d'avis, avec M. L. Lalanne, qu'il faudrait lire, à la place du nom inachevé, Thomas *Morant*, baron du Mesnil-Garnier,

---

(1) Le 3 novembre, d'après *La maison de Malherbe à Caen*, p. 10.

(2) M. L. Lalanne, loc. cit., IV, pp. 56-57.

(3) M. L. Lalanne, loc. cit., IV, pp. 57-59.

conseiller au grand Conseil (1605), trésorier de l'Epargne (1617), grand trésorier et commandeur des ordres du Roi (1621).

Quelques mois après cette lettre, Malherbe quittait la cour pour se rendre en Normandie et faire un dernier séjour à Caen. Mais avant de rechercher quels intérêts pouvaient ramener le poète dans sa ville natale, et de dire un dernier mot de ses relations de famille, nous voulons revenir quelques années en arrière et étudier, dans ses moindres détails, une phase intéressante, mais assez peu connue, de sa vie normande, ou plutôt de sa vie caennaise.

CHAPITRE IV

MALHERBE ÉCHEVIN DE LA VILLE DE CAEN

(1594-1595)

Pendant le premier séjour (1586-1595) qu'il fit en Normandie après son mariage avec Madeleine de Carriollis, Malherbe exerça quelque temps les fonctions de gouverneur-échevin de la ville de Caen.

Les gouverneurs-échevins, ou plus simplement les échevins, étaient, à Caen, au nombre de six. C'étaient des magistrats municipaux élus « de trois ans en trois ans, au jour des Sainctes Cendres, suyvant les statutz et privillèges de ladite ville (1) » qui était comme on le sait, une ville de commune dont l'administration appartenait, depuis le xive siècle, au grand bailli qui en laissait le soin à son lieutenant-général, et au Conseil des six gouverneurs-échevins.

Dans les derniers mois de 1593, les échevins avaient eu à combattre pour leurs propres prérogatives. Une ordonnance royale avait établi que « les officiers du Roi pourraient, à l'avenir, être nommés aux places d'échevins et de gouverneurs municipaux. Ce nouvel empiètement du pouvoir central sur l'indépendance des communes provoqua de vives résistances. A Caen, le 15 février 1894, plus de mille personnes, des plus considérables de la ville, se réunirent pour protester et prièrent le Parlement (de Normandie

____

(1) *Registre 33ᵉ des délibérations de l'Hôtel de Ville de Caen* (arch. municip.), fᵒ 12.

alors à Caen) de ne point enregistrer l'ordonnance. L'émotion était si grande, que les gens du Roi, après avoir sollicité cette faveur, n'osèrent en soutenir la concession (1). »

Quelques jours après, le 20 février, Gaspard Pelet, sieur de la Vérune, gouverneur du château de Caen, convoquait dans un mandement l'assemblée générale des notables pour l'élection triennale des gouverneurs-échevins (2).

L'assemblée eut lieu le mercredi 23 février, jour des Saintes Cendres (3). « En laquelle assemblée, après que nous avons des-rechefs faict entendre aux assistants les causes d'icelle et leur remonstré combien il est important pour le maintien de la payx et repos public en ladite ville de faire ellection et nomination pour les charges dessusdictes de personnes notables, gentz d'honneur et de vertu, amateurs de leur patrie, fidelles et affectionnés au service du Roy, les exhortant partant de déposer au faict de ladite ellection toute passion et affection particullière : et que ledit de Caumont, procureur du Roy, a de sa part faict plusieurs remonstrances tendant à ce mesme effect, requérant que nous eussions à rassembler les voix et suffrages de tous les assistants pour les ellections et nominations dessusdictes..... (4) »

Malherbe fut élu par plus de 90 voix, parmi lesquelles figurent, au premier rang, celle de Gaspard Pelet, sieur de la Vérune, de son lieutenant-général Blondel, de Jacques de Cahaignes, etc.

L'ordre des gouverneurs-échevins élus fut ainsi fixé et proclamé :

« Nobles hommes François de Mallerbe, fils aîné dud. sieur de Digny (5);

Jean de Moges, sgr. de Tourmauville;

Jean Dalléchamps, sgr. de Navarre;

Guillaume Boitard, sieur de Plumetot;

Honorables hommes Michel Graindorge et Guillaume Deschamps, tous bourgeois de Caen (6). »

---

(1) M. Jules Lair : *Histoire du Parlement de Normandie, depuis sa translation à Caen au mois de juin 1589, jusqu'à son retour à Rouen en avril 1594*, p. 212. — Cfr. Reg. 32ᵉ de l'Hôtel de Ville, fᵒˢ 209, 218, 219.

(2) Reg. 33ᵉ, fᵒˢ 3-11.

(3) Ibid., fᵒˢ 12-17.

(4) Ibid., fᵒ 16, verso.

(5) Le père du poète fit, en effet, partie de l'assemblée électorale du mercredi 23 février.

(6) Reg. 33ᵉ, fᵒ 17, verso. Cfr. fᵒ 15, recto.

Le procureur syndic désigné fut Guillaume Bauches, sieur de Colombelles (1); le receveur des deniers communs, Tassin Blouet; les administrateurs de la Maison-Dieu, Pierre le Moustardier et Robert Hébert, etc. (2).

On comprendra aisément l'intérêt que pourront offrir les pages qui vont suivre : elles retraceront une phase à peu près inconnue de la vie publique du poète, en même temps qu'elles résumeront, dans ses grandes lignes, une période, et non la moins intéressante, de l'histoire de la ville de Caen.

Aussitôt après son élection, Malherbe dut prononcer le serment des échevins dont M. Pierre Carel nous donne (3) le formulaire, d'après l'*Ancien Matrologe de la ville* (vol. I, f° 35) :

« Vous jurez à Dieu, votre père Créateur, duquel vous voyez ici la ressemblance, par la foy que vous avez reçeu en baptême et par la part que vous attendez avoir en Paradis, que bien justement et loyaument vous et chacun de vous exercerez l'office et charge de jurés, gouverneurs et conseillers de ladite ville en laquelle vous avez esté eslus de par la communauté ensuivant le privilège d'icelle.

« Et premièrement, vous serez bons, vrais et loyaux au Roy, à luy obéissants et à ses officiers, les droits à votre possibilité luy garderez; les privilèges, droits, franchises et libertés de ladite ville vous aurez en cure, pourchasserez et deffendrez contre toute personne. Les secrets et délibérations de ladite ville vous tiendrez selléz sans les révéler; les deniers et revenus d'icelle vous pourchasserez et emploirez justement et loyaument aux réparations nécessaires de ladite ville; les tours, murailles et artillerie vous visiterez et ferez la recherche des subjets au guet, pour le tout être mis en ordre et police; aux offices de ladite ville vous pourvoirez et baillerez à personnes capables, ainsi qu'il est contenu au chartrier de, ladite ville; oultre plus que à nulle des fermes vous n'aurez droit et participation aucune en quelque manière,

---

(1) Lubin le Sage avait été élu, trois ans auparavant, en remplacement de G. Bauches, « suspect de la Ligue. » En 1594, Bauches vint déclarer que, par amour de la paix et pour le bien du service du Roi, il s'était retiré pour quelque temps de ladite charge; que les habitants avaient reconnu qu'il avait été calomnié; qu'il demandait les suffrages de l'assemblée et que les voix fussent recueillies.

(2) Reg. 33°, f° 17, verso, et f° 18.

(3) *Histoire de la ville de Caen depuis Philippe-Auguste jusqu'à Charles IX*, p. 28-29.

et d'abondant ferez rendré compte aux receveurs de ladite ville, au prieur de l'Hôtel-Dieu et aux gardes des malades, suivant l'entente desdits privilèges; et en toutes autres choses, concernant et regardant votre office et charge, vous gouvernerez justement et loyaument, comme il appartient, et ainsi vous le jurez et promettez. »

Le samedi 26 février, Malherbe assista à la séance de l'Hôtel de Ville et, pour la première fois, prit part aux délibérations. « Messieurs de Mallerbe et Tourmauville, lisons-nous dans le procès-verbal de cette séance (1), sçauront de Monsgr. de la Vérune son opportunité et prendront jour avec luy pour faire la visitation des tours et murailles (2), et du Londel entendra d'eux ledit jour pour en advertir tous messieurs qui y doibvent assister, mesmes les précédents eschevins. Lesdits sieurs de Mallerbe et Tourmauville sont députéz pour aller et assister à la pollice le moys de mars prochain, et ainsy selon leur ordre de moys en moys. »

Le samedi suivant, 5 mars, il fut « prins jour pour faire la visitation des tours et murailles de la ville à mardy matin, et chargé du Londel d'en advertir messieurs les eschevins précédents, messieurs les lieutenants-généraux du Roy, sergeants, maire et capitaines de ladite ville et les prier d'y assister (3). »

Cette visite des « tours, murailles, portes et édifices » de Caen n'eut lieu que le mercredi 9 mars. Elle commença à huit heures du matin et se continua dans la soirée sous la présidence du sieur de la Vérune. Malherbe y assistait avec ses collègues et une foule d'autres personnes; il contribua, sans doute pour sa part, à « mettre par inventaire les munitions et autres biens trouvés en icelles (tours) appartenantz à ladite ville, ainsi qu'il est accoustumé faire de trois ans en trois ans à chacun changement et nouvelle ellection des gouverneurs-eschevins de ladite ville. »

Nous ne suivrons pas notre poète dans cette « visitation », bien qu'il serait singulièrement intéressant d'en raconter les moindres détails, bien propres à faire connaître l'état des fortifications de Caen à cette époque de son histoire, c'est-à-dire à la fin de la Ligue et des guerres de religion. Le procès-verbal de cette « visi-

(1) Reg. 33e, fo 19.
(2) Cette « visitation » avait lieu après chaque élection des nouveaux échevins.
(3) Reg. 33e, fo 22.

tation » ne remplit pas moins de huit feuillets, soit seize pages (1).

On lit, au f° 31 : « Et ont esté les clefz desdites tours de Chasti-moigne et de Silly libvrées par ledit sieur de Cahaignes ès mains dudit de Mallerbe, sieur de Digny, le premier desdits gouver-neurs-eschevins, pour les garder et conserver à l'advenir. »

Le samedi 12 mars, Malherbe et ses collègues arrêtèrent de « se trouver demain au bureau de la Maison-Dieu pour y establir les administrateurs dernièrement esleus et pourvoir aux autres affaires de ladite maison. » Ils devaient, en outre, s'assembler « mercredy après midy..... pour parfaire le procès-verbal de la visitation des tours, murailles et autres édifices de ladite ville. pour arrester l'acte de leur institution et pour faire représenter le poesle pré-paré pour Madame, sœur du Roy, lorsque on espéroit qu'elle feroit son entrée en ceste ville....., pour le mettre entre les mains , de ung d'entre eulx pour le conserver à quand besoin en sera (2). »

Le mercredi 16, comme il avait été décidé, les magistrats se réunirent à l'Hôtel commun de la ville pour achever le procès-verbal de la « visitation et inventaire par nous. » Ils y joignirent l'inventaire des objets et des meubles du bureau des séances. « De toutes lesquelles choses nous avons fait dresser et rédiger par escript ce présent procès-verbal par ledit greffier ordinaire audit hostel commun de ville. Lequel nous avons signé et faict signer aux desnommés en iceluy pour y avoir recours quand et ainsy qu'il appartiendra (3). »

Peu de jours après, Henri IV faisait savoir aux gouverneurs-échevins de Caen son entrée à Paris (4). Le 27 mars, les échevins envoyaient une adresse au Roi pour le féliciter de ses succès et l'assurer de leur inaltérable dévouement (5). Le samedi 2 avril, ils levaient leur séance et remettaient leurs délibérations au mercredi suivant, pour se rendre à l'église Saint-Pierre et « assister au *Te Deum* chanté pour la réduction de la ville de Rouen (6). »

En bons royalistes qu'ils étaient, les gouverneurs-échevins de

(1) Reg. 33°, f°° 27-34.
(2) Ibid., f° 22, verso.
(3) Ibid., f°° 35 et 36.
(4) Ibid., f° 44.
(5) Ibid., f° 45.
(6) Ibid., f° 47.

Caen ne pouvaient qu'applaudir à la reprise sur la Ligue de la ville de Rouen. Mais leur joie n'était pas sans mélange; ils songeaient, en effet, aux conséquences, pour leur propre ville, du dernier succès de Henri IV. Allaient-ils désormais conserver le Parlement de Normandie, transféré à Caen depuis le mois de juin 1589, avec la Cour des Aides et la Chambre des Comptes? Ils avaient bien entre les mains les lettres-patentes de translation perpétuelle données par Henri IV, à Dieppe, le 8 octobre 1589 : mais la Cour de Parlement n'avait jamais voulu les enregistrer, dans le principe parce qu'elles n'étaient point scellées du grand sceau, et plus tard à cause « des grantz et importants affaires dont estoit chargée la court. » La ville de Rouen soumise, c'était le départ certain du Parlement et des deux autres Cours. C'est alors que les échevins de Caen tentèrent un suprême effort pour conserver dans leurs murs le Parlement de Normandie, la Cour des Aides et la Chambre des Comptes, ou l'une au moins de ces juridictions.

Le mercredi 6 avril, sur la proposition du sieur de la Vérune, Malherbe et les autres échevins décidèrent d'envoyer, sans plus tarder, des députés vers Henri IV pour lui rappeler ses promesses, la fidélité des Caennais, les dépenses qu'ils avaient faites pour donner des logements convenables aux membres de ses compagnies. Messieurs de la Serre, de Malherbe et le procureur syndic Guillaume Bauches furent désignés pour remplir cette mission, et leur départ fut fixé au lundi suivant, 11 avril. Mais, comme on doutait du succès de leur voyage, ils devaient emporter avec eux un mémoire instructif des avantages et concessions qu'ils demanderaient au Roi en compensation de la perte des Cours, si elles venaient à quitter Caen (1).

Le samedi 9 avril, en présence de M. de la Vérune et de Malherbe, on arrêta « ce qui est contenu aux articles cy après attachés, dont en a esté escript et remis au net ung duplex encore plus ample et instructif de tout ce qui s'est passé sur ce contenu auxdits articles, lequel à esté mis vers lesdits sieurs députez comme pour acte de leur pouvoir, estant signé de tous messieurs ayant assisté à la délibération et résolution du voyage..... Et a esté accordé auxdits députés, s'il leur survenoit quelque empeschement en leur voyage par la force ou violence d'ennemis, à

(1) Reg. 33ᵉ, fᵒ 49, verso, et fᵒ 50.

cause de quoy ils reconnoissent quelques pertes ou frais, de les indemniser par la ville (1). »

Les trois députés ne reçurent leur mandat ou duplex des articles que le 13 avril et ne tardèrent pas à partir pour Paris.

Mais, avant même qu'ils se fussent mis en route, les affaires avaient pris une tournure entièrement défavorable au but principal des députés caennais. Le lendemain de la reddition de Paris, Sully avait porté à Rouen la ratification du traité conclu entre cette ville et Henri IV. « Arrivé près de Villars, il lui jeta autour du cou l'écharpe blanche des royalistes, et le gouverneur, proclamant la fin de toute division, cria : Vive le Roi ! La foule l'imita, et les canons, qui avaient lancé tant de boulets à Henri IV, tonnent en son honneur. Sans retard, on écrit au Roi pour obtenir le rétablissement de la Cour de Parlement et des autres compagnies. Après avoir défendu les actes de son Parlement ligueur, c'était un glorieux hommage que Rouen rendait au Parlement royaliste, en proclamant que le retour de ses membres, avec l'homme éminent (Claude Groulart) qu'ils avaient à leur tête, serait moins la réunion de deux parties séparées que le rétablissement de la Cour..... Les vœux du Parlement de Caen avaient devancé les sollicitations des Rouennais. Dès le 1er avril, un messager arrivait à Caen, rapide comme un porteur d'heureuses nouvelles. Il racontait les évènements accomplis à Rouen le mercredi dernier, le cri de : Vive le Roi ! poussé par Villars, les réjouissances, la soumission complète de la ville. La Cour reconnaissante lui fit sur-le-champ un cadeau et inscrivit son nom dans les registres : il s'appelait Jacques Hubert. Le lendemain, le Parlement fit chanter un *Te Deum*, allumer des feux de joie; puis il parcourut en procession les rues de la ville. Deux jours après, une dépêche de d'Incarville engageait la Cour à faire ses préparatifs de départ et, le 12 avril, des lettres patentes du Roi transféraient de nouveau le Parlement, la Chambre des Comptes, la Cour des Aides dans la ville de Rouen, « nonobstant toutes lettres, défenses et mandements à ce contraires. » Dès le 15, la Cour était prête à partir, et des députations firent ses adieux à Montpensier et à la Vérune. Dans une dernière audience, les nouvelles lettres de translation furent enregistrées et les parties ajournées au Palais

(1) Reg. 33ᵉ, fᵒ 50, verso. Cfr. fᵒˢ 54, 116, 117, 118, 119.

de justice de Rouen (1). » La rentrée du Parlement à Rouen était fixée par le Roi au 26 avril.

Pendant ce temps, les trois députés de la ville de Caen étaient arrivés à Paris. Ils avaient apporté avec eux, en outre de leurs instructions, des dons (2) à faire « à Madame de Lyencourt et à Mgr le Chancellier. » Le procureur syndic, Guillaume Bauches, était chargé de diverses liasses de pièces originales ayant trait aux articles du mandat confié par la ville (3). Enfin, les députés avaient à remettre plusieurs lettres dont la minute nous est donnée par le registre 33ᵉ de l'Hôtel de Ville. Nous n'en citerons que deux :

« A Monseigneur d'O.

« Monseigneur, ayant jugé nécessaire pour lesdites occurrences susnommées d'envoyer nos députés vers Sa Majesté pour luy faire toucher les remontrances sur plusieurs pointz et articles concernantz l'estat de nostre ville qu'ils vous feront particullièrement entendre, nous avons prins la hardiesse de vous les adresser par la présente comme à celuy qui tousjours avez esté notre protecteur et qui avez avec toute affection embrassé nos affaires, et par mesme moyen vous supplier très humblement les voulloir assister de vos moyens et faveurs pour estre présentés à Sa Majesté et estre d'elle bénignement resçus, ouys et exaucés en leurs requestes, pour de plus en plus nous obliger en général et particullier à vous servir à jamais.

« Monseigneur, nous prions Dieu qu'il vous donne en parfaite santé l'accomplissement de vos sainctz désirs. De l'hostel commun de la ville de Caen ce 14ᵉ apvril 1594.

« Vos très humbles et très obéissants serviteurs les maire, gouverneurs-eschevins de la ville de Caen (4). »

« A Monseigneur le maréchal de Matignon.

« Monseigneur, ayant jugé (comme cy-dessus, jusques à l'estat de notre ville), nous nous réputons fort heureulx que ceste bonne occasion se rencontre que vous soyez à présent près Sa Majesté

---

(1) M. J. Lair, loc. cit., p. 214-215.
(2) « deux belles tables de linge dont y a ordonnance baillée. »
(3) Reg. 33ᵉ, fᵒˢ 54 et 55.
(4) Ibid., fᵒ 55, verso.

pour l'asseurance que nous avons d'y recevoir toute faveur de vous qui avez toujours faict paroistre avoir en singulière recommandation le bien et prospérité de nostre ville en laquelle aussi vous et vos prédécesseurs avez eu de tout temps bonne part, Monseigneur, nous vous en supplions très humblement, pour nous rendre de plus en plus obligés à vous servir et obéir à jamais, remettants sur nos députés à vous faire entendre particullièrement nos affaires, Monseigneur, nous prions Dieu qu'il vous maintienne en toute jouissance et prospérité longue et heureuse vie. De l'hostel commun, etc. (1). »

Le samedi 16 avril, Guillaume Boitard, sieur de Plumetot, l'un des échevins restés à Caen, était à son tour chargé de deux lettres patentes « rendues par la Court de Parlement, l'une pour l'establissement desdites Courtz en ceste ville, l'autre pour l'exemption des bourgeois du ban et arrière-ban, francs fiefs et nouveaux acquets, avec une lettre instructive de ce que nos dits députés auront à faire snr ces deux points. » G. Boitard devait partir pour Paris le lundi 18 avril (2).

De la Serre, Malherbe et Bauches y étaient arrivés. « Le Roi leur faisait bon accueil, s'informait avec complaisance de leurs affaires, de la beauté de leur ville, parlait avec enthousiasme du dévouement de ses bons amis les Caennais et de son ardent désir de les voir; mais, quand paraissaient les requêtes, il les renvoyait au Conseil qui les renvoyait au Roi, sans qu'ils obtinssent jamais rien (3). » D'ailleurs, le départ des trois Cours pour Rouen était alors un fait accompli. Présidents et conseillers avaient décidé de partir « en plus grand nombre que faire se pourroit, pour l'honneur de la Cour. » Et, le 18 avril, ils s'étaient mis en route « avec une escorte fournie par la Vérune et Fervaques; car Grillon tenait toujours dans Honfleur, et aurait pu inquiéter le voyage de la Cour. A Pont-Audemer, une autre escorte d'honneur, envoyée par Villars, l'attendait; et le 19, elle fit son entrée dans Rouen, une entrée triomphale! On la reçut avec des transports de joie; la cité, bien qu'appauvrie par ses longues guerres, jeta comme un

(1) Reg. 33ᵉ, fᵒ 55, verso.
(2) Ibid., fᵒ 57.
(3) M. J. Lair, loc. cit., p. 192-193.

voile de fête sur ses blessures encore ouvertes, et parut recouvrer, avec son Parlement, son heureuse fortune. Mais le plus beau spectacle dans ces belles journées, ce fut de voir les magistrats, divisés jadis, maintenant réunis, à l'exception de deux ou trois hommes, dont nul ne regrettait l'absence, tout heureux de se retrouver ensemble, venir tour-à-tour sceller leur réconciliation, et prêter, entre les mains de Groulart, tout rayonnant de joie, un même serment de fidélité au prince qui allait travailler avec autant de zèle que de succès au bonheur de la France (1). »

Le mandat principal des députés de la ville de Caen n'avait donc plus de raison d'être, et tous les efforts des échevins devaient tendre désormais à obtenir quelques compensations du bon vouloir de Henri IV.

Le mercredi 27 avril, ils arrêtèrent de nouvelles lettres et requêtes à envoyer à leurs députés. Ils les entretenaient du désaccord qui était survenu entre les diverses compagnies de la ville à l'occasion des funérailles du frère de M. de la Vérune. Le vendredi précédent, en effet, les gouverneurs-échevins n'avaient pu s'entendre pour l'ordre des préséances avec « ces Messieurs de la Justice, de l'Université et du Bureau des Finances »; et il avait été décidé que tous les assistants seraient considérés comme particuliers et amis du défunt, et non comme membres d'un corps. Les échevins avaient chargé l'un d'entre eux, Michel Graindorge, de rechercher « un homme de pied » pour porter ces lettres à leurs députés et partir « demain, s'il est possible. » On avait trouvé « ung nommé Maurice Contey, de Saint-Jean..., que ledit Graindorge a dist avoir marchandé... par xxx sols par jour, et disoit partir présentement ce jeudi matin 28ᵉ jour d'apvril (2). »

Le mercredi 4 mai, les gouverneurs-échevins délibéraient « sur ce que ung messager à pied, nommé Maurice Contey, de Saint-Jean, lequel avoit esté envoyé exprès vers nos députés pour leur porter lettres et requeste selon qu'elles sont cy devant insérées, lequel estoit party jeudy dernier de matin, revenu le sabmedy ensuyvant, un jour devant avoit esté pillé et desvalizé de ses lettres près la Rivière-Thibouville et le Neufbourg. Il a esté advisé et arresté de renvoyer lesdites lettres et requeste, et y compris

(1) M. J. Lair, loc. cit., p. 216-217.
(2) Reg. 33ᵉ, fᵒ 88.

lettre de la teneur cy après, et tenir le tout prest pour bailler à
Philippe Pouquet, bourgeois de Caen, s'il part demain pour aller
en cour... sinon nous adviserons d'y renvoyer exprès (1). »

Voici la minute de cette nouvelle lettre qui n'est guère que la
répétition des précédentes :

« Messieurs, vous entendrez que nous sommes fort poursuyvis
pour le payement des 3.000 escus auxquelles on prétend ceste
ville avoir été taxée en l'an 1592 pour sa part de la subvention
demandée en ladite année par Sa Majesté sur les villes closes de
son royaulme. Et Monseigneur de Montpensier nous a faict parler
de les luy fournir pour aider et subvenir aux affaires concernantes
le service de Sa Majesté. Pour nous, nous sommes jusques icy
excusés comme nous avons peu. Partant, vous ferez toute dilli-
gence d'en obtenir la descharge et nous l'envoyer au plus tost, si
vous l'obtenez. Aussi nous sommes advertis qu'il y a lettres expédiées pour la levée en l'année présente de la solde des 5.000
hommes de guerre à pied sur les villes closes de ce royaulme ;
vous tascherez aussi d'en obtenir descharge pour nostre ville
avecquez les autres pointz et articles contenus en vos mémoires
où vous vous employerez, comme nous nous en asseurons bien,
pour en obtenir le plus que vous pourres. Aussi nous vous avions
envoyé lettres par ung messager exprès qui partist le jeudy 28e
apvril de ceste ville et revinst le sabmedy au soir disant avoir esté
dévalizé de ses lettres et argent qu'il avoit apportés près du Neufbourg ; c'est touchant ung affaire survenue depuis vostre partement que vous entendrez. J'ai les mesmes lettres et requeste
comprinses sur le registre de la ville que nous vous envoyons avec
la présente. Vous y pourvoirez aussi selon que le voudrez...
Attendant de vos nouvelles, les envoyant à Monsgr. de la Vérune
et à nous, que jusques icy nous n'en avons point reçeu, nous
prions Dieu qu'il vous bénisse, etc... Ce 6e jour de may 1594. ˉ

Dalléchamps, Graindorge, Deschamps, Beaullart (2). »

Sur ces entrefaites, Mgr de Montpensier avait demandé à la ville
de Caen un prêt de 6000 écus pour aider à payer les frais du
siège et de la réduction d'Honfleur. Les gouverneurs-échevins
allèrent, le 10 mai, le trouver, et le prièrent de dispenser la ville

(1) Reg. 33e, fo 91.
(2) Ibid., fo 91.

de ce nouveau prêt, celui de 5000 écus n'ayant pas encore été entièrement recueilli. M. de la Vérune conseilla de donner un acquit de 2000 écus sur le prêt de 1593, et d'y ajouter 2000 écus sur les habitants : ce que Mgr de Montpensier promit de rembourser au dernier quartier de 1594 (1).

Pendant ce temps, à Paris, de la Serre, de Malherbe et Bauches avaient remis, le 6 mai, au Conseil d'Etat, les articles dont ils avaient été chargés et qu'ils avaient sans doute rédigés d'après la minute ou « duplex plus ample et plus instructif » qui leur avait été donné « comme pour acte de leur pouvoir » le 13 avril précédent. Voici le texte de ces articles, avec les réponses (en marge, dans l'original) du Conseil d'Etat, toutes signées *de Beaulieu* (2) :

« Au Roy
Et nos seigneurs de son Conseil.
Sire,

« Vous remonstrent très humblement par leurs députés vos très humbles et très fidelles subjectz les maire, eschevins et habitants de votre ville de Caen, qu'après avoir reçeu les grâces de Dieu de la réduction de tant de villes et provinces et l'en avoir loué et remercié avecques prières de continuer l'heur et suites de votre prospérité et grandeur, il leur convient importuner et supplier très humblement Votre Majesté leur voulloir octroyer pour son service et leur conservation les articles qui ensuivent (3) :

I

« Qu'il plaise à Votre Majesté les faire demeurer en la jouissance des biens faictz desquels le feu Roy et Votre Majesté les a voullu honorer par lettres patentes bien expédiées pour marque perpétuelle de leur ferme fidellité (4) : assavoir, de l'establisse-

---

(1) Reg. 33ᵉ, fᵒ 93, verso.

(2) Ibid., fᵒ 116.

(3) Cfr. le duplex, Reg. 33ᵉ, fᵒ 117 : « Les députés feront entendre à Sa Majesté comme, avec toutes démonstrations, louanges et remerciements à Dieu, lesdits habitantz ont faict paroistre la grande joye et contentement qu'ilz ont reçeu des heureux succès qu'il a pleu à Dieu luy donner en la réduction en son obéissance de plusieurs des bonnes villes de ce royaulme, et font journellement prières à Dieu qu'il luy plaise continuer telz succez pour en bref le rendre Roy paisible, obéy, et recognu de tous ses subjectz. »

(4) « Dont y a édict perpétuel et irrévocable présenté à ladite Court pour vériffier : ce qu'elle a jusques icy refuzé faire. » (Reg. 33ᵉ, fᵒ 117).

ment en votredicte ville de Caen des Courtz de Parlement, des Aydes et Chambre des Comptes que vos édictz et chartres y ont pozées de votre propre mouvement pour y estre fixées, nonobstant ce qu'il pourroit survenir à l'advenir, subject qui a occasionné les habitants et bourgeois d'employer tous leurs moyens à édiffier et construire des édifices pour les loger qui, par leur départ, demeureront inutilez et en ce faisant lesdits habitants privés de vos biensfaictz. »

Réponse, en marge :

« D'autant que par le traité faict pour la réduction de la ville de Rouen en l'obéissance de Sa Majesté a esté expressément accordé que les Courtz et jurisdictions retourneront tenir leurs séances en ladite ville ainsy qu'elles faisoient avant la guerre. Ne se peult rien innover à présent au préjudice dudit traicté faict pour le bien général de la province. De B. *(avec paraphe)* (1). »

II

« Vostre Majesté, par ses lettres patentes et arrest de votre Conseil du huict d'octobre 1589, leur a concédé comme aux villes de Paris et Rouen l'exemption du ban et arrière-ban, francz fiefz et nouveaux acquetz (2). Ils supplient Votre Majesté les y maintenir et en ce faisant octroyer lettres de jussion très expresses à toutes vos Courtz de les vériffier (3). »

Réponse, en marge :

« Sera expédié jussion pour la vériffication desdites lettres du

(1) « A quarante-quatre ans de là, en 1638, écrit M. A. Floquet (*Histoire du Parlement de Normandie*, III, p. 623-624), Louis XIII, établissant à Caen une Cour des Aides, disait « vouloir rescompenser par là, en quelque façon, la fidélité que ceste ville luy avoit gardée, ainsy qu'au feu Roy, dans les troubles » : récompense bien tardive pour cette ville ; et encore faut-il ajouter qu'elle ne lui demeura guère. »

(2) « Dont y a aussi lettres patentes expédiées présentées à la Court de Parlement laquelle a jusques icy refuzé les vériffier. » (Reg. 33°, f° 117, verso).

(3) « Sont représentez les vidimus desdites deux lettres patentes. Reste obtenir lettres de jussion très expresses à ladite Court et aultres auxquelles elles sont adressées pour les vériffier purement et simplement sans remise et toutes aultres considérations postposées. Est représentée coppie des expéditions arrestées et accordées auxdits habitants de Caen au Conseil de Sa Majesté tenu à Dieppe le VIII° jour d'octobre 1589, entre lesquelles sont les deux articles cy-dessus. » (Reg. 33°, f° 117, verso).

VIII⁰ d'octobre 1589, et sera mandé faire jouyr les suppliants du contenu en icelles selon leur forme et teneur. De B. *(av. par.)* »

III

« Votre Majesté, les voullant récompenser, leur avoit faict don de la foire Guibrey. Par après, ayant par force remïs la ville de Fallaize à son obéissance, les en a privés et au lieu de ládite foire leur en avoit concédé une nouvelle très utille pour tout votre royaulme à tenir en la ville de Caen et commencer au premier jour de juillet et finir au quinziesme, aux privillèges des foires de Lyon. Ils supplient très humblement Vostre Majesté de ordonner toutes expéditions, pour ce nécessitées, leur estre délivrées (1). »

Réponse, en marge :

« Seront expédiées lettres patentes pour tenir la foire en la ville de Caen au premier jour de juillet ad instar de la foire de Guibrey et aux mesmes privillèges d'icelle. De B. *(av. par.)* »

IV

« Vosdicts subjects, Sire, par la permission de tous vos prédécesseurs et certain privillège local, pour le peu d'occupation qu'ilz ont en votredite ville recullée de toute fréquentation nécessaire peuvent de tout temps faire valloir sy peu d'héritage qu'ilz. ont aux champs, par leurs mains que de leurs préposés, et pour ceste cause Votre Majesté leur a sur ce faict expédier ses lettres patentes après amples cognoissance de cauze et toutes solennités obtenues, néantmoingz ilz auroient esté inquiétez par votredicte Court des aydes de Normendye à laquelle, pour le refus d'une infinité à vos

(1) « Lettres patentes de ladite concession ont esté expédiées signées de Sa Majesté et du secrétaire d'Estat, esquelles Monseigneur le Chancellier différa y faire apposer le sceau disant qu'il en voulloit conférer avec Sa Majesté. Et de lors il y a viron an et demy furent lesdites lettres mises es mains de Monsieur de Montcyre (?) l'un des secrétaires de Monseigneur d'O, auquel mondit seigneur fist commandement de les prendre pour l'en faire resouvenir affin d'en parler de rechef au Roy et à mondit seigneur le Chancellier pour faire icelles sceller. Ce qui est demeuré jusques icy à exécuter. Reste donc retirer lesdites lettres dudit sieur de Montcyre pour estre scellées ; et, si elles ne se peuvent recouvrer, en faire dresser d'aultres tout de nouveau. A quoy pourra servir la copie des lettres d'érection des deux foires de Rouen baillées pour cest effet. » (Reg. 33⁰, f⁰ 117, verso).

lettres de jussion de les vériffier, Votre Majesté par aultres siennes patentes avoit interdict la cognoissance des différentz desdits habitants résultantz d'aydes et subventions, en considération de plusieurs aultres évocations et animosités survenues et continuées entre ladite court et habitants, etc.; supplient très humblement Votre Majesté voulloir du tout attribuer ladite cognoissance et de tous leurs différentz pour cest effect à ladite Court des aydes à Paris avecques interdiction généralle et jussion de procéder à la vériffication d'icelle purement et simplement suivant vosdites lettres, voulloir et intention (1). »

Réponse, en marge :

« Sera aussy expédié jussion pour la Court des Aydes à Paris, pour procéder à la vériffication des lettres accordées par Sa Majesté aux suppliants et avant *(plusieurs mots déchirés)* en la Court des Aydes à Paris avecquez l'interdiction généralle à ladite Court des Aydes de Rouen d'en cognoistre, sera oy au Conseil le procureur général en icelle pour en ordonner ce que de raizon; et à ceste fin commission accordée auxdits suppliants pour le faire assigner audit Conseil. De B. *(av. par.)* »

V

« Votredite Majesté a voullu que les Estatz du pays soient alternativement séeants en ladite ville de Caen et de Rouen et les

---

(1) « Comme jà le pareil s'estoit faict en plusieurs autres occasions; y ayant eu de tout temps quelquez animosités et mauvaise affection de ladite Court des Aydes de Normendie envers lesdits habitants de Caen. Ce qui est plus amplement déduict par ung cayer de remonstrances baillé pour cest effect à plusieurs pièces pour justiffier du contenu esdites remonstrances avec celles qu'il convient retirer d'ung nommé Morreau auquel elles ont esté baillées par la Cousture le Saige, lequel escript audit Morreau affin qu'il ayt à les déblivrer auxdits députés. Sur cest article seroit bon, sitost que lesdits députés seront arrivés, s'enquérir dudit Morreau, afin que s'il estoit encore à Tours, ledit procureur syndic y fist voyage en diligence exprés pour avoir lesdites pièces lesquelles il rapporteroit encore assés à temps à Paris... S'estant ladite mauvaise affection de ladite Court des Aydes de Normendie envers lesdits habitants de Caen encore plus amplement manifestée depuis leur venue audit Caen... C'est ce qui se passa à la porte Millet à l'entrée de Monseigneur de Montpensier : l'emprisonnement entreprins par ladite Court de la personne du Valloys en conséquence de ladite entrée; les menaces par aulcuns de ladite Court que les verges trempent au vinaigre pour ceulx de Caen, etc. » (Reg. 33ᵉ, fᵒ 118).

officiers desdits Estatz alternativements esleus de l'une et l'aultre desdites généralités. Supplient très humblement Votre Majesté ladite concession estre entretenue et en ce faisant commander leur estre sur ce octroiées toutes expéditions nécessères (1). »

Réponse, en marge :

« La séance et convocation des Estatz de la province sera tenue en telle ville que Sa Majesté ordonnera d'an en an par ses commissions ainsy que Sa Majesté advisera pour le bien et utillité de la province et soullagement de ses subjectz. De B. *(av. par.)* »

VI

« Lesdits eschevins ont baillé en prest pour vos urgentz affaires par le commandement de Monsgr. de Montpencier cinq mil escuz qui ont esté levés par vos thrésoriers généraulx pour les restituer; et néantmoings les vouldroient maintenant divertir. Supplient très humblement Votre Majesté que ladite somme ne sçoit divertye affin de la rendre aux particulliers qui l'ont prestée et leur continuer le moyen et l'affection de vous subvenir aux occasions qui se présenteront et le crédit desdits échevins pour en recouvrer une aultre fois. »

Réponse, en marge :

« Sera mandé aux thrésoriers généraulx ne divertir le remboursement aux suppliantz sy la levée a esté faicte pour cest effect, et, où elle auroit esté faicte différer en l'année présente à cauze des grandes charges que le peuple porte, ladite levée se fera en l'année prochaine pour satisfaire aux remboursements avecquez l'intérest du retardement. De B. *(av. par.)* »

VII

« Vos récepveurs généraulx depuis quinze jours en çà veullent contraindre lesdits habitantz à payer trois mil escuz qu'ils disent avoir esté sur eulx taxcés et sur les aultres villes clozes en l'année 1591, de laquelle touttefois il n'avoit esté rien demandé en considération des grandz empruntz faictz sur ladicte ville durant ces

(1) « Reste en faire expédier lettres patentes en forme qui soient vériffiées partout où besoing sera, et icelles observées à l'advenir. » (Reg. 33e, fo 118, verso).

guerres, et dont encore les aultres villes ont esté tenues quittes pour une bien petite partye. Supplient très humblement Votre Majesté les en voulloir tenir quittes et deschargés (1). »

Réponse, en marge :

« Sera mandé aux thrésoriers généraulx donner raizon de ceste partye, et cependant deffenses seront faictes aux recepveurs généraulx et tous aultres de contraindre lesdits suppliants au payement d'icelle jusquez à ce que aultrement en ayt esté ordonné. De B. (*av. par.*) »

Fait au Conseil d'Estat tenu à Paris le six^e de may 1594.

De Beaulieu.

(*avec paraphe*).

En outre de ces sept articles, les députés avaient reçu d'autres instructions, pareillement consignées dans le duplex dont nous avons déjà parlé, mais qu'ils ne jugèrent pas à propos de mettre dans leur supplique au Roi.

« Lesdits habitants (de Caen), lisons-nous, ont obtenu par cy devant lettres patentes de déclaration pour estre maintenus au privillège qu'ilz ont de tout temps d'estre francz et quites de coustumes, péages, passages, francs acquitz par toute la province de Normandie pour leurs marchandises comme les habitantz de Rouen et Falaize. Reste obtenir lettres de surannation et de nouvelle adresse pour les vériffier et en faire jouyr lesdits habitants : lesdites lettres sont baillées pour cest effect et plusieurs aulcunes chartres qui justiffient ce privillège (2). »

Et plus loin : « Faire interpeller l'arrest donné au privé Conseil entre les marchantz anglois trafficantz en la ville de Caen et le corps commun de ladite ville suyvant le renvoy faict par la Court de Parlement audict privé Conseil : c'est touchant le payement que lesdits marchantz anglois seront tenus faire des octroys de ladite ville, trafficantz en icelle, qu'il plaira à nos sieurs du Conseil régler selon les remonstrances à eulx présentées de la part desdits habitantz de Caen, qui sont avec toutes les pièces concer-

---

(1) Et sur cest article sera suppliée Sa Majesté mettre en considération tout le secours de deniers, grains, vius... et autres marchandises qu'elle a tiré desdits habitants de Caen depuis son advènement à la couronne. Dont il seroit besoing avoir un estat abrégé. » (Reg. 33e, f°s 118 et 119).

(2) Reg. 33e, f° 118, verso.

nantes ceste affaire baillées pour cest effet. Il y a encore ung sac, mis par lesdits habitantz de Caen vers Monsieur d'Incarville ayant eu concession du privé Conseil, sur ce faict, lequel il seroit bon, s'il est possible, de retirer. Et sera noté que dans les lettres patentes de Sa Majesté de la concession des nouveaux octroys et doublement des anciens qui sont du nombre desdites pièces il est expressément contenu que toutes personnes trafficantz en ladite ville payeront lesdits octroys. Monsieur Mauger, advocat audit Conseil, a prins charge pour nous de ceste affaire et a présenté. Reste conférer avec luy sur la poursuytte qu'il y convient faire (1). »

Le duplex des articles se terminait ainsi : « Et en cas de ne pouvoir obtenir tout ce que dessus, sera très humblement suppliée Sa Majesté de gratiffier en quelquez autres choses qu'il sera advisé bon le corps et Communaulté de la ville de Caen, pour remarque de leur loyaulté et fidellité, et en faire expédier les provisions nécessaires. Autrement la condition des villes qui ont esté rebelles, seroit meilleure que de celles qui se sont tousjours maintenues en l'obéissance et service qu'ilz doibvent à Sa Majesté (2). »

Les députés avaient soumis leur requête au Conseil d'Etat qui avait donné les réponses dont nous avons reproduit plus haut la teneur. Les affaires principales étaient réglées. Mais, avant de songer à reprendre le chemin de la Normandie, ils écrivirent aux échevins de Caen une lettre, d'un laconisme parfois incompréhensible, et que nous regrettons de ne pouvoir citer en son entier, la première ligne, peut-être même les deux premières lignes du verso ayant été coupées lors de l'insertion de l'original dans le Registre 33ᵉ de l'Hôtel de Ville. Voici cette lettre qui n'est certainement pas de la main de Malherbe et qu'il a, pour sa part, inspirée et signée :

« Messieurs.

Si jusqz à ce jour vous n'avez eu des nostres, ce n'a esté que faulte d'affeciion, oubliance (3) ou paresse en ait esté la cause.

(1) Reg. 33ᵉ, f° 119.
(2) Ibid., f°, 119. Cfr. f° 54.
(3) Le mot, dans l'original, est à moitié coupé; la première et la troisième syllabes sont seules lisibles.

Mais le désir que nous avions d'avoir subject util et propre à vous
donner advis nous avoit faict attendre et espérer que nous mesme
pourrions estre les messagers de notre négotiation. Nous vous
dirons qu'elle a esté difficille et espineuse quoy que peu consé-
quentieuse et non méritant les frais qu'il vous plaist y estre faictz.
Sa Majesté nous ayant veu de bon œil et renvoié noz demandes à
son Conseil, chacun article a esté respondu apprez la très longue,
laborieuse et importune poursuitte, et néammoins avecqz peu de
fruict, où nous avons recherché et trouvé quelque peu de remède
à tout le moins à un article, comme plus amplement nous espé-
rions aller le vous dire aussy tost que nous aurons retyré les
expéditions, nous avions obtenu deffenses aux receveurs de nous
demander les trois mil escuz de la subvention pour l'an 1591.
Suivant nostre instruction et la vostre dernière receue, avions
espérance d'en obtenir autant pour l'année 1592. Mais le receveur
général arrive qui a esclarcy la demande estre pour l'an 1593.
Nous avons esté à recommencer et poursuivons maintenant la
descharge de laquelle on nous donne bien peu d'espérance. Les
particularitez et les difficultez vous seront dictes, Dieu aydant, et
non escrites. . . . .
. . . . requeste narratifve que pour estre les terres et
fruict de toute l'ellection de Caen possédées par les bourgeois, il
ne leur reste aucune ouverture de vivre et moins de p (?) taille
veu que les bourgeois s'en veullent exempter. Leur requeste est
au nom de tous les contribuables de l'ellection signée d'un grand
nombre. De la conclusion laquelle nous ne sommes bien esclarciz
pour ne l'avoir peu clairement lyre. Nous avons opinion que ce
sont artifices et menées dressés contre la ville. Les paisans sont
de Boeville (1), l'un est neveu de Heurtaut morts puisqu'on nous
a dict l'estant pour ce que l'un des paisans a désiré l'advertir de
l'estat de leurs affaires. Ladite requeste est entre les mains de
M. d'Incarville qui en faira son rapport au Conseil; nous luy

---

(1) Nous ne connaissons aucune commune de ce nom aux environs de Caen.
Peut-être s'agit-il ici de Biéville, Beuville, ou encore Bréville, communes situées
à quelques kilomètres seulement de Caen. D'après M. C. Hippeau (*Dictionnaire
topographique du Calvados*, p. 26-27), *Biéville* se lit *Boevilla* dans une charte
de 1082; *Beuville* a la même orthographe en 1148. — La phrase d'ailleurs où
se trouve ce nom, est bien obscure; elle le serait peut-être moins si la lacune
de l'original n'existait pas.

avons remonstré et prié M. Moraut (1) de luy remonstrer ce que nous estimons propre contre telle requeste sy elle est respondue avant notre partement. Nous vous en dirons plus amples nouvelles. Attendant, nous vous présentons noz très humbles recommandations et supplions Notre Seigneur,

Messieurs, vous avoir en sa sainte et digne garde.

A Paris, le 13 mai 1594,

Vos confrères et bons amis à vous faire service,

De la Serre.   Fr. de Malerbe.

Bauches (2). »

Quelques jours après l'envoi de cette lettre, de la Serre, Malherbe et Guillaume Bauches étaient de retour de Paris, et rendaient compte à leurs collègues des moindres détails de leur mission (3) :

« Du sabmedy 28 may 1594, au bureau tenu en l'hostel commun de la ville de Caen, devant Monsieur de la Vérune, gouverneur et bailly, présent Mon^r Blondel, lieutenant général..., présentz Messieurs de la Serre, advocat pour le Roy, et de Mallerbe, de Moges, Dalléchamps, Boytard, Graindorge et Deschamps, gouverneurs, Bauches, procureur syndic, Blouet receveur, et Beaullart, greffier... Les dessusdits de la Serre, de Mallerbe et Bauches ont faict entendre ce qu'ilz avoient négotié en leur voyage de court sur les affaires contenues aux articles à eulx baillés, qu'ilz ont apportés cy attachés ensemble, la réponse faicte sur lesdits articles au Conseil d'Estat de Sa Majesté, signée Beaulieu, aussi cy attachée, suyvant laquelle response ils ont rapporté les expéditions de Paris en lettres patentes (4). »

(1) On pourrait aussi bien lire Morant. Mais sans doute il est ici question du Moreau ou Morreau dont il est parlé ailleurs.

(2) Reg. 33e, f° 106.

(3) Nous avons dit, dans le chapitre précédent, que Malherbe avait été, selon Racan, chaudement recommandé à Henri IV par deux Normands, Duperron et Nicolas Vauquelin, sieur des Yveteaux. Il est bien permis de supposer que, dès 1594, c'est-à-dire plus de onze ans avant de venir vivre à la cour, Malherbe fut remarqué de Henri IV pendant qu'il s'acquittait auprès de lui de la mission dont l'avaient chargé ses compatriotes. Plus tard, la puissante recommandation de Duperron et des Yveteaux vint confirmer la bonne opinion que le Roi s'était faite du mérite de Malherbe.

(4) Reg. 33e, f° 114.

Ils n'avaient cependant pas remis au bureau de l'Hôtel de Ville toutes les pièces dont ils avaient été chargés avant leur départ pour Paris, ou qu'on leur avait envoyées pendant leur séjour dans cette ville, par exemple, « celles de la concession de la foire, laissées à ung nommé Monsr de la Court de la maison de Monseigneur le Chancellier pour les faire sceller (*en marge* : du depuis apportées); celles du don de 1500 escus du nombre de 3000 demandés pour un emprunt de l'an 1593, laissées à Monsr du Boys, pour les faire sceller, qui les doibt envoyer (1). » Et plus loin : « N'a esté rendue la minutte des articles accordés à Dieppe en l'an 1589. (Du depuis rendue) (2). »

Les échevins arrêtaient ensuite qu'il serait « faict poursuytte pour faire vériffier toutes les lettres patentes obtenues par lesdits sgr. députés et pour jouir de l'effect d'icelles; et à ceste fin sera délibéré cy après plus amplement par quelles personnes se fera ladite poursuytte (3). »

Ils constataient encore que les députés avaient rapporté « lettres de surannation à la Court de Parlement et de jussion pour vériffier le privillège des habitants d'exemption de coustumes, péages par toute la Normandie ainsi que les villes de Rouen et Falaize, qu'il fault présenter (4). »

Enfin les échevins arrêtaient qu'ils communiqueraient à la Cour des Aides de Rouen, « à laquelle il est interdit d'en connaître », les lettres relatives à l'évocation, devant la Cour des Aides de Paris, des causes des habitants de Caen; ils décidaient, en même temps, de faire notifier au Bureau des finances l'arrêt du Conseil d'Etat qui ordonnait de ne pas détourner de leur emploi « les 5000 escus levés pour le remboursement des prests faits par les habitants (5). »

Quelques-unes des séances suivantes furent consacrées au règlement des articles précédents. Le samedi 11 juin, il fut arrêté qu'on convoquerait par mandement deux délégués dans chaque paroisse de la ville pour délibérer, deux jours après, sur la conduite à tenir relativement à des lettres patentes du Roi. Ces lettres

(1) Reg. 33e, f° 114. Cfr. f° 151.
(2) Ibid., f° 115, verso.
(3) Ibid., f° 114, verso.
(4) Ibid.
(5) Ibid., f° 115.

révoquaient les tributs et impôts levés pendant les troubles, et en établissait, pour un temps, de nouveaux sur les marchandises (1). Le bailli convoquait, à cette fin, l'assemblée générale (2).

Le lundi 13 juin, cette assemblée eut lieu, en présence de Malherbe et de ses collègues. Tous furent d'avis que le tribut sur les marchandises ne pouvait s'appliquer à la ville de Caen qui jamais ne s'était soustraite à l'obéissance au Roi, mais seulement aux villes rebelles; et il fut décidé qu'on irait prier Mgr. de Montpensier d'obtenir des commissaires de surseoir à la publication des lettres dans la ville jusqu'à ce que le Roi eût prononcé. Les échevins se transportèrent aussitôt chez Mgr. le duc, alors à Caen. Il accepta d'intervenir dans cette affaire, et demanda que trois ou quatre de ces messieurs vinssent le trouver, le lendemain matin. Le mardi, le sieur de la Vérune, accompagné de Malherbe, de Graindorge, de Bauches et de Beaullart, se rendit en effet chez Mgr. de Montpensier qui promit d'écrire au Roi et aux commissaires pour faire obtenir à la ville ce qu'elle demandait (3).

Un mois après, le samedi 9 juillet, dans une séance où assistait Malherbe, MM. de Cauvigny et Beaullart, deux des élus de l'élection de Caen, se présentèrent à l'Hôtel de Ville et annoncèrent, au nom de leur compagnie, qu'ils étaient chargés d'établir un bureau pour la perception des impôts nouvellement mis sur les marchandises. Ils s'excusaient d'agir ainsi sur les ordres de leurs chefs hiérarchiques, et les échevins arrêtaient que, pour se conformer à la décision de l'assemblée générale du 13 juin, ils attendraient que le Roi eût donné la sienne (4), et par suite s'opposeraient à l'établissement d'un bureau de perception. Ils déléguaient en même temps de Moges, Dalléchamps et Beaullart, pour signifier cette opposition aux président, lieutenants et élus assemblés en leur bureau (5).

Le samedi 16 juillet, Malherbe et ses collègues arrêtèrent que si, de ce jour au lundi suivant, ils ne recevaient aucune nouvelle des commissaires et du procureur syndic Bauches, ils continue-

(1) Reg. 33e, fo 127.
(2) Ibid., fo 129-133.
(3) Ibid., fo 134-135.
(4) Ibid., fo 142.
(5) Ibid., fo 148-149.

raient leur opposition, tandis que Mgr. de la Vérune retarderait le plus qu'il pourrait la perception de l'impôt (1).

Bauches, alors à Rouen, écrivait lettres sur lettres aux échevins et leur exposait toutes les difficultés qu'il rencontrait. Il leur annonçait qu'il était contraint de partir pour Paris où se trouvait en ce moment le procureur général de la Cour des Aides de Normandie (2). De là, nouvelles séances à l'Hôtel de Ville, le mercredi 20 et le samedi 23 juillet, où Malherbe occupe sa place; nouveau départ pour Paris d'un échevin, le sieur de Tourmauville, avec un mémoire et des instructions détaillées; nouvelle lettre des échevins à leurs députés, le mercredi 3 août (3).

Le 11, MM. de Tourmauville et Bauches écrivaient, à leur tour, de Paris, pour rendre compte de leur mission. En ce qui concernait la juridiction de la Cour des Aides de Paris, plusieurs étaient d'avis qu'il valait mieux pour la ville de Caen être franche, comme Falaise et Rouen, que de rester dans la situation où elle se trouvait avec le privilège pour ses bourgeois de cultiver leurs terres. Quant à l'impôt nouveau sur les marchandises, il y avait peu d'espoir à conserver. Le chancelier avait dit « que la ville voulait être cause qu'on remît l'épée à la main, et que les villes qui se sont soumises se séparassent de nouveau. » Le Roi, personne ne l'ignorait, avait été forcé d'acheter son royaume, et le concours de toutes les bonnes volontés lui était nécessaire. A ces observations, les députés avaient répondu que la ville de Caen avait toujours été fidèle au Roi et que l'on connaissait les grands sacrifices qu'elle avait faits pour le triomphe de sa cause. Ils terminaient en se disant bien décidés à revenir à Rouen pour y poursuivre les affaires (4).

Il faut croire qu'ils rencontrèrent de nouvelles difficultés, puisque, le 2 septembre, de Tourmauville écrivait encore de Paris qu'il ne fallait pas compter sur la réduction des impositions. Mgr. d'O, à qui on avait demandé d'être favorable, au moins en ce qui touchait le don de 1500 écus fait sur la subvention, avait fait cette réponse « si audacieuse, disant que nous étions importuns demandeurs (5). »

(1) Reg. 33e, fo 151.
(2) Ibid., fos 153-154.
(3) Ibid., fos 155, 156, 157, 159, 164, 165.
(4) Ibid., fos 166-167.
(5) Ibid., fos 173-174.

Le samedi 10 septembre, Malherbe et les autres échevins décidèrent que Guillaume Bauches retournerait en cour pour essayer, par l'intermédiaire du sieur de la Vérune, d'obtenir une solution favorable au sujet des affaires de la ville (1). Les choses traînèrent singulièrement en longueur ; et le 6 novembre seulement, le sieur de la Vérune assurait, dans une lettre, les échevins de Caen de sa bonne volonté, mais leur disait qu'il fallait renoncer à l'idée de voir remettre ou même réduire les nouvelles impositions : elles étaient, en effet, une mesure générale absolument nécessaire au bien du royaume, et tous les bons et fidèles sujets devaient les acquitter (2).

Le 20, il écrivait encore et disait avoir reçu du Roi la promesse de « quelque soulagement pour la taille de 1595 (3).

Mais, à son retour de Paris, M. de Tourmauville rendait compte, le samedi 26 novembre, de son voyage et des affaires qu'il avait négociées. Il n'y avait rien à espérer en ce qui touchait les impositions nouvelles et le don de 1.500 écus. On ne devait rien entreprendre contre les marchands anglais (4).

Telles furent les principales affaires locales agitées pendant les quatorze ou quinze mois que Malherbe fut gouverneur-échevin de la ville de Caen. Cette fonction, dont il fut revêtu par ses concitoyens, ne fut pas précisément une sinécure ; et, en outre de la part déjà bien grande que lui font les documents cités au cours de ce chapitre, il dut souvent collaborer, comme premier échevin, à la rédaction des lettres et des instructions à envoyer aux députés sans cesse sur le chemin de Rouen ou de Paris.

D'ailleurs, les mêmes documents signalent sa présence au bureau de l'Hôtel de Ville dans une foule de circonstances où furent traitées des questions d'intérêt tout-à-fait secondaire. Qu'on nous pardonne cette nomenclature.

Avant son départ pour Paris, il assiste aux séances du samedi 19 mars 1594, du mercredi 23, du samedi 26, du mercredi 30, du samedi 2 avril (5). De retour de Paris, il est à l'Hôtel de Ville les

(1) Reg. 33ᵉ, fᵒ 176, verso.
(2) Ibid., fᵒ 222.
(3) Ibid., fᵒ 226.
(4) Ibid., fᵒ 224.
(5) Ibid., fᵒˢ 23 et 41 ; — 37 et 39 ; — 40, 42 et 43 ; — 46 ; — 47, 48 et 53.

samedis 4 (1), 11 (2), 18 et 25 juin, 2 juillet et 27 août (3), le
jeudi 1er septembre, les samedis 17 (4) et 24 septembre, 15 et
22 octobre, 17 décembre, le mercredi 21 décembre, les samedis 31
décembre, 7, 14, 21 et 28 janvier 1595, 4 et 11 février, les mardis
14 février (5) et 7 mars (6).

On trouve encore, aux folios 5, 6, 7 et 8 du Registre 34e, à la
date du 18 février 1595, deux minutes d'un marché conclu entre
les échevins de Caen et les héritiers de Bertrand le Sauvage, pour
le pré de la Boucherie, qui commencent, l'une et l'autre, par ces
mots : « Il a esté accordé entre nobles hommes François de Mallerbe, sieur de Digny, etc. (7). »

Enfin, nous avons relevé dans ce dernier acte et dans plusieurs
autres qui, pour la plupart, sont des requêtes auxquelles il a été
fait droit, dix-sept signatures du poète, invariablement les mêmes
(avec la particule *de* jointe au mot *Malerbe* et le paraphe), données
dans les circonstances suivantes :

1º Le samedi 12 mars 1594, au bas d'une requête de deux
vieilles femmes demandant à être logées par charité dans une
casemate de la tour de Chastimoigne (8).

2º Le mercredi 16 mars, à la fin du procès-verbal de la visite
des fortifications et de l'inventaire du mobilier du bureau de
l'Hôtel de Ville (9).

3º Le samedi 19 mars, au verso d'une requête, accordée pour
un an, de Lubin le Saige demandant l'exemption des taxes et
octrois de la ville, en considération des services par lui rendus
pendant trois ans, comme procureur syndic (10).

4º Le samedi 26 mars, au verso d'une requête de Jean Briosne,
demeurant à la Porte au Berger avec la garde des clefs, et deman-

---

(1) Reg. 33e, fo 126.
(2) Ibid., fo 127.
(3) Ibid., fos 137; — 138; — 139; — 171.
(4) Reg. 50o, fos 138, 139, 140 et 143. Le *Reg. 50e* a trait à l'Université de Caen.
(5) Reg. 33e, fos 179, 181 et 182; — 198; — 201; — 228; — 233; — 236; —
236, verso, et 237; — 241; — 242; — 251; — 248; — 249; — 252 et 253.
(6) Reg. 50e, fo 148.
(7) Cfr. Reg. 33e, fo 242.
(8) Ibid., fo 24.
(9) Ibid., fo 36.
(10) Ibid., fo 41.

dant d'être continué dans la jouissance d'appartements situés sur la muraille (1).

5° Le même jour, au verso d'une requête d'un vieillard octogénaire, Thomas le Pelletier, demandant à rester dans une petite loge au pied de la tour de la Basse-Rue (2).

6° Le mercredi 30 mars, au bas d'une requête de Jean Desillons, chandelier, demandant à jouir d'une place située dans la halle voisine de l'église Saint-Sauveur, où avait été établi un moulin à bras (3).

7° Le samedi 2 avril, au verso d'une requête de Guillaume Cœuret, ouvrier blessé en travaillant aux fortifications, et demandant à changer son « oflice d'espierreur et cureur de la rivière » qu'il ne peut remplir, avec la cession ou usage des quatres tours de la porte de Bayeux où il se tient tout le jour pour solliciter l'aumône des passants (4).

8° Le samedi 9 avril, au bas d'une requête de Jean de Gruchy, boucher, demandant qu'on lui continue l'usage d'une tour située derrière le collége du Mont (5).

9° Le vendredi 13 mai, au verso de la lettre écrite de Paris par Malherbe et ses collègues de la Serre et Bauches aux échevins de Caen (6).

10° Le samedi 18 juin, au bas d'une adjudication de travaux en maçonnerie à faire aux deux portes de la chaussée Saint-Jacques, vers les Jacobins et vers la Boucherie (7).

11° Le jeudi 1er septembre, au verso du procès-verbal de l'assemblée annuelle sur la somme totale des gages pour l'année 1594 (8).

12° Le samedi 17 septembre, au verso d'une comparution, devant les échevins, de « noble et scientifique personne Claude le Fournier, » anciennement professeur à l'Université d'Angers, établi

(1) Reg. 33e, fo 42.
(2) Ibid., fo 43.
(3) Ibid., fo 46.
(4) Ibid., fo 48.
(5) Ibid., fo 53.
(6) Ibid., fo 106.
(7) Reg. 50e, fos 138, 139, 140.
(8) Ibid., fo 143.

depuis un mois à Caen où il a fait, chaque jour, un cours de droit, et demandant à être admis gratuitement au Collège des droits. Malherbe et ses collègues l'admettent au nombre des professeurs, avec la faculté de jouir des privilèges et prérogatives de cette fonction, et moyennant 233 liv. de gages chaque année (1).

13° Le samedi 24 septembre, au verso d'une requête de Jacques Durant, faisant, depuis 28 à 29 ans, profession des armes tant au château que dans la ville, et demandant l'autorisation de mettre une boise ou perche de bois sur la place du marché pour voir si les chevaux sont capables de tirer ou de ne pas tirer, charge dont il a toujours joui. Malherbe et les autres échevins lui accordent ce qu'il demande, à condition qu'il fournira les colliers, traits, boises, et autres équipages nécessaires, et qu'il ne percevra que six deniers par cheval (2).

14° Le samedi 7 janvier 1595, au bas d'une requête d'un pauvre, nommé Christophe Bonnet, demandant l'usage d'une tour et d'un petit jardin situés près des Carmes (3).

15° Le samedi 28 janvier, au bas d'une requête d'un pauvre infirme, nommé Loys Bellanger, demandant un logement dans un petit « estre » étant dessus la porte Millet. Malherbe et ses collègues font droit à cette requête le 11 février suivant (4).

16° Le samedi 18 février, au bas de la seconde minute, déjà citée, du marché conclu entre les échevins et les héritiers de Bertrand le Sauvage (5).

17° Le mardi 7 mars, au bas d'une délibération des échevins sur diverses requêtes de Claude le Fournier qu'ils autorisent à faire le voyage de Rouen avec remboursement des dépenses (6).

A ces dix-sept signatures du poète, nous pourrions en ajouter une autre relevée dans les registres du Tabellionage de Caen, à la

(1) Reg. 33ᵉ, fᵒ 137.

(2) Ibid., fᵒˢ 179, 181, 182.

(3) Ibid., fᵒ 237.

(4) Ibid., fᵒ 251.

(5) Reg. 34ᵉ, fᵒˢ 5, 6, 7 et 8.

(6) Reg. 50ᵉ, fᵒ 148. — Cfr. pour toute cette question : *Analyse des cinquante premiers registres de la Ville de Caen*, par M. Dufeugray, ms. in-fol. 84 de la Bibl. de Caen ; — *Inventaire sommaire des Registres des délibérations de l'Hôtel de Ville de Caen*, par M. G. Dupont, ancien Conseiller à la Cour d'Appel de Caen, tome II et tome III. (Bibl. de Caen); — *Registre du Conseil secret du Parlement de Normandie*, tome XVI. (Ms. in-fol. 173 de la Bibl. de Caen).

date du dimanche 8 janvier 1595 (1). Il s'agit d'un contrat passé au bureau de la Maison-Dieu, devant Martin et le Forestier, tabellions. Malherbe est présent à ce contrat comme « représentant le corps de communauté des habitans de la dite ville (de Caen), patrons et fondateurs de ladite Maison-Dieu et soubz l'authorité desquels elle est régie. » Et il appose sa signature au bas de ce contrat qui laisse en fief à Jean le Coustellier, sieur de la Garenne, des terres « sises à Coullombelles » et appartenant à la Maison-Dieu.

« En l'an 95, au mois de may, écrit le poète dans l'*Instruction à son fils*, je m'en revins en Provence, d'où je ne fus de retour que jusques en 98, au mois d'août (2). » Malherbe n'avait pas même rempli la moitié de son mandat de gouverneur-échevin : nous n'avons pas trouvé trace d'une élection faite à cette époque pour le remplacer.

(1) Archives de Mᵉ Moisy, notaire. (V. *Pièces justificatives*, x).

(2) M. L. Lalanne, ɪ, p. 336, où M. L. Lalanne écrit à tort : « au mois de *mars.* »

CHAPITRE V

DERNIER SÉJOUR DE MALHERBE A CAEN

(juin-décembre 1621).

———

Nous disions, en terminant le chapitre IIIe de cette étude, que Malherbe vint pour la dernière fois, en 1621, séjourner en Normandie et à Caen.

Dans la minute de la lettre du poète à son cousin du Bouillon, en date du 10 février 1621 (1), on peut lire ces lignes qu'il a biffées : « Si M. de Vernay (2) vient ici, je traiterai volontiers avec lui. Je n'attends autre chose, tant j'ai de hâte d'avoir retiré de Normandie tout ce peu que j'y ai. Je crois que je ne manquerai point de marchands pour ma rente. »

Nous ignorons si du Vernay alla à Paris; mais le poète vint certainement à Caen, et ce fut précisément pour retirer le peu qu'il y avait.

De tous les séjours que Malherbe fit en Normandie et dans sa ville natale, le dernier est peut-être le plus riche en détails d'un réel intérêt. On devine le gentilhomme ordinaire de la chambre du Roi, bien posé en cour, que tout le monde se dispute à Caen pour être mieux informé de ce qui se passe à Paris et dans le royaume : les lettres de Malherbe à Peiresc en font foi. A un

(1) M. L. Lalanne, loc. cit., IV, p. 57-59.
(2) Charles de Vernay, ou plutôt du Vernay, lieutenant-général des eaux et forêts au bailliage de Caen, avait épousé la nièce du poète Louise de Malherbe, fille d'Eléazar.

autre point de vue, les registres du tabellionage nous dévoilent la véritable raison du voyage de Malherbe à Caen et ce qui, surtout, l'occupa le plus dans les sept mois qu'il y passa.

Malherbe arriva à Caen vers la fin de mai ou dans les premiers jours de juin 1621 : une première lettre à Peiresc porte, en effet, la date du 8 juin. A peine vient-il de quitter Paris, et déjà il soupire après les nouvelles de la capitale que d'ailleurs d'autres désirent savoir avec lui : « Nous en sommes ici fort affamés, dit-il, principalement en l'absence de M. le marquis de Mauny (1). »

Huit jours après, le 17 juin, il écrit à Peiresc qu'il a fait voir ses lettres au marquis de Mauny qui en a été « extrêmement satisfait, pour ce qu'il n'en avoit point d'ailleurs, ou, s'il en avoit, elles n'étoient ni si certaines ni si particulières (2). »

Dans une troisième lettre, en date du 8 juillet (3), il raconte à son ami qu'il a dîné, quatre ou cinq jours auparavant, à l'abbaye de Saint-Étienne de Caen. Il y a vu « la salle des armoiries qui y paroissent encore assez. » Il ne s'en ira pas sans lui en apporter un extrait. « Je regardai de tous côtés, continue-t-il, si j'y verrois quelque chose digne d'être remarqué; mais le temps et la rage des premiers huguenots ont tellement délabré ce qu'il pouvoit y avoir, qu'il n'y est rien demeuré d'entier. »

On croirait assister à la visite de Malherbe à la célèbre abbaye bénédictine. Le prieur l'accompagne partout; et, sur le désir du poète, il promet de lui montrer huit ou dix « chartres » anciennes échappées au ravage des protestants. Et Malherbe d'en avertir aussitôt Peiresc qui recevra de lui le contenu de ces « chartres », voire même une partie des « chartres » elles-mêmes.

Dans une quatrième lettre, écrite le 21 juillet (4), le poète se demande quelle revanche il pourra bien prendre des faveurs de Peiresc, et ce que vaudra une fortune stérile comme la sienne, en un lieu écarté comme celui où il est. Aussi s'empresse-t-il d'expédier à son ami un petit extrait qu'il a fait d'un cahier en parchemin que les religieux de l'abbaye de Saint-Étienne lui ont fait voir. Ce cahier contient huit feuillets; mais il lui envoie seulement ce

(1) Louis de la Marck, marquis de Manny, gouverneur de Caen de 1620 à 1626. — M. L. Lalanne, loc. cit., III, p. 535-536.

(2) M. L. Lalanne, loc. cit., III, p. 536-537.

(3) Ibid., p. 537-539.

(4) Ibid., p. 539-542.

qu'il a jugé être le meilleur. On lui a encore confié deux cahiers en parchemin qui ont pour titre : *Incipiunt epistolæ Lamfranci Dorobernensis archiepiscopi.* Il les enverra à Peiresc, s'il en manifeste le désir; sinon, il les rendra à l'abbaye.

Quinze jours après, le 7 août, Malherbe exprime à Peiresc combien il est affligé de la mort de M. de Termes, mortellement blessé au siège de Clérac le 23 juillet précédent, et décédé le lendemain. Ce qui accroît son déplaisir, c'est qu'il doit « là-dessus une lettre de condoléance à Monsieur le Grand », c'est-à-dire au duc de Bellegarde, son protecteur, et qu'il ne sait « par quel bout la commencer, pource que sa douleur étant telle que je la connois, il est malaisé que le soulagement s'en treuve dans les paroles (1). »

Dans cette même lettre, Malherbe annonce à son ami l'envoi des « chartres, » ou plutôt du cahier en parchemin, en huit feuillets, dont il lui a déjà expédié un petit extrait. « J'ai été, ajoute-t-il, sur le point de le faire copier, mais j'ai cru qu'il vous seroit plus agréable de cette façon. S'il vous plaît, Monsieur, vous en prendrez la copie, et me le renvoyerez; car ces Messieurs les religieux ne croyent pas qu'il doive sortir d'entre mes mains. » Et plus bas, en post-scriptum, il gratifie ces bons mais par trop confiants religieux de ce brocard peu aimable : « Je vous supplie, Monsieur, faire travailler à copier ce que je vous envoye; car, comme il me souvient que M. Camdenus vous écrivait : « *Rabiosula sunt fere istorum hominum ingenia.* »

Quelques jours avant l'envoi de cette lettre, le 3 août, Guillaume du Vair, l'ami de Peiresc et de Malherbe, était mort à Tonneins, et le poète s'était cru obligé d'écrire une lettre de condoléances à Guillaume Alcaume, neveu du garde des sceaux défunt, et évêque de Riez.

Dans une lettre non datée, mais certainement écrite entre le 7 et le 21 août (2), Malherbe remercie Peiresc des vers qu'il lui a communiqués sur la mort de Guillaume du Vair. « Ceux de

---

(1) M. L. Lalanne, loc. cit., III, p. 542-544. C'est de Caen que Malherbe adressa au duc de Bellegarde sa lettre de condoléances. Cfr. *Bulletin des Comités historiques,* 1850, II, p. 151-152. — Manuscrit Baluze, f°s 43-45, 60-64. — Cfr. M. L. Lalanne, IV, p. 224 et seq.

(2) Le 21 août, en effet, Malherbe écrit à Peiresc : « Monsieur, je vous crie merci de vous avoir écrit sans date : ce n'est pas ma coutume; une autre fois je serai plus considéré. » — M. L. Lalanne, loc. cit., III, p. 544-551.

M. Grotius me plairoient bien, ajoute-t-il, si les deux premiers étaient raccommodés; mais ce sens-là n'est pas à sa place, il le falloit mettre après avoir parlé de M. du Vair. » Cette poésie avait pour titre : *Ad virum amplissimum Nicolaum Peiresium, senatorem, super morte viri summi Guilelmi Veri, sigillorum Galliæ custodis, Hugonis Grotii Epigramma.*

Malherbe trouve sensés et bien raisonnés les vers que Pierre Bertius, historiographe de Louis XIII, avait dédiés à Peiresc sous ce titre : *Petri Bertii in obitum Vairii, episcopi Lexoviensis, sigillorum regiorum custodis.*

Peiresc lui avait encore envoyé des vers français. « L'auteur, écrit Malherbe, est mon ami parfaitement, mais certainement il n'y a rien de poétique, ni aux conceptions, ni aux paroles. Un bon ami, qui eût mieux aimé la vérité que la complaisance, lui eût beaucoup servi, pourvu qu'il l'eût voulu croire. »

Malherbe avait enfin reçu une harangue et une lettre de consolation. La première était un *Discours funèbre de la mort de Guillaume du Vair*, par Et. Molinier : il la trouve très bonne, autant qu'il en peut juger par ce qu'il en a lu. Quant à la lettre de consolation, son auteur était « galant homme; mais, *inter strepitus armorum*, les pauvres muses ne sont pas en leur élément. »

Dans un post-scriptum, Malherbe raconte à Peiresc qu'on lui a parlé à Caen d'une inscription que « feu M. du Vair s'est lui-même faite : si cela est, je vous supplie, Monsieur, que je l'aye de votre main. »

Cette inscription fut imprimée dans le *Mercure* (1) comme il suit : GUILLELMUS DU VAIR, EPISCOPUS LEXOVIENSIS, FRANCIÆ PROCANCELLARIUS, HIC EXPECTO RESURRECTIONEM ET MISERICORDIAM. NATUS 7 MARTII 1556.

Nous la retrouvons sous une autre forme dans le testament de Guillaume du Vair, tel que le donne la *Gallia Christiana* (2) : « Si je décède à Paris ou aux environs, je veux mon corps être inhumé dans l'église des Bernardins; si c'est à Lysieux, dans la grande église, avec les cérémonies de l'église, sans pompe superflue, toutefois le visage couvert dans un cercueil de plomb sans aultre inscription, sinon celle-cy dans un marbre noir : GUILLELMUS

(1) Tome vii, p. 654.
(2) Tome xi, Appendice, p. 343.

DU VAIR EPISC. LEXOV. FRANCIÆ PROCANCELL. HIC EX-
PECTO RESURRECTIONEM, NATUS SEPTIMO MARTII 1556.
OBII....... 1621. »

Dans cette même lettre sans date, le poète dit encore à son ami :
« Je suis ici sur le point de quelque acheminement à mes affaires,
de sorte que, si vous ne partez bien précipitement (en Provence),
je pourrai bien avoir l'honneur de m'en retourner avec vous; car
on me promet que dans un mois la chose sera résolue. » Nous
dirons bientôt quelles étaient ces affaires auxquelles Malherbe fait
allusion, et comment il les mena à bonne fin avant que le mois
de septembre ne fût écoulé.

Une autre lettre, en date du 21 août, revient encore sur la
mort de Guillaume du Vair. Après quoi, le poète raconte à son
ami la nouvelle visite qu'il a faite aux religieux de Saint-Étienne
et à leur chartrier. « Ils en ont encore tout plein qu'il m'ont promis. En exécution de quoi, y ayant hier envoyé mon homme, ils
m'envoyèrent deux copies de deux chartres qu'ils m'avoient
montrées un jour auparavant; mais je ne les treuve pas exactement faites, et vois bien que celui qui les a écrites n'entend
aucunement le latin; je les irai corriger sur les originaux, aussitôt
que je me serai tiré d'une lettre de consolation que je me suis cru
obligé d'écrire à Monsieur le Grand sur la mort de M. de Termes. »
Et plus loin : « J'oubliais vous dire qu'il y a à une lieue d'ici une
abbaye où l'on m'a dit qu'il y a une bibliothèque de deux cents
pas de long : celui de qui je le tiens n'est pas homme de lettres,
mais l'abbé est de mes amis : quand il sera de retour de Rouen et
de Paris, où il est à cette heure, je l'irai voir pour apprendre ce
qui en est. Ils ont aussi force chartres anciennes, dont les copies
ont été produites en un procès qu'il a contre ses religieux; je crois
qu'il ne me les refusera pas : si cela est, je les vous envoyerai
tout aussitôt pour en faire part à M. du Chesne et autrement en
disposer comme il vous plaira (1). »

L'abbaye dont parle ici Malherbe est sans nul doute l'abbaye
des Prémontrés d'Ardenne (2) près de Caen. On lit, en effet, à la
page 461e du tome xie de la *Gallia christiana,* ces quelques lignes

(1) M. L. Lalanne, loc. cit., III, p. 547-550.
(2) Commune de Saint-Germain-la-Blanche-Herbe, canton de Caen Ouest.
On écrit encore : *Ardennes.*

où il est bien question d'un procès entre l'abbé et ses religieux, précisément en cette année 1621 :

« XXV. Guillelmus III *Gallode* a Ludovico et a Paulo V admissus anno 1614, cedentis vestigia pressit; et ut certius Rotomagensis senatus consultum eluderet, liberam religiosis anno 1621 redituum partem tertiam asserentis, vestem ordinis de manu generalis suscepit, votaque coram abbate de Blanca-Landa emisit, falso existimans penes abbatem regularem omnia monasterii bona consistere : vana hac elusus imagine, singulis modicam pensionem assignavit ad arctum victum canonicis. *Hi vero professionem ejus impugnare non destitere. Hinc continuæ lites, æternaque jurgia,* quibus fatigatus primum Ludovico *Gosselin,* tum re infecta Georgio *Sallet* locum et dignitatem dimisit anno 1637. Obiit anno 1643. »

Peiresc ne garda pas longtemps les « chartres » de l'abbaye de Saint-Étienne, et Malherbe, de son côté, s'empressa de les rendre aux religieux « afin, dit-il à son ami, de rendre ces Messieurs-là plus prompts ou moins difficiles à nous faire voir le reste, comme certainement je les y vois de fort bonne volonté. » Et en effet, quelques jours après, ainsi qu'il le mande à Peiresc le 27 août (1), ils « lui ont baillé une bulle du pape Honorius. » Cette bulle, il la communique aussitôt à Peiresc qui jugera si c'est « chose qui vaille, ce dont j'ai bien peur. »

Sur ces entrefaites, Malherbe était allé trouver l'abbé d'Ardenne, de retour de Paris, et lui avait demandé de voir sa bibliothèque. Mais l'abbé avait répondu que ce n'était « du tout rien », qu'il n'y avait pas un seul manuscrit, que c'étaient « tous livres achetés depuis quinze ou vingt ans. » Les *continuæ lites æternaque jurgia* préoccupaient sans doute plus le bon abbé que la demande du poète.

La veille, 26 août, Malherbe était allé dîner au château où il avait fait part des nouvelles, envoyées de Paris par Peiresc, au marquis de Mauny « qui en étoit aussi affamé que moi. » Et toute la conversation avait roulé sur la nomination d'un surintendant des finances et d'un garde des sceaux dont les places étaient alors vacantes.

Du 27 août au 1er octobre, il n'y a pas trace de lettres de Malherbe à Peiresc, et nous aurions été fort embarrassé de dire

(1) M. L. Lalanne, loc. cit., iii, p. 551-552.

quelles furent les occupations du poète pendant le mois de septembre, si nous n'avions découvert les contrats de vente de sa maison sise, comme nous l'avons dit plus haut, paroisse Saint-Étienne-le-Vieil, à Caen, place de la Belle-Croix. C'étaient là précisément les affaires qui avaient été la cause déterminante de son voyage en Normandie et à Caen, et qu'il espérait pouvoir régler le 15 septembre, mais qui, en réalité, ne le furent que plus tard.

M. le comte A. de Blangy a publié, dans ces dernières années, une savante monographie archéologique sur cette maison de Malherbe à Caen (1). « Le touriste qui débarque à Caen, y lisons-nous (2), après avoir visité les deux célèbres abbayes, admiré successivement les églises de Saint-Pierre, de Saint-Jean, de Saint-Sauveur, et les autres monuments, n'a garde d'oublier de se faire montrer la maison, place de la Belle-Croix, bâtie sur l'emplacement de celle où naquit le plus renommé de nos poètes, c'est-à-dire la maison Malherbe, comme on dit vulgairement. Au XVIᵉ siècle, alors que ses deux élégantes lucarnes, avec leurs inscriptions et les écussons qui rappelaient les quartiers de noblesse des ancêtres du poète, se profilaient fièrement et décoraient la façade donnant sur la place, cette demeure pouvait passer pour une des plus belles de la cité, après l'hôtel le Valois, l'hôtel de Than, et l'hôtel de Mondrainville ; mais aujourd'hui elle n'attirerait pas autrement l'attention de l'étranger sans la plaque de marbre avec son inscription, placée par les soins de M. Lair au commencement de ce siècle. »

Une particularité assez curieuse de la maison de Malherbe était l'existence de deux lucarnes, aux frontons élégants conservés au Musée des Antiquaires de Normandie, et sur lesquels on pouvait lire ces deux inscriptions latines :

FRANCISCVS MALERBEVS
HASCE ÆDES EXSTRVI CVRAVIT
1582.

CIVITATIS ORNAMENTO
LARIVM AVITORVM
MEMORIÆ.

A la base de ces frontons étaient les six écussons armoriés des

(1) *La Maison de Malherbe à Caen* (Caen, E. Valin, 1891, in-4° de 35 pages avec planches et blasons, tiré à 50 exemplaires numérotés).
(2) Loc. cit., p. 7-8.

familles Bacon du Molay, d'Escorchebœuf, du Bois, Le Verrier, Malherbe de Saint-Agnan et d'Elbeuf.

Ce qui décida le père du poète à entreprendre, en 1582, la reconstruction de sa demeure, fut l'acquisition d'une petite maison voisine de la sienne; et c'est alors seulement que les pignons des deux édifices, qui donnaient sur la place de la Belle-Croix, furent transformés en une seule façade, telle qu'on la voit encore aujourd'hui.

« On distingue clairement, écrit M. A. de Blangy (1), le sentiment qui a prédominé dans la conception du plan de la nouvelle façade, dont l'exécution fut sans doute confiée à quelque disciple de Hector Sohier ou d'Abel le Prestre, les deux célèbres architectes caënnais. Évidemment, le père du poète n'a eu qu'une pensée, montrer sculptée sur la façade de sa demeure la preuve que lui et ses ascendants étaient nés et extraits de noble et ancienne lignée. Car, malgré l'imperfection du dessin qui nous a conservé les six écussons armoriés, au-dessus desquels se dressaient ces élégantes lucarnes avec leur tympan revêtu d'une inscription, il est facile de retrouver les familles normandes auxquelles il convient de faire l'attribution des diverses armoiries qu'on avait pris soin de sculpter. Si on examine tour à tour ces différents blasons, il ne faut pas être grandement versé dans la science héraldique pour reconnaître d'abord les armes des Malherbe de Saint-Agnan, puis les degrés et parages des auteurs successifs de cette branche des Malherbe, en remontant jusques à Jeanne Bacon, leur plus ancienne alliance connue. »

En terminant cette remarquable brochure sur la *Maison de Malherbe à Caen*, M. A. de Blangy se pose cette question : « Que devint la maison de la place de la Belle-Croix une fois la propriété du poète? car il en avait hérité, comme aîné, après le décès de son père et de sa mère: dans quelles mains passa-t-elle depuis lors? C'est ce que nous ne saurions établir. Cela d'ailleurs dépasserait le but que nous nous étions proposé qui était de restituer graphiquement le couronnement de la façade de cette demeure, et de donner une description exacte de ces six blasons qui en faisaient le principal ornement (2). »

(1) Loc. cit., p. 11-12.
(2) Loc. cit., p. 26.

Plus heureux que M. A. de Blangy, nous pouvons établir, d'une manière certaine, ce que devint la maison de Malherbe et dans quelles mains elle passa de son vivant et après lui. C'est en feuilletant un des *Registres du contrôle*, aux *archives du Calvados*, que nous avons rencontré l'acte qui nous a mis sur la voie de trois contrats passés au tabellionage et concernant la vente de la *Maison de Malherbe à Caen*.

Le lundi 13 septembre 1621, après midi, devant Delalonde et Lesueur son adjoint, tabellions à Caen, « François Malherbe, escuier, gentilhomme ordinaire de la chambre du Roy », vendait sa maison sise place de la Belle-Croix à son parent et ami Jean le Coustellier, sieur de la Garenne (ou Garende). Cette vente se fit conformément au contenu de deux actes ou contrats passés à Aix, en Provence, devant le notaire de la sénéchaussée de cette ville, et dont l'authenticité était certifiée et attestée par Adam Bonfils, conseiller du Roi et lieutenant-général en cette sénéchaussée, et par son greffier ordinaire et scellier du sceau royal. Ces deux actes étaient du 25 mai 1621, le premier, du fait de « Magdalene Carriollis », femme du poète ; le second, du fait de Marc-Antoine, leur unique fils et héritier présomptif.

Le prix de la vente fut de six mille livres tournois de principal et de quatre cents livres tournois de vin qui furent payées comptant au poète par le sieur de la Garenne. Quant aux six mille livres, le poète les laissait aux mains de Jean le Coustellier « en faveur de l'amitié et parenté d'entre eux. » Jean le Coustellier avait en effet épousé une sœur de Marie Lambert. Il lui laissait cette somme jusqu'au 24 juin 1622, jour de Saint Jean-Baptiste, auquel temps le sieur de la Garenne devrait les lui payer « en ceste ville de Caen. » Et pour garantir et assurer cette vente, le poète, « par spécialle hipotèque », obligeait et affectait le corps principal de la somme de 500 livres de rente, constituée au denier quatorze, et qui lui était due, nous l'avons dit plus haut, par le fils de « deffunct Pierre Malherbe, sieur de la Pigacière », depuis la vente que le poète lui avait faite, en 1611, de ses biens de Missy. On devait recourir à ce contrat de 1611, et Malherbe était tenu d' « en bailler copie » au sieur de la Garenne qui serait appelé à l'amortissement de cette rente pour y garder son intérêt.

De plus, Jean le Coustellier s'engageait à payer et acquitter à l'avenir la somme de « cent solz de rente » que le poète devait à l'église de Saint-Étienne de Caen en deux parties et selon la nature qu'elle était due; et ainsi le sieur de la Garenne demeurerait subrogé aux droits de banc et sépulture dont le poète avait la jouissance dans la chapelle de Saint-Jacques en l'église de Saint-Étienne-le-Vieil.

En outre, le poète promettait de faire ratifier ce contrat de vente à sa femme et à son fils qui s'obligeraient « avec luy uńg chacun pour le tout sans division ny ordre de discussion comme principaux vendeurs garands et respondans de ladicte présente vente. » Il promettait encore de délivrer « contract en forme probante audict sieur de la Garenne dans six mois de ce jour pour annexer à ce présent avec lesdicts actes dudict vingt-cinq^e jour de may dernier, dont ledict sieur de la Garenne a esté présentement saisy. »

Enfin, le sieur de la Garenne pourrait prendre possession de la maison au jour de Noël prochain, et, jusqu'à ce temps, le poète s'en réservait la jouissance ou le fermage avec la promesse qu'il saurait garantir la vente contre tous, et ne prétendrait qu'à la somme de six mille livres.

Et à ce tenir, ils obligeaient respectivement leurs biens, meubles et héritages présents et à venir « à prendre et vendre d'office de justice sans exécution de procez. »

Les témoins de ce contrat avient été les parents et amis du poète, Jacques Bénard, sieur de Routot, conseiller du Roi au siège présidial de Caen; François de Malherbe, sieur du Bouillon, et procureur pour Sa Majesté audit siège présidial; Guillaume de la Saussaie, de Caen, qui signèrent avec les parties et les tabellions (1).

Le contrôle de cet acte, à peu près identique quant aux termes, est daté du mercredi 15 septembre (2).

Que se passa-t-il entre le lundi 13 et le jeudi 30 septembre. Nous ne saurions trop le déterminer; mais assurément cette vente ne fut pas du goût de Marie Lambert, la belle-sœur du poète. Elle manifesta tout haut le mécontentement qu'elle éprouvait de voir la maison de son beau-frère, du père de son mari et de l'aïeul de ses enfants, passer dans les mains d'un étranger devenu son parent

---

(1) *Registre du tabellionage de Caen, Héritages, septembre-octobre 1621.* (Archives de Me Moisy). — (V. *Pièces justificatives*, xvii).

(2) *Cinquante-septiesme registre hérédital du controlle de la ville et vicomté de Caen.* (Archives du Calvados). — (V. *Pièces justificatives*, xvii).

par alliance, Jean le Coustellier, sieur de la Garenne. Non-seulement elle laissa entendre qu'elle avait l'intention de faire annuler la vente du 13 septembre, mais elle intenta, au nom et comme tutrice de ses « enfants soubsagés, clameur contre ledict sieur de la Garenne par rellation de Germain Champion, sergent royal à Louvigny, exerceant à Caen le 27ᵉ jour de ce présent mois et an. » Et, pour parvenir à l'effet « d'icelle clameur, ladicte damoiselle » se retira « vers ledict sieur Malherbe » et le pria d'accepter qu'elle lui payât les six mille livres et en déchargeât le sieur de la Garenne. Le poète y consentit « en considération de l'amitié et proche parenté d'entre luy, ladicte damoiselle et lesdicts soubsagés. »

C'est alors qu'un second contrat fut passé, le jeudi 30 septembre, avant midi, devant les mêmes tabellions Delalonde et Lesueur. Le poète déclarait dans cet acte qu'il acceptait de sa belle-sœur le paiement des six mille livres dont il déchargeait Jean le Coustellier. Il consentait, en outre, à ce que « la minutte dudict contract de vente fût émargée de ce présent et que le duplex » qu'il en avait délivré, quinze jours auparavant, fût rendu « comme quitte et vuide d'effect audict sieur de la Garenne. » A cette fin, Malherbe donnait ce duplex à Marie Lambert, laquelle, en son nom et comme tutrice de ses enfants, s'engageait à payer les six mille livres « au jour de Saint Jean-Baptiste ensuivant... A quoy elle a obligé et oblige tous ses biens et ceux de sesdicts enfants, meubles et héritages sans en faire aucune réservation, et spéciallement lesdictes maisons qu'elle prétend retirer sans que la spéciallité desroge à la généralité ni au contenu. Le tout sans desroger en l'outreplus du contenu audict contract de vente. »

Ce contrat fut passé en présence d'Étienne Laisné, gendre de Marie Lambert, lequel « du payement desdictes six mil livres, sur ce et ainsy que dict est, a plégé et cautionné ladicte damoiselle et s'en est avec elle obligé, comme principal débiteur, garantir et respondre, eux, chacun d'eux et un seul pour le tout, et sans division ni ordre de discussion aucune, tous ses biens meubles et héritages, etc. » Étaient encore présents : Mᵉ Jean de Guernon, docteur en droit de l'Université de Caen; Jean Chrestien; Meurdrac, etc. (1).

<hr>

(1) *Registre du tabellionage de Caen, Héritages, septembre-octobre 1621* (Arch. de Mᵉ Moisy). — (V. *Pièces justificatives,* xvii).

Ce même jeudi 30 septembre, après midi, toujours devant Delalonde et Lesueur, nous retrouvons, pour la signature d'un troisième et dernier contrat, en plus des personnages précédents, Jean le Coustellier, sieur de la Garenne. Il vient rendre son acquisition, avec le duplex du contrat, à la veuve d'Eléazar, « obéissant audict droict de sang à la clameur que avoit pour cé intentée ladicte damoiselle par rellation de Champion, sergent à Caen, le 27e jour de ce présent mois et an. » A cet effet, Marie Lambert remboursait immédiatement le sieur de la Garenne des quatre cents livres de vin qu'il avait précédemment payées au poète. Elle le remboursait pareillement de neuf livres qu'il avait aussi payées pour les frais de contrôle. Quant aux six mille livres de principal, Malherbe en déchargeait Jean le Coustellier et lui promettait, comme d'ailleurs il l'avait déjà fait, le matin, à sa belle-sœur, de ne lui en réclamer jamais rien. Il le déchargeait encore des cent sols de rente dûs au trésor de l'église de Saint-Étienne-le-Vieil : Marie Lambert devait, dans la suite, acquitter toutes ces dettes.

Enfin, « du tout lesdictes parties furent contentz, renonçant partant ledict sieur de la Garende audict acquest jamais rien prétendre, et à ce tenir en obligèrent lesdictes parties chacune en son faict sur tous leurs biens. Et sera ladicte damoiselle tenue et obligée délivrer autant de à présent audict sieur de la Garende avec extrait dudict contract à part cejourd'huy faict entre elle et ledict sieur Malherbe, le tout aux fins de sa descharge (1). »

La maison du poète demeurait donc acquise à la veuve d'Eléazar de Malherbe. Pendant combien de temps resta-t-elle entre ses mains? En quelle année précise devint-elle l'héritage et la propriété de l'un de ses fils, Pierre, sieur du Désert? Nous avons déjà (Chapitre III, *Malherbe et sa famille*), répondu en partie à ces questions en disant que, le 11 juillet 1636, vingt ans après la mort de leur père et huit ans avant celle de leur mère, les fils d'Eléazar de Malherbe et de Marie Lambert, Eléazar, Jacques, Augustin et Pierre, firent le partage des biens qu'ils tenaient de leur père; et c'est alors que Pierre de Malherbe, sieur du Désert, eut, dans son lot, la maison achetée par sa mère en 1621 (2). Il la garda jusqu'au mardi

(1) *Registre du tabellionage de Caen, Héritages, septembre-octobre 1621* (Arch. de Me Moisy). — (V. *Pièces justificatives*, xvII).

(2) Cfr. copie de ce partage, *Fief de Vendes, Titres de propriété*, IVe, 1226-1789, 12e liasse, série G des archives du Calvados.

29 août 1673, époque où il la vendit, avec toutes ses dépendances, plus considérables alors si nous en croyons le registre du tabellionage, à Mre Nicolas-Claude Morant, chevalier, seigneur de Courseulles et d'Esterville, pour la somme de huit mille livres de principal et deux cents livres de vin. Le nouvel acquéreur héritait en même temps du droit de banc et de sépulture, en l'église de Saint-Étienne, dans la chapelle de l'Ange gardien, autrefois de Saint-Jacques (1). La *Maison de Malherbe à Caen* est actuellement la propriété de Mme veuve Vautier.

Le lendemain de la vente définitive de sa maison, 1er octobre 1621, le poète, moins préoccupé de ses affaires, s'empresse de répondre à une lettre de Peiresc en date du 22 septembre. On y lit ces quelques mots : « Je pensois être à Paris dans huit ou dix jours; mais je suis encore accroché ici, à mon avis, jusqu'au 20 ou 25 (2). »

Pourquoi ce retard? Sans doute pour veiller à l'exécution des contrats que nous venons de résumer, et mettre son ancienne demeure de la place de la Belle-Croix en état de recevoir, le 25 décembre suivant, Marie Lambert et ses enfants.

D'un autre côté, il attend le retour du prieur de Saint-Étienne de Caen pour faire peindre les armoiries de cette abbaye : « Je crois, dit-il, que ce sera dans huit ou dix jours; cela fait, je les ferai extraire et les vous porterai moi-même, Dieu aidant, avec quelque autre pièce, si je la recouvre. »

Malherbe n'avait pas encore quitté Caen le jeudi 14 octobre, comme le prouve une lettre à Peiresc où il lui raconte les troubles survenus en Normandie et la mort tragique du poète Antoine Montchrestien, sieur de Vasteville (3).

Le 2 novembre, nouvelle lettre de Malherbe à Peiresc. Il l'assure qu'il lui portera « lui-même, avec l'aide de Dieu, dans dix ou douze jours », quatre médailles, fort antiques, que lui a confiées M. de Saint-Clair, maître des requêtes. Il annonce encore à son ami qu'il a « recouvert », à Caen, un mauvais écrit « de quelques mémoires fort particuliers de l'état de la France après la bataille de Saint-Quentin, qui commence au siège de Calais, et finit à celui de Thionville. » Mais ce n'est qu'un fragment qu'il aurait

(1) Cfr. *Registre du tabellionage de Caen, Héritages, juillet-août 1673* (Arch. de Me Moisy). — (V. *Pièces justificatives*, XVII).

(2) M. L. Lalanne, loc. cit., III, p. 553-554.

(3) Ibid., p. 554-559.

voulu pour Peiresc et pour lui « plus long et plus entier. » Cette
lettre ne fut envoyée à Peiresc que le 5 novembre (1).

Le 12 novembre, le poète écrit de nouveau à Peiresc. Il l'entre-
tient surtout de la guerre contre les protestants du midi de la
France, et des bruits qui courent alors d'ériger en archevêché
l'évêché de Paris jusque-là suffragant de Sens. Il termine en
disant qu'il sera à Paris vers la fin du mois. Dans l'intervalle, il
supplie Peiresc de ne point se lasser d'obliger avec lui « une
infinité d'honnêtes hommes qui ne veulent rien croire si vous ne
l'écrivez. » Il a l'intention de lui envoyer, par le premier courrier,
« deux chartres de l'abbaye de la Trinité de cette ville. » Peut-être
Peiresc les a-t-il déjà; mais « il vaut mieux les avoir deux fois que
de ne les avoir point (2). »

Le lendemain 13 novembre, il complète sa lettre et avertit
Peiresc de l'envoi de deux malles qu'il adresse chez lui, et qu'il
lui demande de faire retirer en quelque coin de sa garde-robe,
jusqu'à son arrivée à Paris. Il a grande hâte de revenir dans cette
ville; mais, ajoute-t-il, « ce ne peut être que je ne sache l'arrivée
de mes malles à Paris (3). »

Plus d'un mois après cette lettre et le départ de ses malles,
Malherbe était encore à Caen. La faute en fut surtout à la mauvaise saison : « Cependant que j'attends que le beau temps vienne,
il empire tous les jours et les chemins par conséquent. Il se faut
donc résoudre d'en courir la fortune et satisfaire au dessein que
j'ai d'être avec vous il y a si longtemps. Je fais compte de partir
jeudi prochain : ce sera pour être à Paris le lundi 29e de ce mois,
s'il plaît à Dieu (4). » Il écrivait ces quelques lignes à Peiresc le
jeudi 18 décembre, huit jours seulement avant Noël, dernier
terme fixé pour son départ, non-seulement de Caen, mais encore
d'une maison qui peut-être l'avait vu naître, où il avait passé les
années de sa jeunesse et qu'il aimait à habiter chaque fois que ses
affaires le ramenaient à Caen. Sans doute il lui fallait exécuter
les clauses du contrat passé le 30 septembre précédent : ne regret-
tait-il pas cette part de l'héritage paternel que le besoin d'argent,
sans doute plus impérieux que toute autre considération, le forçait

(1) M. L. Lalanne, loc. cit., III, p. 559-562.
(2) Ibid., p. 562-566.
(3) Ibid., p. 567-568.
(4) Ibid., p. 568.

de laisser à une belle-sœur et à des neveux plus ou moins aimés?

Malherbe, en revenant à Paris, passa par Lisieux et s'y arrêta pour répondre au désir de Peiresc qui l'avait prié de prendre dans cette ville quelques informations sans doute relatives à la succession de l'évêque décédé, Guillaume du Vair.

CHAPITRE VI

TRISTESSES ET MORT DE MALHERBE

Rentré à la cour vers la fin de décembre 1621, Malherbe n'y demeura pas longtemps; et, dès le mois de mai 1622, il était en Provence auprès de sa femme et de son fils. .

Malgré ce que Peiresc avait pu jadis écrire de l'horreur que la profession des armes inspirait au jeune Marc-Antoine, celui-ci, dont l'humeur était plus ou moins belliqueuse, fut entraîné dans trois querelles dont la dernière lui coûta la vie.

Les circonstances de la première ne nous sont point connues, car le poète, alors en Provence, en parle d'une manière assez vague dans une lettre écrite d'Aix à l'un de ses cousins de Caen, François de Cauvigny, sieur de Colomby. « J'ai, disait-il, tant d'expérience des intrigues de la fortune, et des difficultés inopinées qu'ordinairement elle fait naître aux choses que nous tenons les plus certaines, que je n'attends jamais qu'avec beaucoup de doute ce que j'ai désiré avec tant soit peu d'affection. Qu'on die ce qu'on voudra de la prudence humaine, je ne la veux pas exclure de l'entremise de nos affaires, quand ce ne seroit que de peur de trop autoriser la nonchalance; mais pour ce qui est des événements, il faudrait d'autres exemples que ceux que j'ai vus jusqu'à cette heure, pour me faire croire qu'elle y ait aucune jurisdiction. Qui est heureux ira aux Indes sur une claie; qui est malheureux, quand il seroit dans le meilleur vaisseau du monde, il aura de la peine à traverser de Calais à Douvres, sans courir fortune de se noyer. » Et après ce préambule quelque peu fataliste : « J'étois venu ici pour y passer autant de temps que le Roi en mettroit à faire le tour de la Guienne et du Languedoc. Je m'attendois d'y recevoir quelque contentement parmi les miens, et ne voyais rien qui fût capable de m'en empêcher. Cependant, deux jours après que j'y fus arrivé, je ne sais quel petit fripon d'officier fit une niche à mon fils, pour laquelle il a été contraint de garder la chambre, et moi privé du contentement que j'étois venu chercher à ma maison... Mes amis me disent que c'est un juif à qui j'ai affaire, et que je ne dois pas trouver étrange que mon fils soit persécuté par ceux mêmes qui ont crucifié le fils de Dieu. Ils disent vrai; mais à quel propos cette considération?... Que m'importe qui m'ait frappé? Le coup que donne un juif est-il moins sensible que celui que donne un chrétien? Certes je me suis autrefois fort étonné de voir cette nation haïe et décriée comme elle est... Mais j'apprends aujourd'hui que la voix du peuple est la voix de Dieu. Il est très-certain que jamais il ne fut une haine plus juste que celle que l'on porte à cette canaille. Nous ne faisons que leur rendre la pareille..... Ceux qui les approchent de plus près ajoutent à leurs louanges qu'ils sentent je ne sais quoi de relent. Pour moi, qu'ils sentent si mal qu'ils voudront, c'est chose dont je n'ai que faire; j'en serai quitte pour n'en approcher point. Ce que j'y vois de meilleur pour moi, c'est que le moyen qu'a ce maroufle de me nuire n'est pas égal à sa volonté. Mais toujours aurais-je de la peine et de la dépense à démêler cet écheveau. Je vous en conterai l'histoire à notre première vue (1). »

La haine des Juifs est bien vieille et ne date pas seulement de notre époque. La violence de langage de Malherbe nous fait naturellement penser à des écrits plus récents et non moins passionnés dont la critique serait ici un hors d'œuvre. Malherbe avait alors quelques raisons, et bientôt il en aura de plus graves encore, de faire cette sortie contre le peuple déicide en général, et plus particulièrement contre l'un de ses membres, Paul de Fortia, seigneur de Piles, ce « fripon d'officier, ce maroufle », comme il l'appelait. Malherbe précurseur du mouvement antisémite de la fin de notre siècle, c'est vraiment chose curieuse.

Malherbe revint à Paris vers la fin de novembre 1622. Une lettre de François de Bouillon à Peiresc, en date du 25 janvier 1623, nous apprend l'embarras où se trouva le poète à son retour de Provence. « Encore que mon cousin de Malherbe soit de retour,

(1) M. L. Lalanne, loc. cit., IV, p. 72-76.

dit-il, il a désiré que je vous donne l'importunité et l'adresse de mes lettres, tant il est incertain où il se logera à demeure. Il regrette fort le malheur de son hôtesse et l'éloignement de votre voisine. S'il peut s'approcher de vous, son logis lui sera beaucoup plus agréable. A un homme de son âge et de son humeur, il ne lui faut plus désormais que bon feu et bon voisin. Pour le premier, il y donnera bon ordre; le second dépend du hasard. » Et il ajoute : « Je pense qu'il a fait son dernier adieu en Provence, puisqu'il a pris la résolution de faire venir son fils à la cour. Il y a longtemps que nous avions tâché de lui persuader; mais pour tout il déféroit plus aux conseils de sa femme que de ses amis. A présent qu'il a l'esprit en cette bonne assiette, je vous supplie, Monsieur, de lui vouloir continuer. Je sais par expérience combien il a de créance à vos sages avis, et il nous importe grandement que la réputation et le crédit qu'il a acquis en cour ne meure pas. Son fils, ayant de très-bonnes qualités naturelles et acquises, amendera sa fortune, et peut, avec le temps, tirer la main à ses parents et amis (1). »

Nous verrons bientôt quel usage Marc-Antoine continua de faire de ses bonnes qualités « naturelles et acquises. » Mais auparavant, il n'est pas sans intérêt de chercher à expliquer une lettre de Malherbe à son cousin du Bouillon en date du 13 mars 1623. Le poète y écrivait :

« Monsieur mon cousin. Vous ne recevez jamais de mes lettres sans quelque importunité, et moi jamais des vôtres sans quelque faveur. Votre paquet me vient d'être rendu, et *dedans le contrat de la constitution de rente que je désirois* (2). »

Nous avons voulu savoir quel pouvait être ce contrat de constitution de rente, et nous avons trouvé aux *archives du Calvados*, dans les *Registres du contrôle*, à la date du 17 février 1623, un acte passé devant les tabellions, le mardi 24 janvier, et qui pourrait bien être celui auquel Malherbe fait allusion. Il est vrai qu'il n'y est nullement question du poète. Mais son cousin du Bouillon pouvait bien lui faire cette gracieuseté : ce que la suite de la lettre précédente dirait assez. Ou bien encore, François du Bouillon aurait disposé d'un capital, celui du poète, pris sur les six mille livres que Marie Lambert, sa belle-sœur, avait dû lui verser le

(1) M. L. Lalanne, loc. cit., iii, p. 594-595.
(2) Ibid., iv, p. 59-62.

24 juin 1622, à la Saint Jean. Quoiqu'il en soit, Anne Onfroy, sieur, et baron de Lesbizey, conseiller du Roi et procureur pour sa Majesté au siège présidial de Caen, Mre Charles de Lalongny, chevalier, seigneur d'Urville, Grainville et Mesnil-Touffray, et honnête homme Guillaume Garnier, bourgeois de Saint-Étienne de Caen, vendaient, devant les tabellions Delalonde et Lesueur, « ensemblement, à fin d'héritage pour eux et leurs hoirs, à noble homme François Malherbe, sieur du Bouillon, conseiller du Roy et trésorier général de France au bureau des finances de Caen, à ce présent et à ses hoirs, la somme de deux cents livres tournois de rente hipotèque » qu'il devait prendre, le 24 janvier de chaque année, « sur leurs biens meubles et immeubles présents et advenir. » Le premier paiement devait se faire « du jourd'huy en un an. » Cette vente et constitution de rente avaient été réglées et assurées après versement, par le sieur du Bouillon, d'une somme de 2800 livres tournois aux « vendeurs susdits qui s'engagaient, leurs meubles et héritages, eux, chacun d'eux, l'ung seul pour le tout (1). »

Si, comme nous le croyons, ce contrat fut *gracieusement* fait pour un absent, c'est-à-dire pour le poëte, nous nous expliquons facilement ces autres paroles de la lettre du 13 mars : « Je vous ai déjà protesté que le nombre de vos bienfaits a épuisé mes remerciements. N'en attendez donc plus de moi. Je suis marri de ne vous pouvoir offrir quelque revanche, mais il faudrait être mieux avec la fortune que je suis, pour en attendre cette gratification. Elle en fera ce que bon lui semblera. Ma consolation est que, comme vous m'avez toujours aimé *gratuitement*, vous en ferez de même à l'avenir, et donnerez votre affection, non à l'espérance de quelque revanche, mais à la seule satisfaction de votre bonté. »

Malherbe écrivait à la même époque à son cousin : « Je continue toujours en la volonté de faire venir mon fils par deçà ; mais avec quel succès ce sera, il faudrait pour le deviner être plus clairvoyant que je ne suis. Dieu lui a donné des grâces dont ses amis peuvent espérer du service. Il y ajoutera, s'il lui plaît, celle de l'employer avec quelque fruit. »

Le pauvre père s'aveuglait étrangement sur les principes et la conduite de son fils. Il lui eût épargné de grands désagréments,

(1) V. *Pièces justificatives*, xviii.

et à lui-même de grandes tristesses, s'il avait écouté les sages
conseils de Peiresc qui, de retour à Aix, lui écrivait, le 6 décembre
1623 : « Mme de Malherbe m'a communiqué certaine affaire concernant l'emploi de Monsieur votre fils, à qui je voudrois bien
pouvoir contribuer quelque chose pour son contentement et le
vôtre, ayant un extrême regret de voir qu'un si subtil esprit, qui
feroit des merveilles dans le monde, perde une si bonne partie
de son temps au grand déplaisir de tous vos amis et serviteurs et
spécialement de ceux que vous avez dans notre compagnie, qui
seraient bien aises de lui tendre la main, de le dispenser, je m'assure, de tout ce qu'ils pourroient pour l'honneur de vous et de
lui. Pensez-y, je vous supplie, tandis que votre service de par-
delà lui peut faire espérer plus de faveur auprès du Roi et de son
conseil, et avant que la chaleur de la jeunesse le porte à quelques
résolutions qui servissent par après d'obstacle aux bonnes inten-
tions de vos amis. Je crains bien que vous ne blâmiez ma trop
grande liberté, etc. (1). »

En 1626, Marc-Antoine n'avait pas encore d'occupation sérieuse,
ainsi que Malherbe l'écrivait, le 14 octobre, à M. de Mentin : « Il
y aura bientôt trois ans que vous vous employâtes à me faire avoir
pour mon fils un office de conseiller au parlement de Provence.
Le traité qui s'en fit alors fut interrompu par une brouillerie qui
lui survint (2). »

« L'affaire que Malherbe traite si lestement de *brouillerie*, écrit
M. L. Lalanne (3), était des plus graves, et elle est restée inconnue jusqu'ici à tous ses biographes qui ont rapporté à la précédente les détails qu'ils avaient trouvés dans sa correspondance :
il s'agissait d'un duel où Marc-Antoine avait tué son adversaire,
un nommé Raymond Audebert ou Audibert, bourgeois d'Aix.
Ceci se passait au mois de juin 1624. Les espérances que l'on
avait d'abord données à Malherbe (4) ne se réalisèrent pas, et les
choses prirent une tournure si alarmante qu'il fit quitter la Provence à son fils. En effet, le 10 octobre, une sentence du sénéchal
d'Aix, rendue sur la poursuite de la veuve et de ses enfants,

(1) Bibliothèque de Carpentras, vol. II-M, f° 542.
(2) M. L. Lalanne, loc. cit., IV, p. 102-111.
(3) Ibid., I, p. xxxvi-xxxvii.
(4) Cfr. lettre de Peiresc à Malherbe, en date du 27 juin 1624 (Bibl. de Carpentras, vol. cité, f° 546).

condamnait Marc-Antoine à avoir la tête tranchée. Mais Malherbe, sachant bien qu'en pareille occurrence il ne fallait que gagner du temps, envoya son fils en Normandie, comptant « avec un million de gentilshommes » sur un pardon général, dont le mariage de Madame avec Charles Ier devait être le prétexte (1). »

Malherbe attendit assez longtemps cette amnistie; et, dans l'intervalle, il réussit à faire évoquer l'affaire au conseil du Roi qui la renvoya au parlement de Dijon, et il sut « se faire appuyer près de ses nouveaux juges par une lettre fort pressante de Marie de Médicis », en date du 22 avril 1625 (2). « La procédure, continue M. L. Lalanne, fut longue; enfin il obtint, en juin 1626, des lettres de grâce, qui ne furent entérinées que le 13 février de l'année suivante; mais Marc-Antoine, pour jouir de leur effet, dut, par un arrêt de la cour, payer les dépens et quinze cents livres de dommages et intérêts à la veuve Audebert et ses enfants (3). »

Quelques mois après, le 13 juillet 1627, à quatre lieues d'Aix, Marc-Antoine de Malherbe périssait misérablement dans une querelle avec Gaspard de Covet (ou Cauvet), baron de Bormes, que secondait son beau-frère, Paul de Fortia, seigneur de Piles, le « fripon d'officier » de la première aventure.

« Malherbe, dit M. L. Lalanne (4), cria à l'assassinat, et l'on peut voir dans sa lettre à Louis XIII (5) en quels termes il parlait des meurtriers de son fils. L'accusation ne paraît point suffisamment établie. » Balzac ne parle de l'affaire que comme d'un duel; et, à vrai dire, « à cette époque où les querelles étaient si fréquentes, où les parents et les amis, se soutenant les uns les autres l'épée à la main, changeaient si souvent un duel en mêlée, il n'était pas toujours facile, quand un des combattants restait sur le carreau, de savoir exactement par qui et comment il avait été frappé. »

Le récit de Tallemant des Réaux nous semble, comme à M. L.

(1) Cfr. lettre de Malherbe à Racan, en date du 13 décembre 1624 (M. L. Lalanne, loc. cit., IV, p. 10).

(2) M. L. Lalanne, loc. cit., I, *Appendice*, p. LI (Lettre de recommandation de Marie de Médicis en faveur de Malherbe).

(3) M. L. Lalanne donne à l'*Appendice* du tome Ier, p. LII et seq., un résumé de ce procès.

(4) Loc. cit., I, p. XXXVII-XXXVIII.

(5) Cfr. M. L. Lalanne, loc. cit., I, p. 349 et seq.

Lalanne, se rapprocher assez de la vérité. « Voici, dit-il, comment ce pauvre garçon fut tué. Deux hommes d'Aix, ayant querelle, prirent la campagne; leurs amis coururent après; les deux partis se rencontrèrent en une hôtellerie; chacun parla à l'avantage de son ami. Le fils de Malherbe étoit insolent; les autres ne le purent souffrir; ils se jetèrent dessus et le tuèrent. Celui qu'on en accusait s'appelait Piles. Il n'était pas seul sur Malherbe; les autres l'aidèrent à le dépêcher. »

C'est à Aix, dans l'église des Minimes, aujourd'hui des Dames du Saint-Sacrement, que la dépouille mortelle de Marc-Antoine fut enterrée le 15 juillet. Ce même jour, Peiresc, l'ami fidèle et dévoué de Malherbe lui écrivait une lettre touchante et pleine de nobles sentiments à l'égard du malheureux père, de sa femme et de son infortuné fils (1).

Le 27 juillet, le poète n'avait pas encore appris la triste nouvelle. Sa lettre à Peiresc, datée de ce jour (2), ne contient en effet que des choses étrangères à la mort de Marc-Antoine. Plus tard, quand il en fut informé, il cria, lui aussi, à l'assassinat et poursuivit sans relâche les meurtriers de son fils, principalement de Piles que des témoins déclaraient avoir vu frapper Marc-Antoine avant que celui-ci « eût la main à l'épée. »

« Vous ne doutez point, écrivait Malherbe à son « cher cousin » du Bouillon, que cette malheureuse affaire ne me donne de soins autant qu'il est possible d'en avoir. C'est pourquoi je n'ai pas répondu à votre lettre sitôt que j'eusse désiré. Il m'a fallu aller à Corbeil. A cette heure, il me faut aller à Olinville où est le Roi, et à Chanteloup où est Monsieur le Cardinal. Je ne contesterai point contre ce que vous avez écrit. Vous le faites avec affection, je le vois bien; mais pour cela je ne saurais sortir de si justes sentiments comme sont les miens (3). »

Il parlait alors des visites qu'il avait reçues de la plupart des grands de la cour. « M. de Guise même, à qui mes parties s'étaient adressées, est venu jusque céans pour m'offrir son assistance contre les assassins, pource qu'un secrétaire qu'il a eu en Pro-

---

(1) M. L. Lalanne, loc. cit., I, *Appendice*, p. LIV-LV (Biblioth. de Carpentras, vol. cit., f° 552, v°).

(2) Ibid., III, p. 575.

(3) Cfr. M. L. Lalanne, loc. cit., I, *Appendice*, p. LV-LVI.

vence et son avocat lui ont écrit au vrai cette pitoyable histoire.
Il dit au Roi qu'il n'y avait en France un plus franc courage et
une meilleure épée que celle de mon fils. Il en avoit dit autant
devant les Reines, en ma présence, durant sa vie; et j'ai su que
depuis huit jours, en compagnie des principaux de cette cour, sur
ce que quelqu'un dit que j'avois le visage bien changé, il dit qu'il
y avoit assez de pères qui perdoient des fils uniques, mais qu'il
n'y en avoit guère qui en perdissent un tel qu'étoit le mien. Ce
pauvre enfant, ajoutait-il, est loué de tout le monde, et ne s'en
trouve pas un qui y trouve à redire. »

Les parents maternels de Marc-Antoine avaient, de leur côté,
poursuivi cette affaire avec la même énergie et la même persévé-
rance qu'ils eussent fait pour eux-mêmes. Malherbe espérait,
qu'avec l'assistance de tant de personnes, les assassins de son fils
feraient un grand coup s'ils se sauvaient. Et il continuait, en
s'adressant à son cousin du Bouillon : « Pour vous, mon cher
cousin, je vous réitère la très-humble prière que je vous ai faite...
Je vous en laisse arbitre et juge absolu, car j'en veux sortir et
manger tout ce que Dieu m'a donné pour témoigner que j'ai été
digne d'avoir un fils de cette réputation. C'est, Monsieur mon
cousin, toute la contribution que je désire de vous en cette affaire.
Vous couperez chemin à une grande longueur en laquelle je me
mettrois nécessairement, si je prenois une autre voie. »

Il revenait encore, dans un post-scriptum, sur l'assassinat de
son fils : « J'ai fait imprimer, disait-il, ce que j'ai vu de ce qui a
é é décrit par deçà touchant cet assassinat. Mais depuis l'avoir fait
imprimer, j'ai eu les informations qui chargent Piles d'avoir donné
un coup à votre cousin au travers du corps, devant qu'il eût la
main à l'épée. Il est venu depuis trois ou quatre jours une femme
qui y étoit allée plaider par évocation. Elle dit merveille de la
mort de mon pauvre fils et a usé de ce mot que tout le pleure
jusqu'aux pierres (1). »

M. L. Lalanne écrit (2) au sujet du procès intenté par Malherbe
aux meurtriers de son fils : « *Un extrait des registres du sénéchal
d'Aix*, imprimé de quatre pages, qu'a bien voulu me communi-

(1) D'après M. L. Lalanne, ce post-scriptum a été tout entier biffé sur la
minute de la lettre.
(2) Loc. cit., I, p. XXXVIII-XXXIX. Cfr. *Appendice*, p. LVII et seq.

quer le savant bibliothécaire de Grenoble, M. Gariel, et qui était demeuré inconnu aux biographes de Malherbe, donne quelques détails intéressants sur les premiers résultats du procès. » Cet extrait a pour titre : *Sentence contre les meurtriers de Marc-Antoine de Malherbe.* On y lit que « sur la requête de Damoiselle Magdeleine de Corriollis, de la ville d'Aix, tant en son nom que comme femme et procuratrice générale de François de Malherbe, écuyer, gentilhomme ordinaire de la chambre du Roi, querellant en assassinat et meurtre commis en la personne de M. Marc-Antoine de Malherbe, lui vivant avocat au parlement de Provence, son fils, etc., le sénéchal d'Aix a prononcé par défaut, contre les sieurs de Piles et de Couvet, baron de Bormes, les a déclarés, le 14 août 1627, un mois après le meurtre, « atteints et convaincus de crime de meurtre et homicide douloureusement (traîtreusement) commis », et les a condamnés à la peine de mort. Un troisième accusé, frère Louis de Villages, chevalier de l'ordre de Saint Jean de Jérusalem, avait été, bien que coutumax, élargi à la charge de se représenter « quand sera dit et ordonné. »

« Le jour même, écrit encore M. L. Lalanne (1), les condamnés appelèrent de cette sentence qui ne les effraya pas plus que Malherbe n'avait été effrayé de celle qui, en des circonstances à peu près » identiques, « avait été rendue contre son fils deux ans auparavant. »

Quelque temps après ces évènements, on ne sait à quelle date, Malherbe écrivait à un de ses amis de Provence, resté lui aussi inconnu, qu'il attendait « que le conseil des parties fût établi en quelque lieu pour y continuer les poursuites contre les assassins et les mettre le plus avant qu'il pourrait dans le chemin de Grève... Tout ce que je demande, ajoutait-il, c'est qu'on nous baille un parlement. Les assassins disent qu'ils ne veulent pas de Grenoble. De ce côté-là, nous sommes d'accord. Je me doute qu'ils voudroient Paris, mais je ne le veux pas. Le judaïsme s'est étendu jusque sur la Seine. Il seroit à souhaiter qu'il fût demeuré sur le Jourdain, et que cette canaille ne fût point mêlée, comme elle est, parmi les gens de bien. Ma cause est bonne ; je combattrai partout, avec l'aide de Dieu, fût-ce dans Jérusalem et devant les douze légions d'Israël. »

(1) Loc. cit., I, p. XXXIX.

Malherbe combattit, en effet, non seulement contre de Piles, mais contre toute la race juive qu'il flagella cruellement dans un sonnet antisémite; mais tous ses efforts furent vains et inutiles. Bien que Louis XIII, comme le dit une lettre à Peiresc en date du 4 octobre 1627 (1), « l'eût exhorté à faire prendre les drôles, l'assurant que du reste il auroit justice », bien que lui-même eût adressé à son souverain, avec la belle ode contre les Rochelois, une lettre pathétique qu'il serait trop long de citer, grâce aux relations de leurs familles avec le parlement de Provence et à la protection de l'archevêque d'Aix, frère de Richelieu, les meurtriers de Marc-Antoine échappèrent à la vengeance de son père. Et en cela ils ne faisaient que suivre l'exemple donné par Malherbe; et, comme lui, ils surent tirer l'affaire en longueur et la traîner de tribunal en tribunal. « Enfin, écrit Balzac qui le voyait tous les jours dans le fort de son affliction, on lui parla d'accommodement, et un conseiller du parlement de Provence, son ami particulier, lui porta parole de dix mille écus. Il en rejeta la première proposition, et nous (2) dit l'après-dînée ce qui s'étoit passé le matin entre lui et son ami; mais nous lui fîmes considérer que la vengeance qu'il désiroit étoit apparemment impossible, à cause du crédit que sa partie avait à la cour, il ne devoit pas refuser cette légère satisfaction qu'on lui présentoit, que nous appelâmes

Solatia luctus

Exigua ingentis, misero sed debita patri. — « Eh bien, dit-il, je croirai votre conseil; je pourrai prendre de l'argent, puisqu'on m'y force; mais je proteste que je ne garderai pas un teston pour moi de ce qu'on me baillera. J'emploierai le tout à faire bâtir un mausolée à mon fils. » Il usa du mot mausolée, au lieu de celui de tombeau, et fit le poète partout (3). »

Tallemant des Réaux a reproduit presque textuellement ce récit de Balzac. « Il faut, disons-le en passant, écrit M. L. Lalanne, lire avec méfiance ce qu'en divers passages de ses écrits, Balzac a rapporté du *bonhomme Malherbe* qu'il avait particulièrement connu. »

(1) M. L. Lalanne, loc. cit., III, p. 577.

(2) c. à. d. à Balzac et à François de Porchères, sieur d'Arbaud.

(3) Cfr. *Œuvres de Balzac*, édition de 1665, in-fol., p. 683 : Dissertation XXVIII, *de Malherbe*.

C'est ici le lieu de donner la transcription d'une lettre, ou plutôt du brouillon d'une lettre de Malherbe, qui, selon toute apparence, est encore inédite. Ce brouillon de lettre est le *numéro 3 du ms. Fr. 3559 de la Bibliothèque nationale (Nouvelles Acquisitions Françaises)*.

En tête de cette lettre est collée la petite notice imprimée qui suit, probablement extraite de quelque catalogue :

> 924. — *Malherbe (François de)*.
>
> *L A S (1); Paris, 2 janvier 1627, 4 p. in-fol.*
>
> *Minute de lettre avec de nombreuses ratures et corrections. Elle est toute relative à la mort de son fils unique, tué en duel près d'Aix par Charles de Fortia de Piles. Malherbe demande justice du meurtrier. Détails intéressants à ce sujet.*

Nous ferons d'abord observer qu'il y a dans cette courte notice erreur de date et qu'il faut lire : *Paris, 2 janvier 1628*, puisque Marc-Antoine fut tué le 13 juillet 1627; d'un autre côté, le poète parle, dans cette lettre, d'une autre lettre qu'il vient d'écrire à l'archevêque d'Aix, et que lui-même date du 2 janvier 1628 (2).

En second lieu, nous pourrions, sans trop manquer à la vérité, donner le nom de l'*avocat au Parlement de Provence* à qui Malherbe eut l'intention d'adresser cette lettre, et cela en nous basant simplement sur la suscription mise par le poète lui-même à l'une des pages :

> *A Monsieur*
> *Monsieur du P.....*
> *advocat au parlem^t de*
> *Provence*
> *à Aix.*

Selon toute probabilité, *du P.....* doit s'interpréter *du Périer*, peut-être Scipion Dupérier à qui Malherbe adressa la magnifique *Consolation sur la mort de sa fille*.

Le texte de cette lettre, écrit en caractères assez gros, n'offre pas de difficultés insurmontables. Il est loin d'en être de même dès qu'il s'agit des corrections en interligne. Ecrites en caractères très fins, avec des ratures, parfois barbouillées en leur entier, ces parties du texte sont pour une bonne moitié absolument illisibles

(1) Peut-être doit-on lire : *Lettre Autographe Signée*.
(2) Cfr. M. L. Lalanne, loc. cit., IV, p. 113 et seq.

et indéchiffrables. Heureusement, le sens est toujours bien apparent, et on voit que Malherbe, dans ce brouillon, a dû tourner sa pensée de plusieurs façons, à la recherche d'une expression meilleure : l'idée reste la même ; mais le mot qu'il avait finalement adopté, nous échappe quelquefois. Ajoutons qu'il n'y a pas dans le texte une correction qui provienne d'une main étrangère : tout est l'œuvre de Malherbe.

Pour permettre au lecteur de se reconnaître dans le texte que nous allons lui offrir, nous mettrons entre parenthèses ce qui a été raturé par Malherbe lui-même, et en interlignes, imprimées en caractères italiques, les surcharges ou corrections. Des points marqueront celles de ces corrections qui sont restées indéchiffrables en tout ou en partie.

Voici la minute de cette lettre :

Monsieur

Je pense vous avoir desja fait dire par quelcun de mes amis que je n'avoys pas receu une lettre que M. d'Astruc m'a dit que
baillée pour m'estre remi
vous (m) luy aviez (escrite) sur la mort de mon povre filz. Pour cela je ne laisseray pas de vous en remercier selon le sentiment dont je scay bien que vous l'avez escrite. Vous jugerez s'il vous playt du cas que j'ay fait de ce tesmoignage de votre amitié par l'occasion où vous me l'avez rendu. Je ne vous en diray point davantage (s'il vous playt). C'est une matière que je ne puis renouveller qu'elle ne renouvelle mes larmes : (le temps d') une
(n'a pas ses.....)
ne.................................
douleur telle que la mienne (n'est pas encore passé). Mais il y en a
temps de passé
assez pour laisser les plaintes et penser à la vengeance. C'est là qu'avec l'aide de Dieu j'auray la satisfaction de ma perte. Je ne doute point (que Cauvet) que Cauvet ne se promette des merveilles
Avec cela il peut aller bien loin et bien vite.
(le)
de son argent. (Ma) (C'est un chemin) qui (nous mènera bien
(les assassins)   *au but*
avant). Mais je ne croy pas qu'il (les) mène (jusqu'à l'impunité).
qu'il s'est proposé.
Il scait bien qu'il n'a pas la protection de Dieu. Voilà pourquoy il

(la) recherche celle des hommes. Mais je ne scay si les choses lui
réussiront à la Court, selon le dessein qu'il en a fait au coin de
son feu. Quand on proposa au roy d'Angleterre l'entreprise de
l'Isle de Rhé, après qu'il eut considéré les chartes (des Isl) et
ouy les contes qu'on luy fit à perte de veüe des divertissemens
qu'on donneroyt à la France (?) pour l'empescher le secours du

il n'y av. qu'un
siège, le povre homme se fit acroire que de là à estre dans le
pas   *(qu'un pas)*
Louvre (il n'y avait pl.........), et dit à ceux qui estoient là pré-
                              cependant
sentz : Certainement voilà une entreprise honorable et facile. Il
l'événement a monstré qu'elle n'estoit ni l'un ni l'autre.
en est de même de ceste pécore. Il s'imagine des secours que je
scay bien qu'il n'aura pas, et où ses présens seront sans effect..Je.
                           Mais
n'ignore pas un de tous ceux qu'il fait compte d'employer. Et de
tous ceux là, il n'y en a pas un que si je (ne) veux je ne face
                         Puis
prier par toute(s) sorte de parens et d'amis de l'abandonner. (Et)
                   sans vanité
quand cela ne réussiroyt pas, je croy avoir assez de crédit pour
leur faire faire un commandement absolu de ne s'en mesler point.
    après tout
Et quand je voudrais laisser faire ce qu'ils pourront, je scay que
c'est si peu de chose qu'après qu'ils auront eu le premier reffus
du Roy, ils y penseront deux fois devant que d'y retourner. Sa
          donner
Majesté m'a promis de ne (leur faire) jamais grâce aux assassins,
et me l'a promis devant toute la court, dont Mr de Gades (?),
que je vous nomme pour ce qu'il est du païs, vous pourra dire
des nouvelles. Elle ne s'est pas contentée de cela. Elle m'a dit que
   travaillasse à
je (ne me misse en peine que de) les faire prendre et que je me
        (C'est la d)   *la d. ...*
fiasse (en elle) du reste. Je (ne) croy (pas) qu'(avec cela et la con-
                S. M.
noissance que j'ay) de la haine que (il) porte aux crimes, (je doive
m'assure   *..... de Piles*
douter) de l'évènement de mon affaire. Je scay bien que le nom

12.

est connu jusqu'à Jérusalem..
qu'ils

de Cauvet est un (grand) nom célèbre par tout le (monde et surtout)
Je scay bien aussi que celui de Cauvet est célèbre........................... *(à*
au Levant. (Mais les marqués ne se voyent ni de luy ni des siens
Avignon..... Marseille......) (Lyon pour le p.us loin......) marque sur...
que sur des bales de soye, d'épicerie et autres telles denrées). —
de bales de soye et d'épicerie qui viennent d'Alep et de Tripoli............ de
Tellement qu'il ne faut pas qu'ils se (le) promettent grande chose
ceste..... que sur les bales d'épicerie et de soye qui... d'Alep ou d'Alexandrie.
de ce costé là. Vous verrez dans la fin de ce moys, Dieu aydant,
une lettre que j'en escriray au Roy, où ces illustres assassins seront
traités comme ils méritent. J'accompagneray cela de vers que j'ay
                en son armée   *att........*
faits pour Sa Majesté allant (au....... de la Rochelle), (et luy en
.... qui seront bientost finis   défaite
promettray) d'autres pour la (fuitte) des Anglois et pour la prise
                Vous pouvez penser que je
de la Rochelle. (Comme je ferai dans peu de jours et) n'y oublie-
    pas
ray Monseigneur le Cardinal non plus que j'ai fait en ceux-cy. Ce
grand prélat m'a promis (sa) protection en toutes mes affaires. Je
       ce soit un lieu où les (et) ses tapis de Turquie et autres sottises sur
ne croy pas que les pistoles (de Cauvet, s'il les offroyt en ce lieu
qui il se fonde.................... que s'il ose... la première... le suive (?)
là ne lui fissent sinon donner des coups de baston pour le moins
de la porte... n'est..... à la seconde (?) de lui donner des coups de baston.
ne luy fissent fermer la porte d'une façon qu'il y frapperoit bien
                    Les actions de ce grand prélat
follement s'il y frappoit une segonde fois). Ses actions montrent
bien qu'il aime la gloire et je scay bien qu'il ne croit pas que personne la luy puisse donner que moy. (Voilà p) C'est de là, après Dieu
et le Roy que je me promets un secours qui ruinera les espérances
    de mes vilains (?)
(de Cauvet). Adieu Monsieur, j'use avecque vous de la mesme
privausté dont j'ay usé avecque feu Monsieur votre frère, je croy
que vous m'estes ce qu'il estoit comme je suis ainsi que j'estois le
sien, Votre très humble et très obéissant serviteur.

                                Malherbe

à Paris ce 2ᵉ janvier 1627 (1).   (av. par.)

(1) pour 1628.

(Monsieur, j'oublioys à vous dire que) j'escris à Monsr. M... arche-
de qu'il.... .... *de.......................* .... *je scay qu'il*
vesque. (Je) s'il est ami de Piles et de Cauvet je n'ay rien à dire
est leur ami mais je ne croy pas que ce soit jusques à oublier le........ *qu'il*
la dessus. Mais quand à ce qu'il m'a allégué... les dernières paroles
doit......... *à un*................ *comme le mien*
de mon povre fils qui dist que Piles estoit un brave gentilhomme,
j'oseroy dire qu'il a prins ces paroles là (?) selon l'amitié qu'il
porte à ces vileins, et non comme un homme de son jugement
les devoit prendre. Mon fils qui s'en alloit devant le tribunal de
Dieu et qui croyoyt que ses offenses lui seroient pardonnées
comme il pardonneroit celles qu'il avoit receües n'a pas seulement
voulu pardonner simplement à Piles, mais luy a voulu pardonner
en sorte qu'il le mist en seureté du costé de la justice et le garantist
si cela se pouvait faire (de la) du danger où le met la déposition de
quarante et tant de tesmoins. Mais que font autre chose ceux qui
allèguent cela que d'accroistre le mérite du mort et par conséquent
le crime de ceux qui l'ont tué. Tant s'en faut que je veuille que
vex publier
ces paroles là soient ignorées que au contraire je les (allégueray)
partout   *s*   *s*   *n'ont*
pour une principale raison de faire rouer cest assassin qui n'a
s
esté condamné qu'à avoir la teste tranchée. S'il falloit avoir esgard
... .
à ces paroles, je seroys d'avis que Piles voulant (passer pour che-
....
valier) à Malte les allégast pour monstrer qu'il est gentilhomme
mais qu'il
et (non)....... pour monstrer qu'il est brave, (et) on scait bien
aussi peu brave que gentilhomme.
graces à Dieu qu'il n'est (ny l'un ny l'autre). Je vous diroys ce qui
fut dit devant Monseigneur à la nouveauté de cest accident, tant
de sa poltronnerie que de sa basse extraction, mais j'ay icy trop
peu de papier. Vous le verrez imprimé, Dieu aidant et dans peu
de jours.........

Au milieu de ses douloureuses préoccupations, Malherbe
n'oubliait pas ses parents et ses amis de Normandie. Il y a même
dans ses lettres comme une volonté arrêtée d'y mettre une note

gaie, plus gaie que ne le comportaient les circonstances. C'est ainsi qu'il écrivait, le 22 décembre 1627, à son cousin du Bouillon : « Pour avoir mon portrait, vous n'avez que faire de gageure. La demande que vous m'en faites est trop obligeante pour ne la vous accorder pas. Je désire seulement que vous me donniez temps jusques à ce que nous soyons dans les chaleurs. Il est vrai que je n'ai jamais que mauvaise mine, mais en hiver je l'ai pire qu'en été. Je vous en ferai donc faire un ce mois de mai, et en ferai faire un autre pour me faire mettre en médaille, pour en tirer une cinquantaine, et de cette façon satisfaire à beaucoup de personnes qui me font la même prière que vous. Il y a une dizaine de mes parents ou de mes amis à Caen à qui j'en veux donner. Il m'en faut pour cette ville et pour la Provence. Ce ne seroit jamais fait de m'amuser à me faire peindre. »

Il disait encore à son cousin tout le cas qu'il faisait des lettres qu'il en avait reçues, et des siennes propres. « Je suis bien aise, Monsieur mon cousin, que mes lettres vous soient agréables; vous en parlez selon votre goût, quand vous dites qu'en les lisant vous pensez m'ouïr deviser au coin de mon feu. C'est là, ou je me trompe, le style dont il faut écrire les lettres. J'espère, quand je me serai tiré de l'affaire où m'a mis la mort de votre cousin, en faire imprimer un volume entier, où je mettrai celles que vous m'avez envoyées, et avec elles celles que je vous écris tous les jours, que vous garderez, s'il vous plaît, pour y être mises, quand je les aurai revues et habillées à la mode. Vous me garderez, s'il vous plaît, celles que vous avez reçues de moi depuis les premières, non pas toutes, mais celles où vous jugerez qu'il y aura de la matière pour faire quelque chose (1). »

Un mois après, le 21 janvier 1628, Malherbe revenait encore sur la question de son portrait. Je ne sais pas, disait-il à son cousin, si je mentirai en mes prophéties, mais je sais bien que je ne mentirai pas au terme que je vous demande pour le pourctrait. Je suis bien près de la mort, mais je pense que trois ou quatre mois m'en feront la raison. Pour les choses du monde, ajoutait-il aussitôt, j'ai l'honneur d'être tous les jours au cabinet; et à cette heure même je n'en fais que de venir, y ayant demeuré trois

______

(1) M. L. Lalanne, loc. cit., IV, p. 66-69.

heures exprès pour apprendre quelque chose digne de vous être écrite. Mais vous savez plus de nouvelles que moi (1). »

Il donnait alors à son cousin les nouvelles des principaux faits qui venaient de se passer. Il rectifiait plusieurs erreurs commises par du Bouillon relativement aux affaires de Savoie et de la Rochelle; et, comparant les forces navales et militaires de la France et de l'Angleterre, il ajoutait orgueilleusement : « L'Anglois s'attaquant au Roi est un petit gentilhomme de cinq cents livres de rente qui s'attaque à un qui en a trente mille. Je ne sais, Monsieur mon cousin, si je vous ai dit qu'il n'y a que deux rois en l'Europe capables de mener du canon en campagne; si je ne le vous ai dit autrefois, je vous le dis à cette heure, car il est vrai. On ne compte que deux puissances en la chrétienté, la France et l'Espagne; pour les autres, ce sont leurs suivants, et rien de plus. »

Et plus loin : « Il me semble qu'un peu de bon raisonnement vous doit faire rire quand on vous menace des Anglois..... Quant à moi, je les crains comme je crains ceux du grand Caire. Voilà, Monsieur mon cousin, mes sentiments (2). »

De janvier à juillet 1628, il n'y a pas trace de lettres de Malherbe à ses parents et amis de Normandie ou de Provence. A cette époque, dans la crainte qu'il avait que les « assassins » de son fils n'obtinssent des lettres de grâce, il quitta Paris pour aller trouver le Roi devant la Rochelle (3). « Ce voyage qui devait lui être si fatal, écrit M. L. Lalanne (4), paraît avoir été assez inutile, d'après ce qu'on lit dans une lettre (à un sieur Legros), en date du 14 septembre 1628, la dernière que l'on connaisse de lui : « On m'a écrit de Provence que mes parties se vantent d'avoir eu leur rémission. Je n'en crois rien, pource que je sais que, si cela étoit, vous en eussiez mandé quelque chose par deçà. Mais quand il seroit vrai, je ne m'en mets guère en peine. Ce n'est pas là que je les attends. La pierre qui les fera chopper et choir, s'il plaît à Dieu, ce sera l'entérinement. Nous en verrons l'ébattement à cette Saint Martin, ou bientôt après. Je vous supplie bien humblement,

(1) Ibid., p. 69-70.
(2) M. L. Lalanne, loc. cit., iv, p. 69-72.
(3) Cfr. lettre de Peiresc à Malherbe, en date du 14 juillet 1628 (Bibliothèque de Carpentras, ms. cit., f° 556).
(4) Loc. cit., i, p. xli.

Monsieur, s'ils l'ont présentée, ou s'ils la présentent, de prendre la peine de m'en faire avoir une copie, pour me préparer à combattre ce fantôme. Ils n'ont pas trouvé leur compte à la Jarne (1) ; je ne pense pas qu'ils le trouvent mieux à Toulouse. Peut-être s'imaginent-ils que mon âge me fera craindre les incommodités d'un si long voyage. Ils se trompent : la même cause qui m'a fait mépriser l'été me fera mépriser l'hiver. »

Il ne devait plus y avoir pour Malherbe ni d'été ni d'hiver. « De son séjour au camp de la Rochelle au moment des plus grandes chaleurs, il avait rapporté le germe d'une maladie qui ruina rapidement la robuste constitution dont il se glorifiait encore trois ans auparavant (2). »

Il écrivait, en effet, à Balzac, en 1625 : « J'ai désiré la longue vie, et vous voyez où la longue vie m'a réduit. Je ne suis pas enterré, mais ceux qui le sont ne sont pas plus morts que je suis. Je n'ai, grâces à Dieu, de quoi murmurer contre la constitution que la nature m'avoit donnée. Elle étoit si bonne, qu'en l'âge de soixante et dix ans, je ne sais que c'est d'une seule des incommodités dont les hommes sont ordinairement assaillis en la vieillesse. Et si c'étoit être bien que de n'être point mal, il se voit peu de personnes à qui je dusse porter envie (3). »

Le 16 octobre 1628, d'après M. L. Lalanne, Malherbe mourait à Paris, à l'âge de 73 ans, après avoir vécu sous six de nos rois.

Il existe à la Bibliothèque de Caen, dans le *ms. in-folio 146* (*Histoire littéraire de la Normandie*), un document très curieux concernant la mort du poète. Il s'agit d'une lettre écrite à un Caënnais, du nom d'Hébert, par Moysant qu'il a chargé, entre autres choses, de rechercher à quelle date précise Malherbe est mort, si c'est bien le 25 octobre 1628, à Saint-Germain-l'Auxerrois. Moysant commence ses investigations, mais ne trouve pas à la Bibliothèque nationale la réponse à ce qu'il désire savoir. Bien plus, en 1629, au mois d'octobre, il découvre un Malherbe enterré à Saint-Germain-l'Auxerrois; mais il est douteux, écrit-il, que ce soit le poète.

Cette réponse que Moysant n'avait pu obtenir, M. A. Jal nous la

(1) près de la Rochelle, où se trouvait le garde des sceaux au mois d'août 1628.
(2) M. L. Lalanne, loc. cit., I, p. XLI.
(3) Ibid., IV, p. 95-96.

donne dans son *Dictionnaire critique de Biographie et d'Histoire*.
Il nous dit, p. 828, à l'article *Malherbe* : « Voici l'acte de son
inhumation : « Le mesme jour (samedi 7 octobre 1628), le convoi
de deffunct noble homme de Malleherbe (sic), vivant gentilhomme
ordinaire de la chambre du Roy, pris rue des Faucés (sic) Saint-
Germain, tout devant l'autel (sic) de Longueville, ouverture de
tombe (sic), beaux paremens, belle argenterie et poille de ces
messieurs de la paroisse,' » (c'est-à-dire le drap pour mettre sur
le cercueil qui sert aux enterrements des prêtres de la paroisse).
Il résulte de cet acte, ajoute M. A. Jal, que Malherbe décéda le 6
ou le 7 octobre 1628, rue des Fossés Saint-Germain-l'Auxerrois.
Ce document servira de rectification à la note d'ailleurs excellente
de M. Ludovic Lalanne, placée à la tête des éditions des Œuvres
de Malherbe, ou l'auteur assigne pour date à la mort du poète le
16 octobre 1628. 16 n'est peut-être qu'une faute d'impression où
le 1 s'est placé mal à propos devant le 6. »

Nous avons voulu, à notre tour, donner la date précise de la
mort de Malherbe. Ce n'est pas « le 6 ou le 7 octobre 1628 » qu'il
faut dire avec M. A. Jal, mais tout simplement le 6. Car nous
savons d'ailleurs, par la mention qu'en fait Jean Beaullart, cousin
du poète, dans le *Mémorial généalogique* conservé parmi les manuscrits de la Bibliothèque nationale que, « le vendredi 16 octobre
1628, mourut, à Paris, Monsieur de Malherbe mon cousin, d'une
fièvre chaude, âgé de 74 ans ou environ : il est enterré dans
l'église de Saint-Germain-l'Auxerrois au dit Paris. » Si Jean
Beaullart avait tant soit peu réfléchi, il n'aurait pas écrit *le
vendredi 16*, mais *le vendredi 6;* ou bien il aurait écrit *le lundi
16* (1).

La date précise de la mort de Malherbe est donc « le vendredi 6
octobre 1628 (2). »

Racan, qui commandait à la Rochelle la compagnie de
M. d'Effiat, ne put assister à la mort de son maître et ami. Les
seuls qui paraissent y avoir été présents furent le poète d'Yvrandes,
son élève et ami, et Porchères d'Arbaud, son cousin par alliance.

---

(1) Cfr. *L'art de vérifier les dates.* — M. L. Arnould (*Un Reporter au* xvii^e
siècle, Revue Bleue, 3 décembre 1892), parle du 5 avril 1628 comme date de la
mort de Malherbe.

(2) V. *Pièces justificatives,* xix.

Ce fut même ce dernier qui apprit à Racan les détails relatifs aux derniers moments du poète.

Balzac prétend qu'il aurait pu, lui aussi, donner des détails certains; car il avait envoyé près du moribond « un homme qui le vit mourir. Mais, ajoute-t-il, ce que je sais de plus particulier que les autres ne se peut écrire de bonne grâce, et il y a certaines vérités qui ne sont bonnes qu'à supprimer (1). »

Quelles sont ces vérités qu'on devrait taire? La réponse à cette question nous conduit tout naturellement à parler des sentiments religieux de Malherbe, non-seulement à l'article de la mort, mais pendant tout le cours de sa vie.

On a écrit dans ces derniers temps, sans doute d'après Tallemant des Réaux pour lequel « Malherbe n'était point autrement persuadé de l'autre vie », que celui « qui consacra presque exclusivement son talent poétique à interpréter les plus beaux versets du psautier, n'avait pas même l'âme religieuse », et qu'il avait, au contraire, « quelque chose du futur scepticisme voltairien (2). »

Cette assertion a été formulée dans le compte-rendu de quelques *Anecdotes inédites sur Malherbe*, d'après Racan et Conrart, publiées tout récemment par M. L. Arnould, avec des notes critiques.

Voici l'anecdote 14me (3) :

« Pendant le siège de la Rochelle, où il avoit suivy la cour (en 1628), comme il s'alloit promener un jour, il se mit à considérer les soldats du camp du Roy, et ceux de la ville, qui paroissoyent de ce costé-là, sur le bastion appellé de l'Evangile; et dit à Racan, et à quelques autres, qui estoyent avecque luy, d'un ton et d'un geste tout-à-fait brusques, selon sa coustume. A qui Diable! en veulent ces gens-là, de tâcher tous les jours à s'égorger les uns les autres, encore qu'ils n'ayent rien à demesler ensemble? Voyez-vous cet homme-là, disoit-il; Il souffre la faim, et mille autres incommoditez; et s'expose à tous momens à perdre la vie, parce qu'il veut communier sous les deux Espèces; et les autres l'en veulent empescher; n'est-ce pas un beau sujet pour troubler toute la France? »

(1) Lettre de Balzac à Conrart, 23 janvier 1651.
(2) J. Laurentie (*Univers*, 19 avril 1893).
(3) Loc. cit., p. 51.

« Nous ferons remarquer simplement, écrit M. L. Arnould (1),
que la portée de cette boutade est fort atténuée par l'état de chagrin et d'aigreur où se trouvait alors le poète, et surtout par le
penchant qu'il eut toujours à la contradiction : parlant ici à
Racan et à des catholiques, il raille les catholiques, tout comme
il raille les protestants lorsqu'il s'adresse à son amie protestante
Madame des Loges (*Racan*, t. I, 221), et en combien d'autres occasions dans sa correspondance intime ! Nous demeurons dans
l'opinion que Malherbe était nettement, mais peu profondément
catholique, et qu'il eût peut-être compté de nos jours parmi les
indifférents. »

Voici une seconde anecdote, la 24me de l'opuscule de M. L.
Arnould (2) :

« Un chartreux nommé Dom Chazeray, qui estoit homme de
lettres, et galant homme, avoit esté fort de ses amis, pendant
qu'il estoit dans le monde, ce qui l'obligea de l'aller voir un peu
après qu'il se fust fait religieux. Il y fut donc, avec Racan et du
Monstier. On ne leur permit qu'à peine de luy parler un moment ;
et on les avertit qu'en entrant dans sa cellule, il faloit qu'ils
dissent chacun un Pater. Ce qu'ayant fait, comme ils pensoyent
parler à Dom Chazeray, Vespres sonnèrent, et il leur dit qu'il faloit
nécessairement qu'il y allast ; si bien qu'ils furent contrains de
s'en retourner, sans l'avoir entretenu. Malherbe, qui estoit fâché
d'avoir fait inutilement ce voyage, dist qu'on lui rendist donc au
moins son Pater. »

« Nous avouons, dit encore M. L. Arnould (3), que nous ne
pouvons voir » dans cette anecdote « un trait de *scepticisme* à la
Voltaire (4). Nous avons reconnu que Malherbe n'était ni pieux
ni même profondément religieux, mais ce mot ne prouve pas
grand'chose, c'est tout bonnement une boutade comme il en peut
échapper même aux plus simples croyants, s'ils sont facétieux. »

Une troisième anecdote, la 31me du livre de M. L. Arnould, est
ainsi rapportée (5) :

(1) Ibid., p. 52.
(2) Loc. cit., p. 68.
(3) Ibid., p. 68-69.
(4) Ainsi M. Souriau, dans son ouvrage de *La Versification de Malherbe*,
p. 77.
(5) Loc. cit., p. 76.

« Un dimanche, M. de Malherbe, estant allé en une Eglise, pour entendre la Messe, à l'heure que la Grand Messe se dit, M. de Racan y arriva aussi, et le trouva à la porte de l'église; il luy demanda, s'il ne vouloit pas entrer plus avant, pour entendre la Messe? A quoy M. de Malherbe répondit brusquement, selon sa coustume, Pensez-vous qu'une grande Messe ne porte pas plus loin qu'une petite? »

« Voilà, écrit M. L. Arnould (1), une 3e boutade religieuse qui ne prouve pas encore grand'chose sur la religion de Malherbe. Evidemment, il n'était pas pieux, mais il s'acquittait strictement de ses devoirs religieux, non-seulement en public, comme ici, mais même en particulier dans sa chambre garnie. Racan, qui allait le surprendre à toute heure du jour, pour une fois qu'il le voit faire gras un samedi où on ne le doit pas, n'en revient pas d'étonnement. »

Enfin, nous arrivons à la 4e anecdote, la 33e du livre de M. L. Arnould, celle relative à la mort de Malherbe, et à laquelle Balzac faisait peut-être allusion dans sa lettre à Conrart lorsqu'il lui écrivait : « Ce que je sais de plus particulier que les autres ne se peut écrire de bonne grâce, et il y a certaines vérités qui ne sont bonnes qu'à supprimer. » La voici telle que la signale M. L. Arnould (2) :

« On dit qu'à sa mort, il vouloit que son valet donnast ses vieux souliers à un carme déchaussé. »

« 4e boutade religieuse, continue M. L. Arnould (3), qui témoigne d'un certain dédain pour les Ordres religieux. Ce qui aggrave un peu » cette boutade, « c'est que Malherbe l'aurait dite sur son lit de mort, en même temps qu'il reprenait sa garde-malade d'un mot « qui n'estoit pas bien françois à son gré... » En somme, la mort de Malherbe confirme sa vie en tout point et particulièrement pour la religion, et notre conviction reste que Malherbe fut sincèrement, mais froidement catholique, et qu'il observa sa religion sans avoir l'âme religieuse (4). »

(1) Ibid., p. 76.
(2) Loc. cit., p. 81.
(3) Ibid., p. 81-82.
(4) M. L. Arnould écrivait, le 3 décembre 1892, dans la *Revue Bleue*, p. 731, au cours de son article : *Un Reporter au xviie siècle*, ces quelques lignes sur Malherbe : « Son cœur n'était point engagé dans sa religion, mais plutôt son

Certes, nous sommes bien éloigné, nous aussi, de vouloir faire de Malherbe un saint, ni même un catholique convaincu et pratiquant, surtout lorsque nous entendons Tallemant des Réaux, que ne contredit pas Racan, nous dire que « Malherbe n'étoit point autrement persuadé de l'autre vie »; lorsque, d'un autre côté, nous nous rappelons ces paroles du poète : « La religion des honnêtes gens est celle de leur prince, *cujus regio, ejus religio* », ou encore : « Adore le Dieu qu'adore la cité, *cole dæmonium quod colit civitas* »; lorsqu'enfin nous l'avons si souvent vu, au cours de cette étude, faire preuve d'une philosophie stoïque et plus ou moins empreinte de fatalisme. Nous ne pouvons aussi oublier cette réponse de Malherbe à qui lui parlait de l'enfer ou du paradis : « J'ai vécu comme les autres, je veux mourir comme les autres et aller où vont les autres. » Nous savons enfin qu'à son lit de mort, quand d'Yvrandes lui eut dit : « Puisque vous avez toujours fait profession de vivre comme les autres, il faut mourir comme les autres, c'est-à-dire vous confesser, communier et recevoir les sacrements de l'Eglise », il permit, alors seulement, que le vicaire de Saint-Germain-l'Auxerrois vint l'assister à ses derniers moments (1).

Nous devons cependant dire, à la louange de Malherbe, que toujours, à part les boutades, ou plutôt les fanfaronnades des anecdotes précédentes, qui ne sont pas le propre d'un sceptique, d'ordinaire plus retenu, il parla avec respect de Dieu et de la religion catholique. Ses poésies en font foi. Dans l'ode très-défectueuse qu'il dédia à M. de la Garde, il disait, en 1628, peu de temps avant de mourir :

> Non, Malherbe n'est pas de ceux
> Que l'esprit d'enfer a déçeus.

bon sens et surtout son goût de la bienséance..... Il était catholique parce qu'il était royaliste, et l'un et l'autre par esprit d'ordre. Nul doute que, venu à une autre époque plus sceptique, il n'eût grossi le nombre des incroyants, ou tout au moins des indifférents. »

(1) Cfr. *La Jeunesse de Malherbe*, par M. A. Gasté, p. 11. — Rapprochons des détails circonstanciés que nous venons de citer les paroles déjà rapportées (chapitre II, *La Religion du père de Malherbe*) de M. N. Weiss d'après M. Read (*La Religion du poète Malherbe*) : « ..... Si plus tard, notamment à l'article de la mort, il se décida à faire profession de catholicisme, ce fut pour faire comme les autres, et surtout comme *son prince* qu'il n'oublia jamais de flatter à bon escient. En un mot, le poète fut un catholique fort tiède qui ne se souvint de cette religion que lorsqu'il y alloit de son intérêt, etc. »

Et à Louis XIII, allant châtier la rébellion de la Rochelle :

Il suffit que ta cause est la cause de Dieu.

Un sceptique, nous entendons un vrai sceptique, n'eût pas composé les admirables paraphrases que tout le monde connaît. Un vrai sceptique n'eût pas inscrit sur l'exemplaire de son Desportes, ainsi que sur tous les livres qui lui ont appartenu, ce verset du psaume XXXVIe :

Delectare in Domino, et dabit tibi petitiones cordis tui.

Que de fois aussi le nom de Dieu revient dans ses lettres : « Il faut vouloir ce que Dieu veut (1)..... Il faut louer Dieu, de quelque façon et en quelque temps qu'il dispose de nous ou des nôtres (2)..... Avec l'aide de Dieu... Dieu aidant... S'il plaît à Dieu. » Parlant de son fils Marc-Antoine : « Dieu lui a donné des grâces dont ses amis peuvent espérer du service (3). » Et dans la lettre inédite sur la mort de ce fils trop tendrement aimé, il est parlé de Dieu jusqu'à sept fois, et Malherbe espère en sa divine miséricorde : « Mon fils qui s'en alloit devant le tribunal de Dieu et qui croyoyt que ses offenses lui seroient pardonnées. » Ailleurs encore, pendant son séjour à Caen, en 1621, il écrit à Peiresc, probablement le 16 août : « Je fus hier ouïr messe aux Jacobins (4). »

Et, dans l'épitaphe de son premier fils Henri, mort en 1587, il fait allusion au secours qu'il a imploré de Dieu : « Combien de vœux adressés au ciel (5)! » Plus tard, à l'occasion de la mort de sa fille Jourdaine, il adresse à sa femme une lettre où l'on peut lire : « Mon cœur, ma chère âme, je prie Dieu qu'il vous veuille consoler..... Si j'ai cette bonne fortune de mourir premier que vous, qui est tout le souhait que je fais à Dieu (6). » C'est encore Malherbe qui, dans une lettre à son cousin du Bouillon qu'il veut consoler de la mort de sa femme, lui exprime ses condoléances en des termes comme ceux-ci : « Dieu qui vous a envoyé cette

(1) M. L. Lalanne, loc. cit., III, p. 530.
(2) Ibid., p. 38-39.
(3) Ibid., IV, p. 59-62.
(4) Ibid,, III, p. 544-547.
(5) Ibid., I, p. 359-360.
(6) Ibid.. IV, p. 3.

affliction vous la récompensera, s'il lui plaît, par la conservation
de ce qui vous reste (1). »

Un vrai sceptique n'eût pas ainsi parlé de Dieu sur la tombe à
peine fermée de ses proches et des trois enfants ravis à son affection. Aussi, sans multiplier à l'infini les preuves de l'existence
chez Malherbe de principes véritablement religieux, nous aimons
à croire, et le témoignage de Racan est là, bien authentique, qu'il
remplit exactement toute sa vie, comme à l'article de la mort, les
devoirs de la religion catholique. Il y a loin de cette conclusion,
sinon rigoureuse, du moins découlant de faits et de paroles indis-
cutables, à celle qui veut que Malherbe n'ait pas eu l'âme religieuse, au point d'être un précurseur du scepticisme de Voltaire.

Nous lisons dans M. L. Lalanne (2) : « Malherbe n'avait jamais
beaucoup aimé sa famille, avec laquelle il paraît avoir vécu en
assez mauvaise intelligence, et il le lui prouva à sa mort. Il la
déshérita complètement et choisit pour légataire universel Vincent de Boyer, fils d'un neveu de sa femme, Jean-Baptiste de
Boyer, conseiller au parlement de Provence. Il disposa, en outre,
d'une somme de trois mille livres en faveur d'un sieur Astruc,
avocat chargé des poursuites contre les meurtriers de Marc-
Antoine, et à qui Mme de Malherbe, par reconnaissance de ses
bons soins et de l'amitié qu'il avait portée à son fils, laissa aussi
la moitié de ses biens (3). »

M. F. de Gournay nous dit aussi (4) qu'il légua à François
d'Arbaud de Porchères la moitié de sa bibliothèque, et lui remit
le soin de faire imprimer ses œuvres, « tant en prose qu'en
poésie. » On lit, en effet, dans le privilège du Roi, édition de 1630,
ces mots : « Nostre bien aimé François d'Arbaud, escuyer, sieur
de Porchères, nous a très-humblement remonstré que le feu sieur
de Malherbe, gentilhomme ordinaire de nostre chambre, son

(1) Ibid., iv, p. 50-51. — Nous avons lu quelque part que Malherbe, à l'occasion d'une maladie de sa femme, fit vœu d'aller d'Aix à la Sainte-Baume, à
pied et tête nue, si Dieu lui accordait la guérison de celle qu'il chérissoit. Les
heures désespérées sont les heures de Dieu : Malherbe n'a pas seulement pensé
à Dieu dans les tristesses et les deuils de sa longue vie.

(2) Loc. cit., i, p. xliii.

(3) Malherbe parle de M. d'Astruc dans la lettre inédite sur la mort de son
fils.

(4) Loc. cit., p. 276.

cousin, lui auroit peu auparavant son deceds recommandé et mis entre ses mains toutes les œuvres par lui faites, composées, corrigées et augmentées, tant en prose qu'en poésie, pour les faire imprimer toutes en un volume, sans estre mêlées ni accommodées avec aucunes œuvres, comme auroient faict cy-devant quelques imprimeurs et libraires, qui en auroient imprimé ou fait imprimer quelques pièces séparément, sous privilège particulier, etc. (1). »

Si Malherbe déshérita, comme l'écrit M. L. Lalanne, ses parents de Normandie, ce ne fut sans doute que de quelques maigres rentes, puisque tous ses biens avaient été vendus à Caen ou aux environs bien avant sa mort.

Madeleine de Carriollis survécut vingt mois à son mari. Elle mourut au commencement de juin 1630, probablement à Aix où régnait alors la peste. « Son testament, dit M. L. Lalanne (2), daté du 1er août 1629, est rempli des souvenirs de son fils, dont elle demande instamment à ses héritiers de venger la mort, désir qui ne fut que bien imparfaitement exaucé. L'arrêt définitif dans cette triste affaire ne fut rendu qu'en 1632. Le 29 avril de cette année, le parlement de Toulouse condamna le sieur de Fortia de Piles, « ce maroufle » comme l'appelait Malherbe, à payer huit cents livres « pour faire prier Dieu pour le repos de l'âme de Marc-Antoine de Malherbe, fils de la dame de Carriolis, à cause de l'assassinat commis en la personne dudit Marc-Antoine, la dite somme applicable à l'église où son corps avait été enseveli (3) » : châtiment bien léger s'il y avait eu réellement assassinat. Quant à l'autre accusé, le baron de Bormes, il est probable qu'il s'était auparavant arrangé avec la famille. Ce qui est certain, c'est qu'en 1638, il épousa une belle-sœur de ce même Vincent de Boyer, héritier de Malherbe. »

On a composé plusieurs épitaphes de Malherbe. Celle-ci, de Gombauld, son ami, est plus ou moins exacte :

> L'Apollon de nos jours, Malherbe, ici repose.
> Il a longtemps vécu sans beaucoup de support,
> En quel siècle? Passant, je n'en dis autre chose :
> Il est mort pauvre... et moi, je vis comme il est mort.

(1) Cfr. M. L. Lalanne, loc. cit., I, p. xcii.
(2) Ibid., I, p. xliii-xliv.
(3) C'est-à-dire à l'église des Minimes d'Aix.

On peut lire encore, dans le *tome 1er* du *Moréri des Normands* (1),
ces trois vers de l'*Ode sur les grands hommes de Normandie* :

> Mais! j'entends les accords d'une lyre superbe!
> Ah! c'est celle d'Horace ou celle de Malherbe.
> Ses accents épurés sont tous harmonieux...

Et plus loin :

> *Natalis-Stephani Sanadon Rotomag.*
>   *Ode*
> *ad Cives Cadomenses, ut majorum gloriam*
>   *in excolenda poësi retineant :*
> Malherba vivet, quo duce barbaros
> Exuta cultus carminibus suis
>   Adspersit urbanos lepores
>   Mollior eloquio poësis.

(1) Par Joseph-André Guiot de Rouen (ms. in-f° 57 de la Bibl. de Caen).

CHAPITRE VII

POÉSIES INÉDITES DE MALHERBE

M. A. Gasté, professeur à la Faculté des Lettres de Caen, a bien .
voulu nous signaler la présence de quatre vers inédits de Malherbe
dans le tome IIme de la *Correspondance de Huet (Lettres à lui
adressées)* (1). Ménage écrit de Paris à Huet, en novembre 1659
(*Lettre 3e*, p. 88) :

« Je n'entends point ces vers de Malherbe, et je vous prie de
me les expliquer :

> « Il est civil, accostable,
> « Doux, bénin, courtois, affable,
> « Et le bon Prélat en somme
> « Mérite d'être honnête homme. »

Deux notes, d'une main étrangère, complètent ce petit document.
La première donne la raison de la demande faite par Ménage à
Huet : « Il s'occupait alors de son commentaire sur les poésies de
Malherbe. » La seconde considère ces quatre vers comme inédits :
« Ces vers (à rimes féminines se suivant), ne se trouvent ni dans
l'édition donnée par Ménage lui-même, ni dans la plus complète,
celle de M. L. Lalanne, Paris, Hachette, 1862. »

Huet a-t-il entendu ces vers et les a-t-il expliqués à Ménage?
Nous ne pourrions le dire, encore moins en découvrir l'application.

Nous devons encore à l'amabilité de M. A. Gasté d'avoir pu
retrouver une autre poésie inédite de Malherbe. L'éminent profes-

---

(1) *Ms. in-4°-206* de la Bibliothèque de Caen.

seur de la Faculté de Caen se rappelait l'avoir vue dans un in-folio
mis en vente, il y a quelques années, chez Firmin-Didot (numéro
3033 du catalogue numéro 2), et ayant certainement appartenu
au poète, puisqu'on y retrouve, écrit de sa main, le verset du
psaume XXXVI dont nous avons déjà parlé :

Delectare in Dño, et dabit tibi petitiones cordis tui,

et, au-dessous, la signature de Malherbe, avec paraphe et date :

Fr. Malherbe § 1612.

Nous avons voulu savoir ce qu'était devenu ce livre qui a
pour titre : *Raderi Matthæi, S. J... ad Val. Martialis Epigrammaton
libros omnes, Ingolstadt 1611*, et nous avons découvert qu'il était
actuellement la propriété de M. V. Sardou. L'illustre Académicien
n'a pas dédaigné de répondre à nos sollicitations, et il nous a
très gracieusement communiqué le fac-simile de l'autographe de
Malherbe, qu'il a lui-même relevé avec le plus grand soin (1).

Cette poésie, composée de six strophes, n'a pas trait aux œuvres
de Martial. Ecrite sur une feuille de papier doré sur tranche, qui
mesure 22 centimètres sur près de 16, elle n'a été fixée à la feuille
de garde du livre qu'à titre d'autographe. C'est un fragment, ou,
pour mieux dire, un brouillon, selon toute apparence assez
péniblement travaillé, et dont la lecture n'est pas difficile, sauf
pour un mot qui passe notre science, le cinquième du premier
vers de la seconde strophe. Il y a bien *debis*, et il n'est pas possible de lire *subis* qui se présente tout d'abord à l'esprit. C'est
peut-être un nom propre, précédé de la préposition *de* dont l'*e*
muet serait élidé et remplacé par une apostrophe qui manquerait
dans le texte de ce mot comme elle manque partout ailleurs. Mais
l'application de ce nom, soit à une personne, soit à un pays ou à
une ville, nous échappe complètement. M. A. Gasté croit qu'il
faut lire : *d'Ibis* et rétablir ainsi le vers :

Que tous les maux d'Ibis n'aient eu que fictions.

Malherbe a pu, en effet, faire allusion à tous les genres de malheurs
et de tourments marqués dans l'histoire et la fable et qu'Ovide,

(1) Dans ce livre sont des annotations latines en marge, aux pages 123, 124,
125, 126, 127, 233, 247, 248, 277, 395, 403, 463, 497, 558, 559, 634 et 757.
M. V. Sardou hésite à croire qu'elles soient de la main de Malherbe.

13.

dans son poème satirique d'*Ibis*, souhaitait, en de violentes imprécations, à son perfide ennemi dont il a cru devoir taire le nom. De fait, ces « maux » n'eurent « que fictions », et restèrent à l'état de malédictions.

Le dernier vers de la même strophe :

« Aussy bien na til plus leffect des alcions »,

est, lui aussi, peu compréhensible. Les Alcyons, consacrés à Thétis, étaient le symbole de la paix et de la tranquillité, et ne pouvaient faire leur nid sur la mer que quand ses eaux étaient calmes, c'est-à-dire pendant les quinze jours alcyoniens qui précédaient et suivaient le solstice d'hiver. Nous ne voyons pas trop la relation de ce détail mythologique avec le « bel euil plein de larmes, etc. (1). »

Chaque strophe est composée de cinq vers, le premier et le cinquième alexandrins, les trois autres de huit syllabes. Le premier, le deuxième et le cinquième riment ensemble et ont des rimes masculines; le troisième et le quatrième, des rimes féminines. La première, la troisième et la quatrième strophes sont précédées, dans le milieu de l'interligne, d'un signe qui se rapproche beaucoup d'un *8* ouvert par le haut et suivi, avant la troisième strophe, d'un trait de plume : 8 — ; la seconde strophe est plutôt précédée d'une espèce d'*S* que traverse une barre : ⩝ : c'est le signe, ou plutôt le paraphe que nous rencontrons, d'ailleurs, avec de légères modifications, dans les signatures connues du poète. Les deux dernières strophes ne portent point ces signes et sont écrites au verso de la page fixée à la feuille de garde du livre. Enfin, dans toutes ces strophes il y a absence complète de ponctuation, peu ou point d'accents, et, comme dans toutes les écritures du temps, le *v* écrit comme l'*u*.

Voici ce fragment de poésie qui, nous le craignons avec M. V. Sardou, n'ajoutera rien à la gloire de Malherbe. Nous aurions voulu, non seulement donner le texte de ces vers, mais pouvoir préciser la personne qu'il entendait consoler en les lui dédiant. Il nous a été impossible d'élucider ce point, faute de données suffisantes fournies par les vers eux-mêmes. Malherbe a corrigé deux

(1) Malherbe fait ailleurs allusion aux Alcyons et à leur nid; par exemple, 2ᵉ stance de la *Consolation à Caritée.*

vers, le troisième de la seconde strophe, et le premier de la cinquième : nous mettons entre parenthèses les mots biffés, et, au-dessus, la variante ou correction.

8

Je fait uoir mes regrets pour nourrir uos douleurs
De panser arrester uos pleurs
Cest croire sus la mer egee
Des flots et des uens assiegee
Mesme dans le naufrage euiter ses malheurs

§

Que tous les maux debis naît eu q fictions
Au prix de uos afflictions
ure
(Et) que (ce) bel euil plein de larmes
Nous face treuue (1) de ses charmes
Aussy bien na til plus leffect des alcions

8 —

Que le monde et les cieux ressentent uos malheurs
Et prennent part a uos douleurs
Et qu-a nous en donner des marques
Auiourdhuy nous uoions les parques
Accuser les destins et se dissoudre en pleurs

8

Ne donnes quaux regrets uos sens ni uos desirs
Nepargnes iamais uos soupirs
Pleignes uous blames le silence
Que lexces et la uiolence
Soit en uos actions comme en uos deplaisirs

(1) Sans doute pour *trève*.

ressens uos
Je (pleins ure) douleur mais pour la consoler
Je ne dois pas le uous celer
Je me suis trouue sans parolle
Immobile ainsy quun idole
Nestant plus anime ie ne uous
sceu parler

Mais en uain uos soupirs sont dun peu
retardes
Que seuls ils soient uos affides
Que uos pleurs durent mil annees
Et ne soient iamais terminees
Mesurant uos ennuis a ce q uous perdes

Les poésies de Malherbe ont été, jusqu'à ce jour, gardées avec un culte religieux : il en sera de même, nous n'en pouvons douter, de celles que nous venons de signaler. En apportant cette nouvelle pierre au monument durable que la fin de ce siècle a entrepris d'élever à la gloire de Malherbe, nous avons simplement voulu justifier, une fois de plus, l'éloge que le poète, dans son noble orgueil, fit un jour de lui-même et de son œuvre :

Ce que Malherbe écrit dure éternellement.

PIÈCES JUSTIFICATIVES

I

CATALOGUE ALPHABÉTIQUE DES PERSONNES
DE NORMANDIE
QUI ONT ÉTÉ ANOBLIES, ETC.,
par CH. DE QUENS, avocat à Caen,
et disciple du P. André.
(Ms. in-4° 111 de la Bibliothèque de Caen).

Famille de Malherbe.

La Baronnie de la Haye-Malherbe, proche le pont de l'Arche, diocèse de Rouen.

Un seigneur danois, compagnon de Rollou, 1er duc de Normandie, prit le surnom de cette Baronnie.

Plusieurs branches et en grand nombre de ses descendants, tant en France qu'en Angleterre.

L'abbaye de Royaumont possède aujourd'hui cette Baronnie de la Haye-Malherbe.

Les armes de *Saint-Agnan-le-Malherbe.....* d'argent semé d'hermines, et 6 roses de gueule, 3, 2 et 1 ; supports, 2 lions.

Les armes des *Malherbe de la Meauffe* : d'or à 2 jumelles de gueule, et en chef 2 lionceaux de même passans l'un contre l'autre.

Les armes des *Malherbe Meuvaine* : de gueule à 6 coquilles d'or, 3, 2 et 1 au chef d'or, chargé d'un lion passant de gueule.

Plusieurs branches de Malherbe établies en Angleterre (1).

Les Malherbe d'Arry, du Bois, du Buisson, de Missy, de Clopée, de Fresnay, d'Escures, etc., branches des du Bouillon...

____

(1) p. 131 du ms.

Branches de Missy, la Pigacière, Digny, divisions de celle d'Arry.

Fief d'Escorchebœuf situé dans la paroisse de Lacy (1).

Guillaume de Malherbe, 2e du nom. escuyer, sgr. du Bouillon et (d'Escorchebœuf, paroisse de Lacy), mort à Caen, enterré dans l'église Saint-Etienne (2).

Jacq. Malherbe d'Orbec, déclaré d'ancienne noblesse par arrest du 3 déc. 1519 (3).

Jacques, fils Guillaume, escuyer, sgr. du Bouillon et d'Escorch., lieut. gén. du viconte d'Orbec, fut inquietté sur sa qualité de noble par les habitans dud. lieu, et obtint arrest de la cour des Aydes le 3 déc. 1519 qui le maintient comme noble d'ancienne race, ayant prouvé authentiquement, dit le dict. de la noblesse, qu'il était issu de l'anc. maison de Saint-Agnan-le-Malherbe (4).

Jacques, fils dud. Jacques (5), escuier, sgr. du Bouillon et d'Escorch., lieuten. gén. crim. à Caen, sgr. de Savenai, faisant partie de celui du Bouillon dans la serg. d'Evreci..., mort jeune..., avait épousé, en 1580, Marie Anger, sœur de Madel., femme d'Antoine Turgot, sgr. du Mesnil-Gondouin ; elle était veuve en 1593 (6).

Le 11 février 1583, Ludovique Malherbe, fille de noble homme Me Jacques... lieutenant criminel, et Damlle Marie Anger, bapt. à Saint-Sauveur de Caen, et nommée par Damlle Diane Marguerite Michel Anger, et Marguerite, femme de noble homme Me Jean Turgot (7).

Le 5 fév. 1600, mariage célébré à Saint-Sauveur de Caen entre noble homme Jacques Bénart, sr de Rotot conseiller au Bailliage... et Damlle Ludovique Malherbe, fille de deffunct Me Jacques Malherbe, esc., lieut. gén. criminel au Bailliage...

Le 22 janvier 1616, Dlle Ludovique Malherbe, femme de n. h. Jacque Bénart, sr de Rotot, conseiller au Baill., inhumée à Saint-Sauveur (8).

François Malherbe, sr du Bouillon et d'Ecorchebœuf, fils Jacques, lieut. gén. crim. demt à Caen, led. Jacques fils Gabriel, fils Jacq. qui obtint arrest contrad. aux aydes, comme anc. noble, du 3 déc. 1519 (9).

François de Malherbe, escuier, sgr. du Bouillon, trés. de France à Caen, produit ses titres de nobl. en 1599 devant M. de Roissi... et maintenu comme d'escendu des Saint-Agnan-le-Malherbe (10).

(1) p. 131 du ms.
(2) p. 132.
(3) p. 124.
(4) p. 132.
(5) Ou plutôt, petit-fils dud. Jacques.
(6) p. 132.
(7) p. 157.
(8) Ibid.
(9) p. 124.
(10) p. 132-133.

Mardi 15 févr. 1605, mariage célébré à Saint-Sauveur, entre noble homme François Malherbe, sr du Bouilllon et Dam^{lle} Judic le Valois, fille de feu Jean le Valois, sr d'Ifs (de Saint-Sauveur)... présens noble homme Mc Malherbe conseiller au présidial (1).

Le 22 avril 1618, Jacques, fils François Malherbe, escr. sr du Bouillon, pr du Roi au baill. et siège présidial de Caen et de Dam^{lle} Judic le Vallois... baptisé à Saint-Sauveur et nommé par Me Jacques Bénart, escr., sr de Rotot, conseiller au siège présidial..., et Dam^{lle} Marie Lambert, v^{ve} de feu Eléazar Malherbe, conseiller aud. siège (2).

En 1518, Me Jean Malherbe, sieur d'Arry, lieutenant général du Bailly de Caen, après Me Hugues Bureau... Entré dans cette charge en 1518.

En 1532, Me Jean Malherbe, sr de Mondreville, lieutenant général du Bailli de Caen, se trouve à l'entrée du Roi François Ier dans la ville de Caen... en avril 1532... mort en 1551 (3).

Pierre, sr de la Pigacière, cousin... de germain des susd., fils Bertrand, fils Guillaume, desnommé aud. arrest, dem^t à Missy, serg. de Villers, élect. de Caen. Son fils André (4).

Le 14 mai 1615, noble homme André Malherbe, de la paroisse de Missy, et D^{lle} Marie Gosselin... mariés à Saint-Etienne...

Fils Pierre, fils Bertrand, sr de la Pigacière, fils Guillaume, sr de Missy, 5e fils de Jean sieur d'Arry et de Cath. le Verrier... Led. Guillaume avait épousé Marie d'Elbeuf (5).

Led. André eut un grand procès avec François de la Rivière, escr., sr de Missy, pour sa qualité, dans lequel intervinrent Eléazar, Jacque, Augustin et Pierre, escrs, s^{rs} de Digny ses cousins issus de germain, arrêt des M^{res} des requêtes de l'Hôtel du 19 septembre 1645, les maintient dans la qualité de nobles d'ancienne race, et issus de la famille des Malh. Saint-Agnan.

Maintenu d'abord dans sa noblesse d'ancienne race le 3 août 1643 par M. de la Poterie, intend^t de Caen (6).

Guillaume, flamen, chanoine du St-Sépulchre, prieur de la Maison-Dieu de Caen, et conservateur des privil. apost. de l'Université.

En 1593, M. de Digny, sa femme et ses filles... M. Malherbe inscrits au catalogue des communiants de Pâques à Saint-Etienne-de-Caen.

En 1596, M. Mauerbe (sic) et sa femme... Mlle Digny inscrits de même (7).

(1) p. 157.
(2) Ibid.
(3) p. 137.
(4) p. 124.
(5) p. 145.
(6) p. 145.
(7) p. 140.

Le j. 21 nov. 1613, mourut env. 10 heures du soir Dam^{lle} Louise le Vallois, femme de Digni, âgée de 82 ans (Note Beaulart) (1).

François, s^r de Digny, fils de Guillaume. s^r de Missi (branche d'Arri) et de Marie d'Elbeuf, mort fort âgé en 1606, avait épousé le 13 juillet 1554, Louise le Vallois, fille de Henri, s^r d'Ifs, et de Cath. le Jolly... conseiller au bailliage de Caen, dit M. Huet, ou assesseur, devient protestant dans ses dernières années... Le fils, de chagrin, quitte Caen âgé d'env. 19 ans... épouse en Provence Madelaine de Coriolis, veuve d'un conseiller, et fille d'un président du parlement d'Aix... Ses enfants de ce mariage morts avant lui (2).

En 1581, Me François Malherbe. s^r Digny, conseiller au siège présidial de Caen, donne à l'Université de Caen xvi escus ii tiers de rente (3).

En 1594, noble homme Eléazar Malherbe, cons^{er} au siège présidial de Caen, trésorier de lad. église (de Saint-Etienne) (4).

François de Malherbe (le poëte), né à Caen en 1555, ou 6, de l'illustre maison des Malherbe St-Aignan... dans la décadence depuis 200 ans... L'histoire de Normandie et la voix commune du pays attestent que cette maison est tenue pour l'une de celles qui suivirent il y a 600 ans le duc Guillaume, lors de la conqueste d'Angleterre, et pour le justifier, l'écusson de leurs armes est aujourd'hui parmi 30 ou 40 des principales du temps, en l'abbaye de St-Etienne de Caen, dans une salle qui a été sauvée du ravage des premiers troubles en cette maison...

Les armoiries, étant dans une salle de l'abbaye... n'y ont été mises que vers la fin du xive siècle (5).

Malherbe, gentilhomme du duc d'Angoulême, fils naturel de Henri II, grand prieur de France, gouverneur de Provence en 1579, après le maréchal de Retz; et ce fut par la protection de ce duc d'Angoulême (tué à Aix en 1586) qu'il parvint à épouser la D^e de Coriolis (6).

Malherbe paroit à la cour vers 1604..., gentilhomme ordinaire de la maison du Roi vers 1605...

Le mardi 29 mai 1607, Augustin Malherbe, fils de Me Eleazard... escuyer, conseiller du Roi au siège présidial de Caen, bapt. à St-Etienne de Caen (7).

Le 26 juin 1611, Me Charles du Verney, escuier, conseiller du Roi, lieutenant général des eaux et forêts au Bailliage de Caen..., et Dam^{lle}

(1) p. 138.
(2) p. 137.
(3) p. 140.
(4) Ibid.
(5) p. 137.
(6) p. 138.
(7) p. 140.

Loyse Malherbe, fille de M⁰ Eléazard Malherbe... mariés à St-Estienne de Caen, présens led. sʳ Eléazar, et Dam^{lle} sa femme... Dam^{lle} Loyse le Vallois, grande mère... (1).

Le 20 juin 1616, noble homme Eléazar Malherbe... inhumé dans le chœur de St-Etienne (2).

Le 13 juin 1619, Marie Lambert, veuve d'Eléazar de Malherbe, sʳ de Digny, frère puîné du poète François, qu'elle avait épousé en 1594, fit dresser un procès-verbal par le lieuten. gén. de Caen des armes des seigʳˢ de Malh. St-Aignan, peintes dans une salle de l'abbaye Saint-Etienne de Caen, et les religieux attestèrent sçavoir par tradition de leurs anciens que ces armes et autres avaient été peintes par ordre du duc Guillaume en faveur de la nobl. qui l'avoit suivi en Anglet. Ces armes de Malh. St-Agnan furent peintes eu marge du procès-verbal par le peintre voyer (3).

Lundi 12 oct. 1615, noble homme Estienne Laisney, et Dam^{lle} Marie Malherbe, tous deux de St-Etienne... mariés à St-Etienne... présens M⁰ Eléazar Malherbe, conseiller du Roi... et Mad^{lle} sa femme (4).

Eléazar de Malherbe, xᵈ du nom, fils d'Eléazar, escr, conseiller au baill... et de Marie Lambert. Jacques, Augustin et Pierre mort sans hoirs, et Jean, frères dud. Eléazar second du nom. Led. Jean, relig. bénéd. de l'abbaie de St-Et. de Caen, mort diacre le 22 oct. 1625 (5).

Le 1ᵉʳ janvier 1644, D^{lle} Marie Lambert, vᵛᵉ de M. Malherbe, escuier, conseiller du Roi au Baill. de Caen, inhumée dans le chœur de Saint-Etienne, par permission du sr curé, sans attribution de droit (6).

Le 24 mars 1611, Eléazar de Sarcilly, sʳ de Chandeville, né à Brucourt, terre de son père, proche Caen... Sa mère étoit de la famille du poète Malherbe... avait du talent pour la poésie... parent de M. de Grancey... M. de Grancey le mena à Paris où il mourut en 1633 (7).

Le mercredi 29 avril 1665, Révérend Père François Malherbe, prestre, jésuite, âgé d'environ 64 ans et 4 mois... natif de Saint-Etienne de Caen... inhumé dans le chœur de St-Etienne (M⁰ Germain Guillebert, curé) (8).

Le 9 juillet 1641, Charles Cousin, escuier, sʳ de la Rivière, de la paroisse de Méry, et D^{lle} Catherine Malherbe..., mariés à St-Etienne, présens... Eléazar Malherbe, escuier, cons. du Roi au bail., Pierre Malherbe, escuier, sʳ du Désert (9).

(1) p. 140-141. — (2) p. 141. — (3) p. 152. — (4) p. 142. — (5) p. 149. — (6) p. 146. — (7) p. 138. — (8) p. 146. — (9) p. 146.

II

SUITE GÉNÉALOGIQUE

RÉDIGÉE PAR LES DIFFÉRENTS MEMBRES DE LA

FAMILLE DE MALHERBE,

DEPUIS 1520 JUSQU'A 1771.

(Ms. sur parchemin, Archives du château de Juvigny).

Gabriel de Malherbe, fils Jacques, marié à Jacqueline Beaussain, le 26 juillet 1547.

Jacques de Malherbe, fils Gabriel, lieutenant criminel, marié à Marie Anger, la veille St Clair 1580. Ce Jacques, lieutenant général criminel au Bailliage et siège présidial de Caen, naquit à Orbec le 19 janvier 1549; prit ses degrés aux Universités de Paris et de Bourges; revint à Caen; épousa, en 1580, Marie Anger, petite-fille du célèbre imprimeur de ce nom, et sœur de Madeleine Anger, femme d'Antoine Turgot. Il fut pourvu de l'état et office de lieutenant général et criminel au Bailliage et siège présidial de Caen dans le courant de l'année 1578, sur la résignation de Me Hiérosme le Picard, possesseur duquel estat; décéda le 14 décembre 1592; fut inhumé en l'église de Savenay; était alors âgé de 43 ans.

François de Malherbe, fils Jacques, sr du Bouillon, conseiller du Roy et trésorier général à Caen, naquit en cette ville le 23 octobre 1586; fut nommé en l'église St-Sauveur de Caen par noble homme François de Nocy, sr de Torquesme et du Coudray, et noble homme Olivier de Moges, sr du Moutier, et damoiselle Magdeleine Anger, sa marraine; épousa en 1res noces, Judith le Vallois, et en 2des, Damoiselle Anne le Clerc, fille de noble homme Jacques le Clerc, sieur d'O, conseiller du Roy au S. P. de Caen, et de damoiselle Anne de Cauvigny; mort le 18 janvier 1650; devenu premier président de sa compagnie en l'an l'an 1647, par le décès de Morin d'Escajeul.

Jean de Malherbe, seigneur d'Arry, marié à Catherine le Verrier.

Guillaume de Malherbe, sieur de Missy, marié à Marie d'Elbeuf.

Ses enfants :

Guillaume de Malherbe, chanoine du St-Sépulcre; nommé prieur de l'Hôtel-Dieu, en 1555, sur la résignation de son oncle, Jacques de Moges; mort en 1573.

François de Malherbe, sieur Digny, marié à Louise le Valois, le 13 juillet 1554, dont :

François de Malherbe, le poète.

Eléazard de Malherbe, conseiller au siège présidial, marié à Marie Lambert d'Ouville, le 21 mars 1594.

Jeanne, morte en bas âge.

Pierre, mort à 17 ans à Lisieux, au retour du siège de la Fère.

Josias, mort en bas âge.

Marie de Malherbe, mariée en 1591 au sr le Fauconnier, sieur de Feuguerolles, trésorier de France, dont plusieurs enfants mâles.

Etienne, mort en bas âge.

Louise de Malherbe, mariée au sieur de Colombier Guerville en 1586, mort de la peste au mois d'août 1588.

Henry le Valois, escuyer, sr d'If ou des Ifs, marié à Catherine le Joly.

Jean le Valois, son frère, sr d'If et de Montenay ; sa 1re femme morte en 1587 ; épouse en 2des noces, Jeanne de Mainbeville.

Charlotte le Valois.

Marie le Valois, mariée à Pierre Beaullart, sr de Maizet.

Louise le Valois, mariée le 13 juillet 1554, à François Malherbe, sr Digny.

Jean Malherbe, seigneur d'Arry, marié trois fois : 1o avec Jeanne d'Elbeuf, fille de Jean d'Elbeuf, sr de Fourmelot, et de damlle la fille du sieur de la Cressonnière ; 2o avec Marguerite de Moges, fille de Pierre de Moges, esc., sr de Buron et de damoiselle Catherine de Bernières ; 3o avec Jeanne de la Valette de Troismonts, dont :

Louise Malherbe, mariée à Etienne Duval de Mondrainville ; Isabeau, mariée à Christophe de Marguerie, escuyer ; autre fille, Jeanne, mariée à Pierre le Bourgeois, écuyer, sieur de Navare et de Benauville, lieutenant particulier au Bailliage de Caen.

Le 11 novembre 1613, mourut, environ 10 heures du soir, Damoiselle Louise le Valois, femme du sieur Digny, âgée de 82 ans (note Beaullart).

En 1594, noble homme Eléazar Malherbe, conseiller au siège présidial de Caen, trésorier de l'église St-Etienne, épouse, par contrat du 21 mars 1594, Marie Lambert d'Ouville.

Le 20 juin 1616, noble homme Eléazar Malherbe, conseiller du Roy au siège présidial de Caen, inhumé dans le chœur de St-Etienne.

Le 1er janvier 1644, Damlle Marie Lambert, veuve de Me Malherbe, escuyer, conseiller du Roy au bailliage de Caen, inhumée dans le chœur de St-Etienne par permission du sr curé sans attribution de droit.

Du mariage d'Eléazar Malherbe et de Marie Lambert plusieurs enfants :

Eléazar, sr Digny, conseiller au bailliage et présidial de Caen ; marié à Madeleine Allain ; maintenu avec ses frères et son cousin André, sr de la Pigacière, le 3 août 1643, dans la qualité de noble d'ancienne race par Mr de la Poterie, intendant de la généralité de Caen.

Jacques, marié à Marie de Vendes.

Augustin, éc., s^r Digny, marié à Gabrielle de Cheux, le 30 juillet 1636.

Pierre, sieur du Dézert, mort sans alliance.

Jean, religieux bénédictin en l'abbaye de St-Etienne de Caen, mort diacre le 22 octobre 1625.

Louise, mariée à Charles du Vernet, esc., sieur de Cristot, lieutenant général des eaux et forêts au bailliage, le 26 juin 1611.

Marie, mariée à Etienne Laîné, le 12 octobre 1615.

III

Registre des minutes

du Tabellionage de Caen,

depuis le 1er juillet jusqu'au 1er octobre 1612.

(Archives du Calvados).

---

2 juillet 1612.

Des procès pendants et indécis entre noble homme Thomas de la Rivière, sieur de Missy et des fiefs de Lesbizés, de la Motte Hébert et du Plécis d'une part, et Pierre Malerbe, escuier d'autre; l'ung d'iceux résultant des reproches baillées par ledict sieur de Missy et de plusieurs adveus à luy rendus par ledict Malherbe par devant Monsieur le Bailly de Costentin au siège de Coustances auquel siège les descords et différends entre lesdictes parties avoient été renvoyez par arrest donné en la court de Parlement de Rouen du cinquième jour de novembre dernier passé. En procédant sur lesquelles reproches ledit Malherbe avoit obtenu lettres royaux en la chancellerie du Roy notre sire à Rouen du troisième jour de mars aussy dernier passé pour en deffendant auxdictes blasmes estre rellevé de l'adveu par luy rendu de 4 accres de terre du nombre d'une pièce de terre contenante cinq acres et receu à soustenir entre autres choses que à cause d'icelle pièce il avoit droicture de franc moudre aux moulings de Monceaux appartenant audict sieur de Missy et droicture de coulombier : duquel relief ledict sieur de Missy avoit prins deffense au moien de laquelle le dict Malherbe avoit esté appointé à bailler propos sur l'inthérignement desdictes de relief et condampné aux despens du retards du procés de ce qui s'estoit faict sur lesdictes reproches depuis ledict adveu par lui baillé desdictes 4 acres de terre, ledit adveu dabté du vingte jour de juing l'an mil six cents et douze; lesquels despens avoient esté réservez à taxer par déclaration. Et ordonné que ladicte instance de relief seroit poursuivie séparément d'avec les autres reproches d'aveux baillés par ledict sieur de Missy contre les autres adveus des autres héritaiges appartenans audit Malherbe; de laquelle sentence dabtée du..... jour de.....: dernier passé ledict Malherbe avoit interjecté appel en ladicte court de Parlement à Rouen. En laquelle ledict sr de Missy avoit fait anticipper ledict Malherbe. L'aultre procez et instance aussy pendant en ladicte court sur la commise et confiscation prétendue par ledict sieur de Missy de plusieurs héritaiges et maisons assis en ladicte parroisse de Missy vendues audict Pierre Malherbe par noble homme François Malherbe par contract passé devant tabellions à Villers et Evrécy le saize jour de septembre dernier passé par le prix et somme de unze mil livres pour avoir conscessé la teneur des rentes et subjections desdicts héritaiges et des accordz fáictz pour les rentes et subjections d'iceux, l'ung devant tabellions à Caen le dix huicte jour de juillet l'an mil cinq centz cinquante et deux, l'autre aussy devant tabellions audict Caen le premier jour de may l'an mil cinq centz soixante et sept, et l'autre passé au mesme tabellionage de Caen le dernier jour d'octobre l'an mil cinq centz quatre vingtz neuf, au préjudice aussy de la déclaration baillée aux pledz de ladicte sieuryc de Missy le quinziesme jour de may l'an mil six centz et neuf par ledict Malherbe et Me Eléazar Malherbe, escuyer, son cohéritier tant de leurs héritaiges que de ceux vendus par ledict contract et leur appartenans audict François Malherbe et d'eux signés pour estre ladicte déclaration veue par ledict sr de Missy et suivant ledict contract de transaction dudict an mil cinq centz soixante et sept. Cotté sur icelle la teneur et subjections desdicts héritaiges et laquelle déclaration auroit depuis esté renduc audict Pierre Malherbe, cotté par ledict sieur sellon qu'il faisoit apparoir par les rellations des prévotz de sesdites sieuries dabtées du sixe jour de juillet l'an mil six cents et dix. . . . .

Signé : Mallerbe.

IV

REGISTRE DU TABELLIONAGE
DE CAEN.
(HÉRITAGES, 1591).
(Archives de Me Moisy, notaire).

Du dix-huictiesme jour de décembre mil cinq cens quatre vingt et
unze.....

Furent présents nobles hommes Me François Malherbe sieur Digny et
Jehan le Coustellier, sieur de la Garenne, procureurs spéciallement fondés..... quand à ce qui ensuit, de noble homme Me Robert le Boctey,
sieur de Marolles et damoiselle Marie Malherbe son espouse, par procuration passée devant Guill^e Moullin et Symon de la Croix tabellions royaulx
à Thiberville le deux^e jour de ce présent mois et an... Lesquelz au nom
desdits sieur et damoiselle de Marolles, pour eux et leurs hoirs, confessent
avoir vendu, quitté et délaissé affin d'héritage à honneste homme
M. Guillaume Hullin m^e chirurgien et barbier en l'Université de Caen à
ce présent..... C'est assavoir les héritages qui ensuyvent situés et assis
aux terreins de Mesnil-Patry, Cristot, Cheux et aux environs appartenant
auxdicts mariés à cause de la damoiselle fille et héritière de feu noble
homme Pierre Malerbe. ....

V

PIÈCES ORIGINALES.
(1816e volume. — N° 41,954).
(Bibliothèque nationale).

De Malherbe en Normandie (1).

L'an mil cinq cens vingt et trois, le xIII^e jour de septembre, devant
nous Jacques Malherbe, escuyer, lieut. g^{al} de Monseigneur le viconte
d'Orbec..... (2).

(1) Pièce 1re, sur papier.
(2) Pièce 25e, sur parchemin.

A tous ceulx qui ces lettres verront ou orront, Jacques Malherbe, escuier, garde du scel des obligations de la viconté d'Orbec, salut. Savoir faisons que aujourd'hui, neuf^{me} jour d'avril après Pasques l'an mil cinq cens XXIII..... (1).

1er février 1523 : lettre de Jehan Malherbe, escuier, licencié aux lois, lieut. g^{al} de noble homme Monseigneur le bailly de Caen..... (2).

4 octobre 1528, autre lettre du même (3).

18 mars 1535, ordre de paiement transmis par le même (4).

Item le... mars 1536 (5).

Quittance du même, octobre 1537 (6).

Françoys Malherbe, escuier, conseiller du Roy notre sire en son siège présidial de Caen, commissaire de la court de parlement en ceste partie pour la..... des lieutz de Monseigneur le bailly de Caen et autres conseillers audit siége, au viconte de Caen recepveur du domaine de ladite viconté ou son lieut., salut. Nous vous mandons que des deniers de vostre recepte vous payez et délipvrez à Jacques et Jehan dictz de Haryvel escuiers la somme de six livres que leur avons taxées et adjugées du consentement du procureur du Roy et procureur du duc de Ferrare contrôleur dudit domaine..... Caen, le traizième jour de décembre au V^{c}LIX.

Signé : Malerbe (7).

3 oct. 1578 : fut présente damoyselle Loyse Malherbe, v^{ve} de deffunct noble homme Etienne Du Val en son vivant sieur de Mondreville... (8).

Mardi 25 novembre 1620 : fut présente Damoiselle Marie Anger, veuve de feu noble homme Me Jacques Malherbe vivant sieur du Bouillon conseiller du Roy et lieut. général criminel au bailliage et siège présidial de Caen..... (9).

Généalogie des Malherbe, seigneurs de St-Aignan le Malherbe, de Landes, du Bouillon, de Jouy, d'Arry, etc., d'après une ancienne généalogie sans date (10).

Généalogie du S. de Malherbe Fresney pour servir de mémoire (11).

(1) Pièce 27e, sur parchemin.
(2) Pièce 26e, sur parchemin.
(3) Pièce 28e, sur parchemin scellé d'un cachet de cire noire.
(4) Pièce 30e, sur parchemin.
(5) Pièce 31e, sur parchemin.
(6) Pièce 32e, sur parchemin.
(7) Pièce 34e, sur parchemin.
(8) Pièce 35e, sur parchemin.
(9) Pièce 40e, sur parchemin.
(10) Pièces 66e, 67e, 68e, 69e (p. 1-7), sur papier, écriture du XVIIIe siècle.
(11) Pièces 82e et 83e, sur papier.

Mémoire pour la famille de Malherbe, 5 mars 1774 : c'est la copie, avec quelques variantes de la pièce précédente. Une de ces variantes consiste à faire descendre les Malherbe du duc Rollon, en se basant sur Duchesne, lib. 25, cap. 45 (1).

Mémoire qu'a l'honneur de présenter le sieur de Malherbe Fresney : (nouvelle copie, avec quelques variantes, de la même généalogie) (2).

Malherbe, famille de Normandie, dont les s^{rs} du Bouillon, porte d'argent, chargé d'ermine sans nombre et six roses de gueules (3).

VI

Carrés de d'Hozier.

(Volume 405, pièce 90, original en parchemin).

(Bibliothèque nationale).

Du 12e janvier 1600.

A tous ceux qui ces lettres verront, maistre Maurice de Droullin escuier sieur de Chantelou et Mesnil-Aize, conseiller du Roy nostre sire et son advocat garde et propriétaire des sceaulx aulx obligations des vicontés d'Argentan et d'Exmes, salut. Sçavoir faisons que par devant Pierres Regnault et Matthieu de l'Estang escuier tabellions jurés commys et establis es dites vicontés au siége de Moulpinçon, ensuit trois lotz et partages des héritages qui furent à noble homme Guillaume Malerbe, escuier, sieur de Clopée, venuz et escheuz par la mort et trespas dudit sieur de Clopée à nobles hommes Charles, Henry et Pierres Malerbe, ses enfants, ledict Pierres en bas âge, et lesdictz lothz faicts par les parents et amys dudict soubsâgé présents, à sçavoir nobles hommes maistres Françoys Malherbe, sieur de Digny, Eléazar Malerbe, conseiller du Roy au siège présidial de Caen, Grégoire de la Serre sieur d'Escotz advocat du Roy aud. syége présidial de Caen, maistre Jehan le Coustellyer sieur de la

(1) Pièces 78e et 79e, sur papier.
(2) Pièces 80e et 81e, sur papier.
(3) Pièce 92e, sur papier.

Garenne, Hugues de la Ménardière sieur de Grentheville, tous par procuration baillée à noble Estienne du Boussel sieur de Beauval passée
devant Pauger et le Gabelleur tabellions en la viconté de Sainct Silvin au
siège de Vaucelles de Caen le trentième jour de décembre mil cinq cens
quatre vingt dix neuf incérée au bas de ce présent, et nobles hommes
Jouachin Héroult sieur de la Rivière, Robert Malerbe sieur d'Arry, Robert
Malerbe sieur de Guarsalle, Berthain Malerbe sieur du Buisson, Joham
Malerbe sieur du lieu, Henry Malerbe frère dudict soubsàgé, Salomon
Malerbe sieur du Quesnay, Charles Malerbe sieur de Launey. Desquels
lotz et partages la teneur ensuit.....

..... De laquelle procuration demeurée vers lesdictz tabellions..... la
teneur ensuit.

A tous ceulx qui ces lettres verront le garde du scel des obligations de
la viconté de Sainct Silvin et le Thuit, salut. Sçavoyr faisons que par-
devant Jehan le Gabelleur et Pierre Pauger tabellions royaulx en la dite
viconté pour le siége de Vaucelles de Caen, furent présens nobles hommes
maistre Françoys Malerbe, sieur de Digny, maistre Eléazar Malerbe,
conseiller du Roy au siége présidial de Caen..... tous proches parens et
amys de Pierres Malerbe, enfant soubsàgé de deffunct noble homme
Guillaume Malerbe, vivant sieur de Clopée, lesquelz ont donné pouvoir
audict sieur de Beauval de pour eulx avecques les autres parens dudict
soubsagé nommer ung ou deux desdictz parens pour au non dudict soubsagé faire divission des successions comunes entre lu yet ses frères aisnés...
et déclarer que l'advis desdictz constituans se rapporte à la proposition
qui a esté faicte que ledict mineur doibt estre placé en quelque bon
monastère..... Ce fut faict et passé le trente^me jour de décembre mil cinq
cens quatre vingt dix neuf.

Signé : Pauger et Gabelleur.....

Ce fut faict et passé et choissy à Notre-Dame de Fresnay le douz^me jour
de jenvyer l'an mil six centz.

Signé : Regnault   de l'Estang.

14.

VII

De certain Arrêt
donné par Mrs les Maîtres des Requêtes ordinaires
de l'Hotel du Roy,
le 19ᵉ jour de septembre 1645,
au bénéfice des Malherbe,
et été extraict ce qui s'ensuit.

(Archives du château de Jurigny).

Entre André Malherbe escʳ, demandeur en lettres du 22ᵉ jour de mai 1644 en forme d'appel de sentence rendue par le sʳ de la Poterie intendant de justice de la généralité de Caen du 2 janvier 1644 d'une part, et Charles de la Rivière escʳ sieur de Missy, Eléazar Malherbe escʳ conseiller du Roy au bailliage et siége présidial de Caen, tant pour luy que pour Jacques, Augustin et Pierre Malherbe escʳˢ criés et inthimés défendeurs, et ledit Eléazar, Jacques, Augustin et Pierre Malherbe adhérant audit appel d'autre part, et encore autre ledit sʳ de Missy demandeur en requêtes présentés au conseil le 15 novembre et 13 janviers derniers d'une part et ledit André, Eléazar, Jacques, Augustin et Pierre Malherbe défendeurs d'autre part, et encore entre ledit sʳ de Missy demandeur en autre requête présentée au conseil le 30 janvier et 1ᵉʳ février 1645 et en requête verbale jussion au procès verbal du sʳ de Bretheville commissaire à ce député du 3ᵉ jour dudit mois de février d'une part et lesdits André, Eléazar, Jacques, Augustin et Pierre Malherbe défendeur d'autre part et encore ledit dé la Rivière appelant et adhérant à son premier appel d'autre sentence rendue par ledit sʳ de la Poterie du 3ᵉ jour d'août 1643, et demandeur en faux d'une autre part et lesdits André, Eléazar, Jacques, Augustin et Pierre Malherbe inthimés d'autres sans que les quesiteurs puissent préjudicier ni partie..... par les Maîtres des Requêtes ordinaires de l'Hôtel du Roy juges souverains en cette partie, assemblés au nombre de huit en leur auditoire du Palais à Paris, les conclusions du Procureur du Roy et tout ce qui par lesdites parties assemblées a été écrit et produit par devers ledit sʳ de Bretheuil commissaire à ce député. Ouï son rapport et tout considéré lesdits Maîtres des Requêtes faisant droit sur le tout sans s'arrêter au faux ont mis et mettent ladite appellation respectivement

interjetée par lesdites parties et sentence de laquelle est appelée au néant
entendant ont maintenu et gardé, maintiennent et gardent lesdits André,
Eléazar, Jacques, Augustin et Pierre Malherbe chacun en sa qualité de
noble d'ancienne race comme sorti de la famille des Malherbe de Sainct-
Agnan, ont fait inhibition et défense audit de la Rivière et tous autres de
le troubler en ladite qualité à peine de 3,000 l. tournois d'amende et de
tout dommage et intérests, ordonné et par devant le rapporteur du procez
les mots d'inscription en faux mis au dos des pièces produites par ledit
Malherbe et contre lesquels ledit de la Rivère s'était inscrit en faux seront
rayés par devant ledit rapporteur ledit de la Rivière présent ont déclaré
appel : et sur le compte des autres demandes faites par lesdites parties
les ont mises hors de cause et procès condamnent maintiennent ledit de
la Rivière aux dépens vers ledit Malherbe tant de la cause principale que
d'appel et incident même en cas..... par l'arrêt du conseil du 10 janvier
1643, fait à Paris à la requête de l'Hôtel le 19e jour de septembre 1645.
Signé Flourt en seing et paraphe.....

Et plus bas est écrit.

Collation faite sur l'original dudit arrêt en parchemin en tant que ce
qui est en étant écrit représenté par Me François Malherbe esc., sr du
Bouillon, conseiller du Roy président et trésorier général de France à
Caen, et à lui rendu par nous tabellions royaux à Caen soussignés le 23e
jour de mars 1646.

Signé : Malherbe Crestien

Et le... chacun un seing et paraphe et sur le dos est écrit collation faite
sur ledit original par moi conseiller secrétaire du Roy maison et couronne
de France soussigné.

Signé : Angot, avec paraphe.

Collation faite sur ledit extrait écrit en papier représenté par monsieur
Messire François Malherbe esc, sr du Bouillon conseiller du Roy président
et trésorier général de France à Caen et à lui rendu par nous tabellions
royaux à Caen soussignés le 24e jour de juillet 1646.

Crestien Le Sueur

VIII

Ier Registre des baptesmes et mariages

administrés et célébrés a Caen

par moy Vincent Le Bas soussigné
ministre de la parole de Dieu audict lieu.
(Archives du Calvados, C. 1565).

———

Pierre, filz de Françoys Malherbe escuyer sieur d'Igny de Sainct Estienne présenté par Pierre Beaulard..... furent baptisés par moi souss. le neuf^e d'octobre 1561.

Le Bas

Josias fils de Me Françoys Malerbe esc^r et de Loyse le Valloys sa femme de Sainct Estienne présenté par Jean le Valloys esc. sieur d'Ifz fut baptisé par Remon des Moulins ministre de Carenten le quinziesme de décembre 1562.

Le Bas (1)

———

2me Registre des baptesmes

faicts en l'église réformée de ceste ville de Caen,

commençant le premier jour d'octobre 1563...

(Archives du Calvados, C. 1566).

———

Jan filz de Robert Vaultier. Le dimanche dix neuf^e jour de mars... ledict jour apres midy au presche faict audict lieu du tripot par mons. du Val a esté baptisé le filz de Robert Vaultier et Catherine sa femme du quartier de Froyde Rue et

———

(1) Cfr. M. C. Osmont : *Bulletin de la Société des Antiquaires de Normandie,* 3e année, 1er trimestre, janvier-mars 1862, p. 208. M. C. Osmont écrit *d'Igny* pour *d'Igny; Braulard* pour *Beaulard.*

présenté par noble homme maistre Françoys Malerbe s^r Digni qui l'a nommé Jan.

Anne fille de Jan Loysel.

Le lundy vingt sept^e jour de mars 1563 au presche faict aux escolles par Monsr du Val l'ung desdicts ministres ont esté baptisés les enfants qui ensuyvent..... Item la fille de Jan Loysel et de Marguerite Mauger sa femme de Froyde Rue et présentée par noble homme maistre Françoys Malerbe conseiller du Roy qui l'a nommée Anne.....

Eléazar filz de Abel d'Esterville.

Le vendredi premier jour de febvrier 1566 ont été baptisés par Monsieur du Val ministre au presche qu'il a faict au tripot à blé troys enfants dont les noms ensuyvent Le filz d'Abel d'Esterville et de Françoyse sa femme du cartier de Froyde Rue lequel a esté présenté par noble homme Maistre Françoys Malherbe s. d'Igny et conseiller du Roy au siège présidial en ceste ville de Caen demeurant au cartier de St Estienne qui l'a nommé Eléazar..... (1)

Marie fille de Me Robert de la Beullière.

Le mercredi premier jour de may 1566 ont esté baptisés par Mons. du Val ministre au presche qu'il a faict au tripot à blé deux enfants dont les noms ensuyvent la fille de Me Robert de la Beullière et de Catherine Bacon sa femme du cartier de St Pierre laquelle a esté présentée par Me Françoys Malherbe escuyer sieur Digny et conseiller pour le Roy au siège présidial en ceste ville du cartier de St Estienne qui l'a nommée Marie..... (2)

Eléazar filz de Thomas la Douespe.

Item le jeudi unz^e jour (de juillet 1566) au presche par Mons. du Val... item audict presche a esté baptisé le filz de Thomas la Douespe bourgeois de Froyde Rue et l'ung des anciens de cette église et de Françoyse le Maistre sa femme lequel a esté présenté par noble homme maistre Françoys Malerbe sieur d'Igny et conseiller magistrat pour le Roy au siège présidial en ceste ville qui l'a nommé Eléazar (3).

Marie fille de noble homme Me Françoys Malherbe s^r Digny.

Le vendredi vingt sept^e jour de décembre 1566 a esté baptisé par mons. Pinson ministre au presche qu'il a faict au tripot a blé la fille de noble homme maistre Françoys Malherbe sieur Digny conseiller magistrat au siège présidial en ceste ville de Caen et de dam^{lle} Loyse le Valloys sa femme demeurantz au cartier St Estienne laquelle a esté présentée par Pierre Beaulard escr. s^r de Meset qui l'a nommée Marie (4).

Daniel filz de Thomas Byot serg.

Le dimanche vingt neuv^e jour de décembre 1566 ont esté baptisés par Mons. du Val ministre au presche qu'il a faict au tripot a blé ce matin

(1) Cfr. M. C. Osmont, loc. cit, p. 209. Il écrit encore *Iguy* pour *Igny*.
(2) Ibid.; il écrit *Baron* pour *Bacon*; *Iguy* pour *Igny*.
(3) Ibid.; *mardy* est mis pour *jeudy*; *Iguy* pour *Igny*.
(4) Ibid.; *26e* est mis pour *27e*; *Iguy* pour *Igny*; *Braulard* pour *Beaulard*.

troys enfants dont les noms ensuyvent le fils de Thomas Byot l'ung des sergents de ceste ville et de Anne Besnard sa femme du cartier de St Estienne lequel a esté présenté audict baptesme par noble homme M⁰ Françoys Malerbe sieur Digny conseiller du Roy au siège présidial de ceste ville qui l'a nommé Daniel.....

Eléazar fils de Guillaume Hébert.

Le dimanche vingt troisᵉ jour de febvrier 1567..... Item ledict jour ont esté baptisés par Mons. le Chevalier ministre au presche qu'il a faict de relevée audit lieu du tripot à blé deux enfants dont les noms ensuyvent... item le fils de Guillaume Hébert et de Jacqueline sa femme du cartier de St Julien lequel a esté présenté par noble homme Mᵉ Françoys Malerbe sieur Digny et conseiller du Roy au siège présidial de ceste ville qui l'a nommé Eléazar.....

3ᵐᵉ Registre des Baptesmes

Faicts en l'église réformée de ceste ville de Caen,

commençant le premier jour de mars 1567

suyvant l'édict du Roy nostre sᴿ.

(Archives du Calvados, C. 1567).

Jeanne fille de Mᵉ Françoys Malerbe sᴿ digny.

Lundy huictᵐᵉ jour de mars 1568... item la fille de noble homme maistre Françoys Malerbe sieur d'Igny conseiller du Roy au siège présidial de ceste dite ville de Caen et Damⁱˡˡᵉ Loyse le Valloys sa feme laquelle a esté présentée par noble homme M. Olivier Gohier sᴿ de Fonteney conseiller du Roy audit siège présidial de cestedite ville qui l'a nommée Jeanne (1).

Jacques filz de Jacques de Cauvigny le jeune sᴿ de Bernières.

Le dimanche cinqᵉ jour de septembre mil cinq cent soixante huict..... item ledit jour au presche faict par mons. le Chevalier ministre aprés midy *audict lieu du tripot à blé* (2) ont été baptisés deux enfants dont les noms ensuyvent le filz d'honneste homme Jacques de Cauvigny le jeune sieur de Bernièrés et de Jeanne Ouardel sa femme lequel a esté présenté par noble homme maistre Françoys Malherbe sieur d'Igny et conseiller du Roy au siège présidial en ceste ville de Caen qui l'a nommé Jacques.

(1) Cfr. M. C. Osmont, loc. cit., p. 209. Il écrit *may* pour *mars; Iguy* pour *Igny.*

(2) En glose : *approbo* pour les mots, surchargés dans le texte, *audict lieu du tripot à blé.*

$$4^{me}\ \text{Registre des baptesmes}$$

COMMENÇANS DE JANVIER 1590 JUSQUES EN JUILLET 1596.

(Archives du Calvados, C. 1571).

Françoys
Blascher.

Le dimanche au matin septi^e jour de may 1595... item le filz de Me Guillaume Blascher advocat et de Olive le Fauconnier sa femme du quartier de St Sauveur dudict Caen présenté et nommé Françoys par noble homme Me Françoys Malherbe sieur de Digny du quartier de St Estienne dudict Caen.

Thomas
Larcher.

Le dimanche 18e jour de febvrier 1596... ledit jour après midy le filz de Jan Larcher et de Thommine Maillot sa femme du quartier de St Estienne dudict Caen a esté baptisé par M. Jan de la Rue ministre de la parrolle de Dieu présenté et nommé Thomas par Me Françoys Malherbe s^r de Digny dudict quartier.

François
Anger.

Le lundy 3e jour de juin mil cinq cent quatre vingt seize le filz de Guillaume Anger et de Jenne Esnen sa femme du quartier de St Estienne dudict Caen a esté baptisé par M. Jan de la Rue ministre de la parrolle de Dieu présenté et nommé Françoys par Me Françoys Malherbe esc. s^r de Digny dudict quartier.

$$5^{me}\ \text{Registre des baptesmes}$$

A PARTIR DE 1596 JUSQ. A 1607.

(Archives du Calvados, C. 1572).

Françoys
de Bicy.

Le mercredi premier jour dudict moys (janvier) et an (1597)... item le filz de Philippe de Bicy et Françoyse sa femme de Bras présenté et nommé Françoys par Me Françoys Malherbe sieur de Digny du quartier de St Estienne de Caen.

Jeanne
de Missy.

Le dimenche après midy six^e jour dudict mois de janvier 1602... item la fille de noble homme Jacques de Missy sieur des Maretz et de dam^{lle} Marye Beaulart sa femme présentée et nommée Jenne par noble homme Me Françoys Malherbe sieur de Digny son oncle maternel.

François le
Fauconnier.

Le mardi vingt^e jour dudict moys (may 1603) le filz de Jean le Fauconnier et de Massiole Morant de la parroisse de St Nicolas a esté baptisé par moy ledict Gautier ministre présenté et nommé François par Me François Malherbe s. de Digny du quartier de St Estienne.

Marie
le Révérend.

Le dimanche au matin cinq^e jour de febvrier mil six centz et six la fille de noble homme Michel le Révérend et de Judith le Gabilleur sa femme du quartier de St Jean a esté baptisée par moy Gilles Gautier escuyer ministre de la parrolle de Dieu présentée et nommée Marie par noble homme Me François Malherbe s^r de Digny du quartier de St Estienne.

IX

1° — REGISTRE DE LA PAROISSE DE ST-ESTIENNE-LE-VIEIL.

RÈGLEMENT POUR LA RÉDUCTION DU NOMBRE

DES PRÊTRES OBITTIERS A SIX COMPRINS LE CURÉ.

(Archives du Calvados, G).

1re *Pièce* (18 avril 1589) : Sentence première pour faire donner règlement et arrester le nombre des prestres obitiers de l'esglise St-Estienne-le-Vieil de Caen.

2me *Pièce*, sur parchemin (19 avril 1589).

3me *Pièce* : Mandement pour assigner, et assignation (de Jacques Blondel).

4me *Pièce* (23 avril 1589) : Délibération des sieurs curés et paroissiens de St-Estienne-le-Vieil aux fins de la déclaration de la réduction du 18 may suivant du nombre des obitiers à 6 compris le curé.

« L'an mil cinq centz quatre vingt neuf le dimanche vingt troys^e jour d'apvril, suivant l'advertissement faict au prosne de la grande messe parroissiale de Sainct-Estienne-le-Vieil de Caen par M. Michel Brière curé de ladicte église à ce que les parroissiens dudit lieu eussent à s'arrester à la fin de ladicte grande messe pour donner advis sur le contenu en certain acte donné de Monsieur maistre Jacques Blondel lieutenant de Monsieur le bailly dudict Caen le dix huicte jour de ce présent moys se sont arrestés et assemblés, à la fin de ladicte messe les parroissiens dudict lieu, scavoir est, nobles hommes Me François Malerbe, Eléazar Malerbe

conseillers du Roy au siège présidial dudict Caen, Cyprian Auvray trésorier dudict lieu, Nicolas le Faulconnier, Quentin et Jacques dictz
Boullon, etc. (Suit l'énumération de 35 autres paroissiens qui signent à
fin de l'acte avec les précédents).

5me *Pièce* (18 may 1589) : Copie de la sentence de réduction du nombre
des obitiers de St Estienne de Caen à 6 compris le curé.

..... Après avoir eu communication dudict estat porté par le certifficat
de ce faict, signé de nobles hommes Me François et Eléazar dits Malherbe,
conseillers du Roy au siège présidial dudict Caen, paroissiens dudict
lieu et parroisse de Sainct-Estienne, ensemble des trésoriers et autres
parroissiens et oüy le Procureur du Roy.. ..

2° — Mémoire des rentes deubz au trésor
de l'église de Sainct-Estienne-le-Vieil de Caen
tant en argent et bley,
de quoy les noms des personnes qui les doibvent
ensuyvent.

(*Ms. 45 de la Bibliothèque Mancel*).

Dont est deu le nombre de 6 années. Noble homme Me Françoys Malherbe sieur Digny comme représentant le droict de deffunct Gilles Boissel faict de rente audict trésor trente cinq solz.

3° Ancien inventaire et état
des titres du trésor Sainct Estienne.
(*Archives du Calvados, G. Cotte. FE... vn*).

Troisiesme liace.....

Item une autre liace d'escriptures en parchemin au nombre de cinq
entre lesquelles y a ung contract passé devant tabellions audict Caen
le dix septe jour d'aoust mil quatre centz soixante et un contenant comment Guillaume Hamon, Pierre le Moustardier et Geffroy Letgart trésorier,

de ladicte église St Estienne de Caen baillèrent en fief à Jean de Vire
dict le chevalier de Sainct-Estienne une maison court et jardin assis
audict lieu de Sainct-Etienne à la Belle-Croix à la charge d'en faire au
trésor trente cinq soulz et au cousteur vingt cinq soulz de rente. Nota
que lesdicts trente cinq soulz ont esté quittés audict cousteur en lieu de
quatre boesseaux de froment de rente qu'il avoit à prendre sur les Fou-
chers de Mathieu du nombre de plus grande rente vendue par lesdicts
trésoriers à M. Ysaac le Porcher escr. Les héritiers de feu Me François
Malerbe escr sieur Digny font ladite rente de trente cinq solz audict
cousteur lesdictes lettres marquées 32.

35 soulz.

4° — Registre du Tabellionage de Caen.
Héritages, juillet 1589.
(Archives de Me Moisy, notaire).

Du vendredy avant midy vingt et unge jour de juillet mil cinq cens
quatre vingt neuf à Caen devant Bacon et Raul Caillot tabellions.

Fut présent noble homme Me François Malerbe sieur Digny conseiller
du Roy au siège présidial de Caen lequel de sa bonne volonté... donna
au thrésor de l'église parroissiale de Sainct-Estienne-le-Vieil dudict Caen
la somme de quarante solz tournois de rente hipotèque qu'il avoit droict
d'avoir et prendre par chacun an au terme sainct Michel en septembre
sur et de l'obligation de Robert Berthault de la paroisse d'Arry selon les
lettres qu'il a promis bailler ; et est ledict don pour aider à l'entretien de
ladicte église et afin d'avoir ledict Malherbe, la damlle sa femme, leurs
enffants et successeurs leurs sièges et droict de sépulture à la chappelle
Sainct Jacques sise au hault de l'une des ailles de ladicte église et afin
que ladicte chapellé soit et demeure audict sieur Malerbe et à ses successeurs pour sépulchre de sa famille, encores que iceluy Malerbe maintint
avoir dès à présent les mesmes droictz et en estre en paisible possession,
ladite donnation acceptée par honneste homme Ciprian Auvray et Benedic Bouchard thrésoriers de ladicte église parroissiale lesquelz au moien
d'icelle et du consentement des parroissiens dudict lieu porte par certificat
du curé de ladite église cy après incéré qui accorde audict Malerbe qu'il
fasse poser en ladicte chapelle sièges pour luy, la damlle sa femme, et
filles, et damlles de sa maison et qu'il puisse faire rafratchir les tombes
de ladicte chapelle à la mémoire de ses prédécesseurs inhumez en icelle

et y poser tombes de nouveau, paindre, graver et imprimer ses armoiries quand faire le voudra et l'occasion s'en présentera; et outre, en faveur de ce présent, ledict Malerbe a promis faire réparer pour ceste fois la vitre de ladicte chappelle; et à ce tenir en obligèrent lesdictz trésoriers les biens et revenus dudict thrésor en vertu de leurdict pouvoir. Et ledit sieur de Digny, biens, etc. Présents M. Michel Vermond prestre en ladicte église et Nicollas Rocque tesmoins.

	Malerbe (av. par.)	Auvray (av. par.)
	Bouchart (av. par.)	Vermond (av. par.)
Bacon (av. par.)	Caillot (av. par.)	Roque (av. par.)

5° — Registre du Tabellionage de Caen.

Héritages, juillet 1589.

(Archives de Me Moisy, notaire).

Je Michel Brière, prestre, curé de l'église parroissiale de Sainct-Estienne-le-Viel de Caen, certiffie que le dimanche 18e jour décembre mil cinq centz quatre vingt huict, à la fin de la grande messe parochiale, ledict jour par moy célébrée en ladicte église, se sont arrestez en icelle, auprès la table des trésoriers, les paroissiens aiant assisté à ladicte messe, desquels les noms ensuivent : honorable homme M. Louis Poullain, lieutenant de Monsieur le vibailly de Caen, Brix de Launay, Adam Guernier, Jehan le Clerc l'aisné, Jacques Boullon, Jacques Besnard, Jehan Louet, Liot Bel-langer, Guill^e Le Gouis, Guill^e Hetier, Martin Olivier, André le Lièvre, Jehan du Douet, auxquels a esté proposé de la part d'honnestes hommes Cyprian Auvrey et Benedic Bouchard, trésoriers de ladicte église que noble homme maistre Françoys Malherbe, sieur d'Igny, prétendant au droict de sièges et sépultures pour sa famille en la chapelle Saint Jacques au hault de l'une des aisles de ladite église et en estre en possession de temps immémorial, affin de luy estre ledict droict confirmé et en avoir lettre, offroit donner audict trésor quarante soldz tournois de rente et repparer pour ceste fois la vittre de ladicte chapelle, demandant iceux trésoriers advis auxdicts paroissiens s'ilz debvoient accepter ladicte demande aux conditions que dessus, et que tous lesdicts paroissiens uniformément ont advoué et ratiffié et authorizé lesdicts trésoriers de passer lettre audict Malherbe de ladicte chapelle. En tesmoing de quoy j'ai signé ce présent certificat, présence de nobles personnes Philippe de Clinchamp et Jehan le Verrier et aultres.

1588.
Brière
(av. par.)

6° — Ancien inventaire et état des titres

du trésor St Etienne.

(Archives du Calvados, G. Cotte. FE... vii.)

Quatriesme liace.

Item ung contract passé devant tabellions audict Caen le vingt et ung^e jour de juillet mil cinq cents quatre vingtz et neuf contenant comment Me François Malerbe sieur Digny a donné au trésor Sainct-Estienne quarante soulz de rente.

Marque 33.   40 sous.

7° — Inventaire des titres et papiers

du trésor de St Etienne.

(Archives du Calvados, G. III... FE. . 1658. Cotte. FE. et deux).

N° 16.

Fr. de Malherbe.

Item ung autre contract passé devant tabellions à Caen le vingt et un juillet mil cinq centz quatre vingtz neuf contenant comment maistre François Malherbe sieur d'Igny a donné au trésor de ladicte esglise quarante solz de rente pour avoir le droict à la chappelle Sainct Jacques y mentionné contremarque comme dessus.

8º — REGISTRE PAROISSIAL DE St-ESTIENNE-LE-VIEIL

DE CAEN.

(Bibliothèque de M. l'abbé BRÉARD,
ms. actuellement aux archives de la fabrique
de Saint-Etienne).

61.

40 sols.
au 21ᵉ juillet.

Par contract passé devant Bacon et Caillot, tabellions roiaux à Caen, le vingt et uⁿᵉ jour de juillet mil cinq centz quatre vingt neuf, deffunct Mᵉ François Malherbe, vivant escuyer, conseiller du Roy au bailliage et siège présidial de Caen, fieffa la chapelle de Saint-Jacques, qui est celle à présent de l'Ange Gardien, par quarante solz de rente qu'il bailla lors à prendre et recepvoir sur Robert Berthault de la parroisse d'Arry. Messieurs Malherbe, ses enfans et hérittiers, ont depuis payé ladite rente par leurs mains c'est à présent le sieur de Courseulles Morant qui jouit de ladite chapelle au moien de l'acquest par luy faict devant tabellions de Caen depuis un an en 1673 des maisons dudict sieur Malherbe scizes à Sainct-Estienne dudict Caen au carrefour de la Belle-Croix lesquelles luy ont esté vendues par le sieur du Désert Malherbe... Reste retirer de luy autant de son contract d'acquest pour se faire paier de ladicte rente à l'advenir.....

Le sʳ Malherbe et Morant.

Chapelle St Jacques maintenant l'ange gardien.

X

REGISTRE DU TABELLIONAGE DE CAEN.

HÉRITAGES, JANVIER 1595.

(*Archives de Mᵉ Moisy, notaire*).

Du dimanche huictᵉ jour de janvier mil cinq centz quatre vingt quinze au bureau de la Maison Dieu de Caen devant Martin et le Forestier.

Furent présents... nobles hommes maistre Jean Vauquelin sieur de la Fresnée, Jacques Blondel..., Jacques Quesnel sieur du Buisson..., François de Malherbe sieur de Digni, Jehan de Moges... représentant le corps de communauté des habitans de ladite ville, patrons et fondateurs de

ladite Maison-Dieu et soubz l'authorité desquels elle est régie, vénérable
et discrète personne M° Gaspar le Vavasseur, prieur de la Maison-Dieu,
honorables hommes Pierre le Moustardier et Robert Hébert administrateurs d'icelle lesquels de leurs bonnes vollontez baillèrent et délaissèrent
en fief afin d'héritage pour eux et leurs successeurs audict M° Jean le
Coustellier escuier sieur de la Garenne présent lequel a recogneu avoir
prins pour luy et ses hoirs lesdites terres appartenant à ladicte Maison-
Dieu assises à Coullombelles...

(Signature du Poète) :

Fr. de Malerbe

XI

HERMANT (JEAN).

HISTOIRE DU DIOCÈSE DE BAYEUX (tome III°, page 164).

(Ms. in-fol. 70 de la Bibliothèque de Caen).

François Malherbe qui a mis notre nation en droit de disputer le prix
de la poésie lyrique à toutes les nations aussi bien qu'aux siècles passés
était de Caen... Il étoit sorti d'une famille qui depuis longtemps possédait
les premières magistratures de cette ville. D'autres disent qu'il étoit de
la maison de Malherbe Saint-Aignan qui a porté les armes en Angleterre
où elle se rendit très considérable... Etant de retour à Caen (après un
voyage d'Allemagne), il fit des discours dans les Ecoles publiques, ayant
l'épée au côté... Il est vrai que ce qui le détermina particulièrement à
quitter sa patrie fut le sensible regret d'avoir vu son père embrasser
l'hérésie de Calvin sur ses derniers ans.

Il est aussi auteur de cette devise qui a pour corps une massue jointe à
l'écusson des armes de France, et ces mots pour âme : *Erit hæc quoque
cognita monstris.....*

M. Halley a célébré ce fameux poète dans plusieurs pièces de ses vers,
dont j'ai tiré seulement les suivans :

> Hic etiam primis feriit vagitibus auras
> Ille Malerbæus, quem Gallicus orbis adorat,
> Carminis ut numen patrii; cui asserit ultro
> Et venusina Chelys, Dinæi et cantus oloris.

(Opusc. fol. 14 et fol. 319).

XII

Du dimanche après midy vingt deux^e jour de juing l'an mil cinq centz quatre vingt six par devant Aubert et Caillot.

Furent présentz notre homme François Malerbe et Damoiselle Magdalaine Carriollis mariés de ceste ville de Caen en Normandie, icelle dam^lle Carriollis deubment authorizée dudict sieur son mary lesquels tous deux ensemble de leur bonne volonté... ont fait nommer... leurs procureurs généraux cestz Monsieur Me Vincent Boyer conseiller du Roy en sa court de parlement de Provence et M. Sébastien Duloup de la ville d'Aix auxquels... chacun d'eux portant ses parties lesdicts mariés ont donné et donnent plain pouvoir puissance et authorité de pour et au nom desdicts mariés pour exiger recouvrer et recepvoir de sire Jean-Baptiste Gardane, capitaine Mathieu Montagut, Claude Leydier, Jacques Roucas, Anthoine Gensolou, de Claude-Jehan-Baptiste Preval et Barthelemy Pichou, capitaine Loys Hauville, Me Jacques Viallis et capitaine Jacques Gensollon du lieu de Solliers la somme de troys mil escuz d'or sol de quoy ils sont tenuz et obligez auxdicts mariés par actes respectivement faictz et receuz par nous Michel Granier notaire dudict Aix et Lange Meiriex aussi notaire royal dudict Solliers le dernier janvier unziesme febvrier de l'année mille cinq cens quatre vingtz cinq et d'icelle somme de troys mil escuz ont passé une ou plusieurs quitances plubliques ou privées en faveur desdicts debteurs par lesdicts procureurs ou par ung d'eux en absence ou empeschement de l'aultre et générallement passer tous aultres actes de quitances ou contractz a ce requis et nécessaires pour l'asseurance et acquitement de la dicte somme avecq pareille puissance de icelle somme de troys mil escuz receue employer et remettre au proffict et commodité desdicts mariés ainsy que par lesdicts procureurs sera congnu et advisé et au cas de reffuz ou dellay de payement et satisfaction, acclamer et contraindre lesdits debteurs par toutes voyes et manières de justice deues et raisonnables selon la rigeur desdicts actes d'obligations et de stille dudict païx, iceux poursuivre jusques à sentences arretz et jugements deffinitifz et les dictes sentences et arretz mettre à deue et entière exécution jusques à entier payement de la dicte somme despens et inthéretz. Et pour raison de ce et de toult empeschement et retardement qui pourroient estre faictz et mis es choses que dessus protester tant contre lesdicts debteurs que tous aultres qu'il appartient de tous despens dommnages et inthérestz et jurer en l'âme desdicts constituantz ladicte somme leur estre justement et loyallement deue et n'en avoir jamais receu aulcune chose comme ils l'ont présentement juré et affermé devant... Et à ces fins soy présenter par devant tous juges et magistrats à qui la congnoissance en appartient avecq puissance de substituer ung ou plusieurs aultres procureurs en leurs places aux fins de pledairie seullement et d'appeler renuncer acquiescer desdicts jugements et sentences, eslire domicille et générallement faire et dire audict faict et en ce que en despend et que besoing sera creult ainsy que sy lesdicts mariés y estoient en personne promettre et... obligent biens... promettre... présents Nicollas Jacques et Loys Coustances audict Caen tesmoins.

Fr. Malerbe   Madaleine de Carriollis

Dudict jour et an par devant lesdicts tabellions.

Furent présents les dicts mariés icelle damoiselle deubment authorizée par ledict sieur Malerbe son mary laquelle a constitué son procureur général... Me Sébastien Duloup de la ville d'Aix en Provence spéciallement et expressément pour et au nom de ladicte constituante exiger recouvrer et recepvoir de Jehan Sauvecanne de la Tour d'Aygues, habitant d'Aix, rentier des biens des hoirs de feu capitaine Jehan Bourdon en son vivant sieur de Bouc, au lieu de maistre Ch. Bourdon sieur de Sainct-Pons, facteurs desdicts hoirs, la somme de quarante neuf escuz d'or sol dix solz à elle deue pour arrérage.. des alliments et entretenements par elle presléz et faictz à Jehan-Honnoré Bourdon son frère l'espace de traize mois suyvant la liquidation sur ce faicte par Jehan Escoffier et Jacques Sabastier experts à ce commis et despuîtez comme est amplement contenu en leurs raportz du dix sept° jour de may mil cinq cens quatre vingt cinq et d'icelle somme de 49 escus dix sols en passer une ou plusieurs quitances publicques ou privées par son dict procureur ensemble pour deux escuz de despens deubz et faictz contre ledict Sauvecanne revenant au toult cinquante ung escuz dix solz et en cas de reffuz ou dellay contraindre ledict sieur de sainct Pons Sauvecanne et aultres qu'il appartiendra par toutes voyes et manières de justice selon la rigueur et stille dudict paîx et se présenter par devant tous juges ainsy que sy ladicte constituante y estoit leenlx poursuivre jusques à sentences et arrestz et jusques à l'entière exécution et payement de ladicte somme despens et intérestz avec permission d'appeler desdicts jugements arrestz et sentences et substituer ung ou plusieurs procureurs en son lieu et place au faict de pledayrie seullement eslire domicille et jurer en l'âme de ladicte constituante ladicte somme de cinquante et ung escu dix sols luy estre justement et loyallement deubz comme elle a présentement juré et affermé devant... et généralement... promettre... obligent biens... Présents lesdits témoins.

Fr. Malerbe   Madaleine de Carriollis

XIII

Registre du Tabellionage de Caen.

Héritages, octobre 1589.

(*Archives de Me Moisy, notaire*).

---

31 octobre 1589.

Comme par contract en forme de transaction recongneu devant les tabellions à Caen le premier jour de may mil cinq cents soixante et sept entre noble homme Jacques de la Rivière, seign. de Missy, pour luy et ses frères enffans et héritiers de deffunct noble homme François de la Rivière vivant seign. dudit lieu de Missy d'une part, et noble homme M. François Malerbe sieur d'Igny couseiller du Roy au siége présidial à Caen pour luy ses frères et cohéritiers en la succession de deffunct noble homme Guillaume Malerbe leur père, il eust esté entre autres choses accordé par ledict de la Rivière prendre et recepvoir desdicts Malerbe assignation de rentes fontières tant sur ledict de la Rivière que autres en ladite paroisse de Missy en rescompense et eschange perpétuel des Rentes annuelles que lesd. Malerbe peuvent debvoir et estre tenus aux fiefz et sieuryes dudict de la Rivière et pour exécuter et réalizer laquelle option et demeurer d'accord des rentes et arrérages qu'ilz pourroyent debvoir respectivement l'ung à l'autre, ledict Malerbe esdicts noms eut baillé justification audict sieur de Missy et par icelle demande huict livres de rente fontière en deux parties, assavoir six livres en une partye du nombre de douze de l'obligation de M. Philippe Goudouin gardian des enffans de Henry de la Rivière faicte à Jean Mainneville et damoiselle Jeanne de la Rivière, son espouse, en autre partie quarante solz du nombre et restance de douze livres de l'obligation de Colas de Cricque- beuf et dame Jeanne de Missy faicte à Pierre Malerbe et Gravette de Missy damoiselle pour retour de lot, autre partie de dix livres de rente

15.

hipotèque de l'obligation dudict François de la Rivière par contract recongneu devant les tabellions à Caen le dix huict jour de juillet mil cinq cens cinquante et deux, en autres parties cinquante huict solz unze deniers de rente hipotèqne du nombre et restant de cent solz de l'obligation dè Jean de la Rivière faicte à Pierre Bourdon revenantes lesdictes rentes à huit livres de rente fontière de douze livres dix huict solz unze deniers de rente hipotèque. Avoit aussi ledict Malerbe demandé trente-deux solz de rente et quarante solz en autre partie de l'obligation de Henry de la Rivière faicte à Jean Rouxel et un surnommé Riart, desquelles deux dernières parties led. Malerbe s'estoit désisté et en quicte led. de la Rivière suivant un contract de racquet desdites deux parties du faict dudict Guillaume Malerbe du vingt trois° jour de décembre mil cinq cens cinquante et ung le dict sieur de Missy avoit de sa part baillé mémoire et justification des parties de rente qu'il prétend luy estre deus par lesdicts cohéritiers à cause de ses fiefz et seigneuryes, sçavoir est : ..... Du nombre desquelles parties de rente led. Malerbe audict nom ne vouloit contredire les cinq premières demandes pour les tenemens de la Levresse, Moullart, Guesdon dict le Nostre, Castel Pennel et Camp Bosney.

Quant aux rentes demandées à cause du fief de Lesbizey pour les tenements Boullon, Bertrand le Sage, Henry le Sage et Pierre Lacroix pour le jardin Maingot et héritages qui furent Colin le Sage filz Guillemin, mentionnés es six sept huict neuf et dixiesmes parties, Icelluy Malerbe soustenoit que leur deffunct père estoit... possesseur des tenements et héritaiges prétendus subjectz esdictes rentes lors de l'acquest par lui faict... dudict fief de Lesbisey en l'année mil cinq cent vingt quatre et par la cession qu'il en avoit faicte audict deffunct sieur de Missy par contract du dix-huict° jour de juillet mil cinq cent cinquante deux Icelluy Malerbe estre quicte et deschargé de toutes rentes et faisances généralement qu'il eust peu faire à cause d'héritages roturiers qu'il tenoit de ladite terre lors du conquest qu'il en avoit faict et quant aux autres partyes de rentes disoit ledit Malerbe audict nom qu'il n'estoit justifié d'aucun tittre ny possession vaillable pour l'assujettir à la faisance dicte, ledict sieur de Missy dict au contraire estre deuement fondé en tiltre et possession et que au moien des comptés faictz entre eux portants réservation de compter sans danger ny inconvénient· de prescription lesd. Malerbe n'estoient à présent recevables à donner néanmoins de possession sur quoy les partyes eussent été en voie de tomber en grande longueur de procez pour éviter auquel ils ont... et appoincté entre eux ainsy qu'il ensuit.

C'est assavoir que icellui sieur de Missy s'est desparty et désisté de la présente subjection des rentes dessus déclarées devant les tabellions pour les tenements Boullon, Berthrand le Sage, Henry le Sage, Pierre Lacroix, jardin Maingot et Colin le Sage filz Guillemin, et en aquite et descharge lesd. Malerbe et pareillement de dix boesseaux d'orge de rente et un boesseau de festage sur héritages qui furent Girot Maillard possédez par ledit le Nostre ou aultres aiant droict de luy ou de ses héritiers, ledict sieur de Missy réserve à s'en faire paier sur aucun tenement cy... desdicts vavasseurs ainsy que lesd. Malerbe et que ceux dont ils seroient garantz, et pour demeurer tant lesdicts Malerbe que ceux dont ils seroient garandz ont tenus quictes et deschargés de toutes les partyes de rentes et subjections dessus déclarées réunies ensemble selon l'évalluation faicte entre eux par le contract de l'an 1567 à la somme de traize livres tournois. Iceluy Malerbe audict nom a quitte et transporte audict sieur de Missy par forme dessusd. auquel en récompense lesd. six livres de rente en une partye et quarante solz de rente en outre le tout fontier ainsy deue par led. sieur de Missy aud. Malerbe. Item quarante deux sols du nombre de plus grande partie de l'obligation de Jacque le Nostre dict d'Arraz et neuf solz et une gueline en outre à prendre à la carrière Hachette aud. lieu de Missy, le tout selon les lieux tant de création que des droictz que lesd. cohéritiers ont desd. rentes lesquelles led. Malerbe a promis bailler audict sieur de Missy. Ensemble lesd. parties en la somme de traize livres un sol six deniers à laquelle rescompense led. sr de Missy s'est aresté par le moien de la présente transaction encores que parties desd. rentes fussent demandées pour raison d'héritages acquits par led. Malerbe escuier leur patron... Promettant led. Malerbe audict nom garantir fournir et luy valloir lesd. parties de rente par le transport et de la qualité de fontiére et à ce moien led. sieur de Missy a deschargé led. Malerbe et ses cohéritiers de la faisance de toutes lesd. rentes et subjections dessusdictes déclarées demeurant lesd. Malerbe cohéritiers avoir bailler aveu de leurs héritaiges à subjection de foy et hommage service de provosté rente et traiziesmes le cas offrant tant seullement.

En faveur de quel accord led. Malerbe audict nom a davantage quicté et deschargé led. sr de Missy desd. cinquante huict solz dix deniers de rente aud. Malerbe appartenant au dessus dict Bourdon et pour demeurer led. sieur de Missy quitte d'autant que les arrérages demandés par led. Malerbe escheus payés... les arrérages demandés par led. sieur de Missy et de dix escus de rente dud. contrat de l'an 1567, icelui sr de Missy demeure redevable aud. Malerbe en la somme de 40 escus sol de laquelle somme led. sieur dIgny a remis et donné la somme de dix escus présentement fournye par led. sr de Missy... Et sur l'outreplus trente escus solz a esté rabattu la somme de trois escus un tiers pour traiziesme de conquetz faits par led. maistre François Malerbe desquels l'acquit est citté de ce jour au doz des contracts. Et s'il s'en trouve aucun quelconque dud. Malerbe depuis led. an 1567, led. sr de Missy est reconnu à en demander les traiziesmes et demeure lad. rente de dix livres hipotéque que lesd. Malerbe eussent peu demander aud. sr de Missy mortes et

extintes sauf auxdicts Malerbes à compter ensemble et en la raison qu'ils
doibvent l'un à l'autre et l'estat de leur recours et garantye ou contribution sur telle peine méritée qu'ilz verront bien estre sans que led. s^r
de Missy y puisse estre appellé. Faict aujourd'huy huict^e jour de may
1589 présents et appellés aud. accord, Me Gilles Bourget, Laurent Liégard,
Estienne le Fanu advocat aud. Caen.

Malerbe
(av. par.)

De la Rivière

XIV

REGISTRE DU TABELLIONAGE DE CAEN.
HÉRITAGES, JANVIER 1595.
(*Archives de Me Moisy, notaire*).

25e janvier.

Aujourd'hui 21e jour de mars mil cinq cent quatre vingt et quatorze
nobles personnes Me Eléazar Malerbe conseiller du Roy au siège présidial de Caen filz et présomptif héritier en une moitié de noble homme
Me François Malerbe sieur de Digny et de Damoiselle Loyse le Valloys,
et Damoiselle Marie Lambert fille et héritière en sa portion de deffunctez
nobles personnes Gilles Lambert luy vivant sieur du Fresne et de Damoiselle Catherine de Beaurepaire en son vivant dame d'Ouville, âgés et
libres, et néanmoins par le conseil et advis de leurs parentz et amis cy
aprez nommez ont faict accordé promesse de mariage l'ung à l'autre et
lequel sera consommé au plaisyr de Dieu en face saincte Eglize par les
moiens et conditions cy aprez déclarées. C'est assavoir que ledict Malerbe
prend ladicte Damoiselle avecquez le bien qui luy peut appartenyr tant
de succession paternelle que maternelle en meubles et héritaiges avec
tous noms raisons et actions à elle appartenant. Et en faveur dudict
mariage ledict sieur de Digny père a promis paier cinquante escuz de
douaire advenant que de son vivant ledict Me Eléazar predécédast ladicte
damoiselle Marye Lambert et en attendant le douaire coustumier ladicte
damoiselle de sa part a donné à son dict futur espoux la somme de six
centz soixante six escus deux tiers sur tous ses biens meubles et héritaiges pour luy tenyr lieu de don... Laquelle somme en cas qu'elle ne se

trouvast fournye du meuble à elle appartenant elle a accordé estre prinse
sur son héritaige tant paternel que maternel égallement par moityé et
pour liquider ce qui pourra provenir dudict meuble par appoinctement
ou autrement les partyes ont accordé que ledict futur époux n'en pourra
négotier synon en la présence de noble homme M⁰ Jean le Coustellyer
sieur de la Garenne procureur pour le Roy en la viconté de Caen pour
ce qui concerne le maternel, et de noble homme Jacques Doublet sieur
de Morienne pour le paternel, lesdicts sieurs de la Garenne et de
Morienne beaux frères de ladicte damoyselle Lambert et présomptifs
hérityers d'icelle à cause des damoyselles leurs femmes. Faict es présence
de nobles hommes Mᵉ Grégoire de la Serre sieur d'Escos advocat pour le
Roy au siége présidial de Caen, Jacques de Cauvigny sieur de Bernières
conseiller du Roy et elleu pour Sa Majesté audict Caen, Pierre Beaullard
sieur de Maizet, Jacques de Missy sieur des Marais, ledict sieur de
Morienne, Estienne de Boessel sieur de Beauval, Mᵉ Jehan le Fauconnier
receveur des tailles audict Caen, et de Hugues de la Ménardière sieur de
Greuteville ; faict l'an et jour que dessus.

<table>
<tr><td>Marie Lambert</td><td>E. Malerbe
(av. par.)</td></tr>
<tr><td>Malerbe
(av. par.)</td><td></td></tr>
<tr><td>De Cauvigny
(av. par.)</td><td>Lecoustellier
(av. par.)</td></tr>
<tr><td>De Missy
(av. par.)</td><td>De la Serre
(av. par.)</td></tr>
<tr><td>Fauconnier
(av. par.)</td><td></td></tr>
</table>

Aujourd'hui mercredy avant midy vingt cinquiesme jour de janvier
mil cinq centz quatre vingt quinze à Caen devant les tabellions pour le
Roy audict lieu furent présentz lesdicts Mᵉˢ Françoys et Eléazar dictz
Malerbe père et filz et ladicte damoiselle Marye Lambert desnommés au
présent trectey lesquels à l'instance et requeste les ungs des autres ont
recongneu, loué, ratlifié et eu pour agréable le contenu audict trectey et
les trois premiers saings en ordre apposés au bas d'icellui estre leurs
propres faictz qu'ils promirent tenir et sur l'obligation chacun en son
faict bien en faisant laquelle recongnoissance il a esté accordé entre les
partyes que avant que procéder à la consommation dudict mariage les
meubles de ladicte damoiselle Lambert d'aultant qu'elle en peult estre
saisye seront estimez à certaine somme de deniers par ses parents et
amys laquelle somme sera et tournera en déduction et rabat du denier
mobilier contenu audict trectey. Présents noble homme Mᵉ Jehan Le

Coustellyer sieur de la Garenne procureur pour le Roy en la viconté de Caen et Gilles... témoins.

Malerbe
(av. par.)

Marie Lambert

E. Malerbe
(av. par.)

Lecoustellier
(av. par.)

R. Caillot
(av. par.)

XV

REGISTRE DU TABELLIONAGE DE CAEN.
HÉRITAGES, JUIN, JUILLET 1606.
(Archives de Mᵉ Moisy, notaire).

Loths. — 17 juillet 1606.

Ce sont les loths et partaiges des maisons et héritaiges rentes et revenus ayantz appartenu à noble homme Mᵉ Françoys Malerbe vivant sieur Digny venus et succédéz à nobles hommes Françoys et Eléazar Malerbe ses enfants, lesquels loths ledit Eléazar a faïctz pour estre par ledit Françoys son frère aysné en ladite succession procédée à la choisye de l'un d'iceux et l'autre luy demeurer par non choix.

Et premièrement.

Qui aura le premier loth il aura une pièce de terre assize sur les parroisses d'Arry et Missy contenant trente accres environ laquelle ce conciste en terre labourable pray plant boys taillys et de haulte fustaye sur laquelle y a maisons manables granges estables pressoirs celliers avec droicture de moullin et coulombier jouxte d'ung costé au chemin tendant des moullins d'Arry au hameau des Berthaultz et d'autre à la commune de Missy et à la rue de Baillet chacun en partie et butte d'ung boult sur le chemin de l'église d'Arry et d'aultre au chemin qui tend dudict hameau des Berthaultz à ladicte commune de Missy.

Item une pièce de terre contenant douze accres environ nommée la Cousture Mustel assise en ladicte parroisse d'Arry laquelle jouxte d'ung costé à noble homme Jean Vauquelin sieur dudit lieu d'Arry et Eliot

Hue chacun en partie et d'aultre au sieur chanoyne du Locheur et Jacques Sevestre chacun en partie d'autre et butte d'un boult sur le Cours de Baillet et d'autre sur le chemin de Villers.

Item trois portions de pray contenant demye accre environ assis en ladite parroisse de Missy jouxte ledit cours de Baillet d'une part et honorable homme Robert Sevestre fondé au droict de Zacarye l'Aze d'autre et butte d'un boult sur Ollivier Collet et d'autre sur ledit Hue.

Item une pièce de pray assize en ladite parroisse d'Arry contenant dix vergées environ laquelle jouxte d'un costé audit sieur d'Arry et d'autre à Vincent le Compte et butte d'un boult sur le cours de l'Odon.

Item ung jardin assis en ladite parroisse d'Arry au hameau de l'Eglise contenant demye accre environ qui jouxte d'un costé le chemin de l'Eglise et Marin Richer d'aultre et butte d'un boult sur le cours de Baillet.

Item une pièce de terre assise en ladite parroisse de Missy cloze de hayes et fosséz nommée la Courte Flaguays contenante dix accres environ et laquelle se conciste en plant et terre labourable et sur laquelle y a une maison et jouxte d'un costé à ladicte commune de Missy et d'aultre au chemin tendant au moulin des Mousseaux butte d'un boult sur ladicte rue de Baillet et d'autre sur Jacques de Missy écuyer sieur des Marestz et la Croix aux Richers chacun en partie d'autre.

Item le jardin de la Forge assis en ladite parroisse de Missy contenant trois vergées environ jouxte d'un costé à noble homme Pierre le Marchand sieur du Rozel et le chemin des Mousseaux d'autre et butte sur ledit cours de Baillet.

Item une pièce de terre en pray contenant trois vergées environ assizes sur ladite parroisse de Missy et Bougy qui jouxte d'un costé audit sieur du Rozel et les héritiers de Richard le Petit d'autre et butte d'ung boult sur Jean Richer filz Simon.

Item sept vergées en ladicte parroisse de Bougy delle de la Rocque jouxte Vincent le Compte d'une part et ledit Jean Richer filz Simon d'aultre butte sur Ollivier le Reverend escuyer sieur de Bougy.

Item demie accre de terre en icelle delle jouxte ledit Jean Richer fils Simon ou ses représentantz d'une part et Jean Richer filz Claude d'autre butte d'un bout sur la Courte Vive.

Item trois vergées environ en ladite delle jouxte ledit Marin Richer d'une part et Etienne Sommiere d'autre et butte d'un bout sur ledit Révérend.

Item trois vergées en la delle de la Linette jouxte les héritiers dudit deffunct Richard Petit d'une part et d'autre butte d'ung boult sur la précédente.

Item une pièce de terre nommée le Val Pied laquelle se conciste en pray costil et plant assis en ladite parroisse de Missy laquelle jouxte d'un costé Thomas Osmont et Laurens Rosty chacun en partie et d'aultre ledit de Missy et les Richers chacun en partie et butte d'un boult sur ledict Rosty.

Item une maison et jardin vulgairement nommée la maison du Herreux assise au hameau des Auvrayz qui jouxte Pierre Noel escuyer d'une part et Françoys et Ollivier Richer chacun en partie d'autre et butte d'ung boult sur le cours de Houlgatte.

Item ung jardin assis audit hameau qui jouxte des deux costés et butte d'ung boult sur ledit Noel.

Item ung autre petit jardin cloz en hayes et fossez qui jouxte d'ung costé audit Noel et d'autre la cavée des Richers et butte d'ung boult sur ledit Noel.

Item une accre de terre au champ de la Croix qui jouxte audit de Missy d'une part ét Simon le Gouix d'aultre et butte d'un boult sur ladite commune de Missy.

Item une pièce de terre nommée le Camp Bosny en plant et terre labourable cloze de hayes et fossez jouxte Mathieu le Cayer ou ses héritiers d'une part et ladite commune de Missy d'aultre et butte d'ung boult sur ladite commune.

Item une vergée de terre en la delle de la Perrelle jouxte les hoyrs Pierre Flaguays d'une part et Jean Norine à cause de sa mère d'aultre et butte d'un boult sur la Croulte Cosnard.

Item une vergée en ladite delle jouxte les représentants Jean de Missy escuyer sieur de la Londe d'une part et le Trésor de Missy d'aultre butte d'un boult sur ladite Croulte Cosnard.

Item une vergée et demie de terre en ladite delle de la Perrelle jouxte Jean Flaguays d'une part et Françoys Flaguays d'autre butte sur ladite Croulte.

Item une pièce de terre en plant contenant demie acre environ assise en ladite delle de la Perrelle jouxte Jean Flaguays filz Thomas d'une part et d'autre.

Item il aura la maison granges et estables qui furent Françoys Flaguays assises audit hameau de la Flaguays jouxte le chemin d'ung costé et la court du hameau d'autre butte d'ung boult sur Guille Flaguays filz Jean et d'autre sur ledit Norinne.

Item une autre portion de maison qui fut à Jean Flaguays et ses frères enfantz de Vincent Flaguays avec une portion de jardin qui jouxte d'un costé ledit Jehan Flaguays filz Thomas d'une part et ladite court du hameau d'autre butte d'un boult sur Guillaume Flaguays filz Alphons.

Item une petite portion de terre assise audit hameau que jouxte ledit Jean Flaguays filz Thomas et ledit Guillaume Flaguays filz Alphonse d'autre.

Item une portion de terre en jardin qui fut Françoys Flaguays ou ses héritiers assis audit hameau de la Flaguays qui jouxte Guillaume Flaguays filz Jean d'une part et ladite commune de Missy d'autre et butte d'un boult sur les héritiers dudit Pierre Flaguays.

Item il aura neuf livres six sols de rente hipotèque à prendre sur ledict Jean Richer filz Claude.

Item quinze livres de rente hipotèque sur Jacqueline Bazin et ses enfants.

Item soixante solz de rente hipotèque sur ledit Guillaume Flaguays fils Jean.

Item sur Robert Berthault soixante solz de rente en la qualité qu'elle est deue.

Item soixante solz de rente hipotèque sur André Hue.

Item cinquante solz quatre chappons et deux poulles de rente fontière sur ledit Hue et ses cohéritiers.

Item soixante et ung solz et deux chappons de rente fontière sur ledit Jean Richer filz Simon.

Item sept solz six deniers de rente fontière à prendre sur Laurent Rosty.

Qui aura le second loth il aura une pièce de terre contenant vingt trois accres environ sur laquelle y a maison manable grange et estables et se conciste en jardins et terres labourables jouxte d'un costé la brière de Missy et la rue Maingot chacun en partye d'une part Pierre Malerbe escuyer sieur de la Pigassière et le chemin tendant de l'esglise de Missy aux Haultz Mousseaux chacun en partie d'aultre butte d'ung boult sur le chemin de la ville et ledit sieur de la Pigassière chacun en partie et d'autre sur ladite commune et ledit Mᵉ Eléazar Malerbe fondé au droict de Françoys le Gouix et dudit de Missy sieur des Maretz chacun en partie d'autre.

Item une pièce de terre contenant quinze acres environ tant en pray plant que terres labourables jouxte d'un costé ledit Jean de Missy sieur de la Londe d'une part et ledict sieur de la Pigassière d'autre butte d'un boult sur ledit chemin tendant de l'église de Missy aux haultz Mousseaux et d'autre ledit hameau de la Flaguays et ladite commune de Missy chacun en partye.

Item trois quartiers de terre environ jouxte Robert Vincent escuyer d'une part et les héritiers Tassin Bellissent d'autre butte d'un bout sur la pièce suivante.

Item une pièce de terre contenant traize à quatorze accres closes de hayes et fossés qui jouxtent d'un costé audit Vincent et à la Rue des Sauxons chacun en partie et le clos aux Blanchards d'autre butte d'un boult sur le chemin de Caën et d'autre sur plusieurs champs.

Item vergée et demye de terre derrière les Sauxons qui jouxte ledit

Robert Vincent escuyer d'une part et Marye Sanxon d'autre et butte d'ung boult sur ledit Vincent.

Item cinq vergées de terre au champ de la Bataille qui jouxte les héritiers de Marin Picard d'une part et les héritiers Ciprien Picard d'autre et butte d'un boult sur le doict de Noyers.

Item dix vergées de terre aux Noires Terres jouxte ledit Jacques de Missy escuyer d'une part et Jacques Coussy d'autre et butte d'un boult sur les héritiers de Guille Flaguays.

Item six vergées de terre aux Fontaines de Digny jouxte Jacques Sanxon ou son filz d'une part et plusieurs champs d'autre et butte d'un boult sur les héritiers de Gabriel Onfray.

Item vergée et demye de terre aux Latumières jouxte Jacques Ricard d'une part et la sente de Bayeux d'autre et butte d'ung bout sur la précédente.

Item demy accre de terre en pray qui fut Guille Maheult et jouxte d'une part audict Ricard et ladite sente de Bayeux d'autre butte d'un boult sur ledict Me Eléazar Malerbe fondé au droict de Jullien Maheult.

Item trois vergées de terre environ assis au hameau des Forges qui jouxte d'un costé aux Osmontz et d'autre audit Ricard et butte d'ung boult sur le chemin de Caen.

Item une vergée de terre au Carrelet des Forges qui jouxte les héritiers Guillaume Castel d'une part et ledit Robert Vincent escuyer d'autre le chemin de Caen passant à travers.

Item unze vergées de terre environ soubz l'angle jouxte ledit Vincent d'une part et les héritiers dudict Gabriel Onfray d'autre et butte d'un boult sur ledit Guillaume Maheult.

Item dix vergées aux longues Rayes jouxte noble homme Thomas de la Rivière sr de Missy d'une part et d'autre et butte d'ung boult sur le terrein de Grainville.

Item trois vergées aux Faulxdays jouxte ledit de la Rivière d'une part et ung surnommé Gaillard ou ses représentants d'autre butte sur ledit terrain de Grainville.

Item trois quartiers aux Platiers jouxte ledict Guillaume Maheult d'une part et David Castel d'autre butte d'ung boult sur ledit Vincent.

Item une vergée de terre en la delle de Lormelet de Cayé qui jouxte Richard Jean ou ses représentants d'un costé et faict sommier à la cousture Sainct Jean d'autre et butte sur la terre de l'Osmone.

Item demye accre en ladicte delle jouxte ledit presbytère de Missy d'ung costé et Michel Richer d'autre butte sur ladite terre de l'Osmone.

Item une accre de terre à la Gravelle jouxte Me Estienne Onfray docteur en médecine d'une part et le trésor de Missy d'une.

Item deux accres sur les Ormes jouxte le trésor et presbytère de Missy ou leurs représentants d'une part et d'autre et butte d'ung boult sur la pièce de la rue Plichon.

Item sept vergées environ jouxte ledit Vincent d'une part et le trésor de Missy ou ses représentants d'aultre.

Item il aura deux poulles de rente fontiére à prendre sur les héritiers de feu Me Jean Robinet.

Item quinze solz et une poulle de rente à prendre sur Robert de Cayé ou ses représentants.

Item cinq solz et ung chappon sur les héritiers de Guille le Gouix.

Item quinze boisseaux d'orge à la mesure qui deue est de rente fontière à prendre sur Vincent Sanxon et ses cohéritiers.

Item deux boisseaux d'orge de rente fontière à prendre sur Jean Jullien de ladite paroisse de Missy.

Item il aura les maison, court et jardin ayantz appartenu audict deffunct assis en la parroisse de Sainct Estienne de Caen près la Belle Croix lesquelles jouxtent d'ung costé Jean Froger d'une part et honorable homme Gilles Poupinel à cause de la dame sa femme et la rue Costy chacun en partye d'autre butte d'ung boult sur ledit Poupinel et d'autre sur la Grande Rue.

Et sera tenu ce loth payer et acquiter et deffendre soixante et quinze livres de rente hipotèque deue à noble homme Robert le Boctey sieur de Marolles et damoyselle Marye Malherbe son espouse, quarante deux livres de rente hipotèque deue à Nicollas le Fauconnier escuyer, dix livres de rente demandéez par les héritiers d'ung surnommé Potvin, trente livres de rente demandéez par les héritiers de Benoît Vasnier, trente solz de rente hipotèque deue audit de la Rivière sr de Missy et cent solz de rente deue à l'Université de Caen.

Et sera chacun desdictz lotageantz tenu deffendre la propriété et pocessions des choses contenues en son partage et les rentes charges et redevances soient seigneurialles ou fontières qui seroient demandées sur icelles sans pouvoir appeller l'ung l'aultre d'aulcune adjonction ou garantye et si aulcune chose est demeurée à partager elle le sera lorsqu'elle viendra à congnoissance comme en pareil les autres rentes hipotèques qui pourraient estre demandées à cause de la dite succession seront acquités par moitié. Et sy souffriront chacun ladite jouissance appartenant à la damoyselle leur mère de ce qu'il seroit employé en son partage. Et en l'outreplus sera la clause employée aux loths faictz entreux et ladite damoyselle leur mère suivye et entretenue pour la jouissance des terres et rentes en attendant que les baulx faictz aux fermiers soient expirez.

Faict et baillé ce sixe jour de juillet mil six centz et six.

E. Malherbe

(av. par.)

Malherbe l'aisné.

Aujourd'huy lundy dix septiesme jour de juillet mil six centz six après mydy par devant les tabellions royaulx à Caen, furent présents nobles hommes François et Mre Eléazar dictz Malerbe frères lequel Eléazar conseiller du Roy au siège présidial de Caen es quallités qu'ils se portent lesquelz ont procédé à la choisye des présents lothz et qu'ils ont trouvé dict estre bien et esquitablement faictz. Icelui François aisné en lad. succession a prins et choisy le segond desdicts loths et aud. Me Eléazar est demeuré par non choix le premier desdicts loths et par luy prins et accepté : desquels etc. qu'ils promettent tenir etc. sur l'obligation respectivement chacun en son faict etc. ci présence noble homme Jacques de Missy s^r des Marestz et Gilles Pottier dud. Caen tesmoins.

<table>
<tr><td>Fr. de Malerbe
(av. par.)</td><td></td><td>E. Malerbe
(av. par.)</td><td></td></tr>
<tr><td>De Missy
(av. par.)</td><td>Martin
(av. par.)</td><td></td><td>Roque
(av. par.)</td></tr>
<tr><td></td><td>Potier
(av. par.)</td><td></td><td></td></tr>
</table>

XVI

Registre hérédital du controlle des titres

de la ville et viconté de Caen

commencé le 5 juillet 1611 et fini le 18 8bre 1611.

(Archives du Calvados, B).

Dudict jour de sabmedy dix sept yiesme dudict moys de septembre mil six centz et unze.

A tous ceulx qui ces lettres verront Pierre de Bernières escuier conseiller du Roy garde hérédital des sceaux des obligations de la viconté de Caen salut. Sçavoir faisons que par devant Liot le Sueur et François le Monnyer son adjoint tabellions royaux en ladite viconté et sergenterye de Villers et Evrécy : fut présent noble homme Françoys Malherbe filz et héritier aisné de deffunct maistre François Malherbe en son vivant sieur Digny conseiller du Roy au bailliage et siège présidial de Caen lequel volontairement vendit afin d'héritage pour luy et ses hoirs à noble homme Pierre Malherbe sieur de la Pigachière de la parroisse de Missy présent pour luy et ses hoirs c'est assavoir les maisons rentes et héritages qui ensuivent assis au terrein dudict lieu de Missy.

Premièrement une pièce de terre contenant vingt trois acres ou viron sur laquelle y a maison manable grange estables et se consiste en court jardin et terre labourable clozes de hayes jouxte la briière de Missy et la rue Maingot chacun en partye d'une part et ledit sieur acquéreur et le chemin tendant de l'église dudict lieu au haut Monceaux chacun en partye d'autre butte d'un bout sur le chemin de la Ville et ledict sieur acquéreur chacun en partye et d'autre butte sur ladicte commune et sur maistre Eléazar Malherbe escuier fondé au droict de François le Gouix et de deffunct Jacques de Missy escuyer chacun en partie.

Item une pièce de terre contenant quinze acres ou viron tant en preyplant que terre labourable jouxte d'un costey Jean de Missy escuier sieur de la Londe et ledict sieur de la Pigachière acquéreur d'autre butte sur le chemin tendant de ladicte église aux haultz Monceaux et d'autre le hameau de la Flagaye et la commune dudict Missy chacun en partie comprins haye et fosséz.

Item troys quarterons de terre ou viron jouxte Robert Vincent escuyer d'une part et les héritiers Tassin Bellissent d'autre butte sur la pièce suivante.

Item une autre pièce de terre contenante treize à quatorze acres closes de haye et fosséz qui jouxte d'un costey audit Robert Vincent escuier et la rue des Sansons chacun en partye d'une part et le clos aux Blancharts d'autre butte d'un bout sur le chemin de Caen et d'autre sur plusieurs champs.

Item vergée et demye de terre derrières les Sansons qui jouxte ledit Robert Vincent escuier d'une part et Marye Sanson d'autre butte d'un bout sur ledict Vincent.

Item cinq vergées de terre au champ de la Bataille qui jouxte les héritiers Marin Piccard d'une part et les héritiers de Ciprien Piccard d'autre butte d'un bout sur le doyt de Noyers.

Item dix vergées de terre aux Noires Terres jouxte les héritiers dudict Jacques de Missy escuier d'une part et Jacques Poussy d'autre butte d'un bout sur les héritiers Guillaume Flagaye.

Item six vergées de terre aux Fontaines de Digny jouxte Jacques Sanson ou ses héritiers d'une part et plusieurs champs d'autre butte sur les héritiers Gabriel Oufray.

Item vergée et demye de terre aux Luthumiers qui jouxte Jacques Richard d'une part et la sente de Baieux d'autre butte d'un bout sur la précédente pièce.

Item demye acre de terre en pray qui fut Guille Maheust jouxte ledict

Jacques Richard d'une part et ladicte sente d'autre butte d'ung bout sur ledict maistre Eléazar Malherbe escuier fondé au droict de Jullien Maheust.

Item trois vergées de terre ou viron au hameau des Forges qui jouxte d'un costé aux Osmonts et d'autre ledict Jacques Richard butte d'un bout sur le chemin de Caen.

Item une vergée de terre au carelet des Forges qui jouxte les héritiers Guillaume Castel d'une part et ledict Robert Vincent escuier d'autre sur le chemin de Caen passant à travers.

Item vingt vergées de terre ou viron soubz l'aigle jouxte ledict Vincent d'une part et les héritiers dudict Gabriel Onfray d'autre butte d'ung bout sur ledict Guillaume Maheust.

Item dix vergées aux Longues Rayes jouxte noble homme Thomas de la Rivière sieur dudict lieu de Missy d'une part et d'autre butte sur le terrein de Grainville.

Item troys vergées aux Fandayes jouxte ledict sieur de Missy d'une part et ung surnommé Gaillard ou ses représentants d'autre butte sur ledict terrein de Grainville.

Item trois quartiers aux Platières jouxte ledict Guillaume Maheust d'une part et David Castel d'autre butte d'un bout sur ledict Vincent.

Item une vergée de terre en la delle de Lormelet de Cayer qui jouxte Richard Jean ou ses représentants d'une part et Sommière de la Cousture Sainct Jean d'autre butte sur la terre à l'Osmonier.

Item demye acre en ladicte delle jouxte les prestres dudict lieu de Missy d'une part et Michel Richer ou ses réprésentants d'autre butte comme dessus.

Item une acre de terre à la Gravelle jouxte maistre Estienne Onfray escuier docteur en médecine d'une part et ledict trésor de Missy d'autre butte sur ledict Onfray.

Item demye acre sur les Ormes jouxte le trésor et presbytère dudict lieu de Missy ou leurs représentants d'une part et d'autre butte d'ung bout sur la rue Plichon.

Item sept vergées ou viron en ladicte delle jouxte ledict Vincent d'une part et ledict trésor ou ses représentants d'autre butte comme dessus.

Item deux poulles de rente foncière à prendre sur les héritiers de feu maistre Jean Robynet dudict lieu de Missy.

Item quinze solz et une poulle de rente à prendre sur Robert de Cayer ou ses représentants.

Item cinq solz et ung chappon de rente à prendre sur les héritiers Guillaume le Gouix.

Item quinze boisseaux d'orge de rente foncière à la mesure que deubs sont à prendre sur Vincent Sanxon et ses cohéritiers.

Item deux boisseaux d'orge de rente foncière à prendre sur Jean

Jullienne dudict lieu de Missy. Et le tont d'autant qu'il appartient d'héritages et rentes audict vendeur par son lot et partage faict entre luy et ledict maistre Eléazar Malherbe escuyer passé devant tabellions à Caen le dix septiesme jour de juillet mil six cents six droictures et libertez sans réservation fors les maisons jardin assis en la ville dudict Caen contenus audict lot qui demeure au proffict dudict vendeur.

Lesdictz héritages et maison dessus jouxtéz ledict sieur vendeur a dict non savoir de quelz secgnieurs ils sont tenus d'autant qu'il est nouveau héritier et baille iceux audict acquéreur pour faire les deubz et debvoirs sieuriaux dont ils se trouveront estre tenus. Et est la présente vente faicte tant pour les héritages maisons et terres par et moyennant la somme de unze mille livres tournois franchement venant ez mains dudict sieur vendeur, de laquelle somme il en a esté payé présentement contant par ledict sieur acquéreur audict sieur vendeur en or et argent de cours et mise la somme de huict cents soixante cinq livres; et en a ledict vendeur laissé es mains dudict acquéreur la somme de trois mil cent trente cinq livres pour l'acquitter et descharger de ce jour et advenir du corps et arrérages de trois cens traize livres dix sols de rente hypotéque racquittable au denier dix deubz sçavoir soixante quinze livres à noble homme Robert le Bocté sieur de Marolles et damoiselle Marye Malherbe son espouse ou à leurs représentants, six vingt douze livres à Nicollas le Faucconnier escuyer, six livres de rente à ung surnommé Potevin ou ses représentants, trente livres de rente aux héritiers Benoist Vasnier ou ses représentants, trente solz de rente deubz à Pierre de la Rivière escuier cy devant sieur dudict lieu de Missy, cent solz de rente à l'Université de Caen et soixante livres à Pierre Harcourt bourgeois dudict Caen. Et en faire les amortissements dans ung an de ce jour après lesquels amortissements les contractz des créations desdites rentes demeureront es mains dudict acquéreur du jour et dabte qu'ilz portent et sans novation par asseurance du présent conquest et pour l'outreplus montant sept mil livres tournois ledict acquéreur la constitue sur ses biens et héritages au bénéfice dudict vendeur en cinq centz livres tournois de rente suivant l'édict du Roy premier payement de jourd'huy en ung an et ainsy d'an en an jusques au racquit et admortissement desdicts cinq centz livres de rente que ledict acquéreur pourra retirer touttes fois et quantes en payant ladicte somme de sept mil livres arrérages et prorata; et d'autant que damoiselle Loyse le Valloys mère dudict sieur vendeur jouit à donaire de partye desdictz héritages ledict acquéreur souffrira ledict douaire parce que ledict sieur vendeur fera déduction chacun an pendant la vie de ladicte damoiselle de la somme de six vingt quinze livres sur lesdictz cinq cents livres de rente et dont lesdictes partyes furent respectivement contens et d'accord devant lesdictz tabellions. Et a consenty ledict sieur acquéreur que ledict sieur vendeur racueille à son proffict pendant la vie de ladicte damoiselle, soixante quinze livres par an pour pareille rente qui estoit deube audict sieur de Marolles et laquelle rente maistre Eléazar Malherbe escuier son frère est subjet faire par les lotz à douaire faictz entre eux et ladicte damoiselle leur mère. Mesme que ledict sieur vendeur racueille sur ladicte damoiselle, pendant sa dicte vie, trente livres tournois par an pour pareille somme qu'elle est subjecte faire par lesditz lotz à douaire à Benoit Vasnier et dont lesdictes partyes furent contens et d'accord devant lesdictz tabellions. Et quant à ce que dessus tenir et entretenir maintenir et accomplir de point en point sans aller au contraire en aucune manière lesdictes parties en obligérent l'un vers l'autre, chacun en son faict et regard, tous leurs biens meubles et héritages et de leurs hoirs, par exécution de justice sans procès.

En tesmoing de ce, ces lettres sont scellées dudict scel sans autruy droict ce fut faict et passé audict lieu de Missy le vendredy avant midy saiziesme de septembre mil six cens unze. Présens nobles hommes Olivier du Bois sieur du Clos et Robert Vincent sieur de la Guére tesmoins lesquels ont avec lesdictes parties et tabellions signé à la minutte de ce présent suivant l'ordonnance. Ce présent fait et délivré audict sieur acquéreur et notiffié faire controller au controlle du Roy à Caen suivant l'édict.

Signé Lesueur ung paraphe controllé et enregistré par moy controlleur à ce commis par justice soubsigné ledict jour et an avant midy.

Requeste dudict sieur de la Pigachière stipule par Liot le Sueur auquel ledict contract a esté rendu et a signé à ce présent.

Durant	Le Sueur
(av. par.)	(av. par.)

XVII

1° — Registre du Tabellionage de Caen.

Héritages, septembre et octobre 1621.

(Archives de Mᵉ Moisy, notaire).

Du lundy après midy traize jour de septembre mil six cents vingt un à Caen devant Delalonde et le Sueur.

Le sr acqué-
reur.
Fut présent François Malherbe, escuier, gentilhomme ordinaire de la chambre du Roy et de présent estant en ceste ville de Caen lequel suivant

et conformément au contenu de deux actes ou contractz passés en la ville
d'Aix en Provence par devant le notaire royal de la sénéchaussée
dudict lieu certiffiéz et attestéz pour véritables par Me Adam Bonfils
cons^r du Roy et lieutenant général en ladite sénéchaussée et par son
greffier ordinaire et scellier du sçau royal le tout en datte du vingt
cinq^e jour de may dernier l'un desdicts actes du faict de Damoiselle
Magdalaine Cariollis femme dudict Fr. Malherbe et l'autre de Marc
Anthoine Malherbe esc^r son seul fils et présomptif héritier confessa avoir
vendu quitté et délaissé affin d'héritage à noble homme Jean le Coustellier sieur de la Garenne demeurant audict Caen présent, c'est assavoir
plusieurs corps et combles de maisons court jardin estables moitoienneté
de puids et tout ce qui en deppend assis en la parroisse de St Estienne à
Caen audict sieur Malherbe venues et escheues de la succession du feu
sieur de Digny son père qui en estoit propriétaire et jouissant lors de son
décéds et dont icelluy François Malherbe est encor jouissant comprins les
veues yssues droictures dignitéz et libertéz en deppendant sans aucune
réservation, jouxte à l'intégrité du tout Simon Froger fils Jean d'une
part et Gilles Poupinel à cause de sa fame de la Rue Costé chacun en
partye d'autre butte d'un bout sur ledict Poupinel et d'autre sur la
Grande Rue dudict lieu de St Estienne au franc alleu du Roy et bourgeoisie dudict Caen. Et fut la présente faicte moiennant le prix et somme
de six mille livres tournois de principal et quatre centz livres tournois de
vin ledict vin paié présentement contant par ledict sieur acquéreur
audict sieur vendeur en pièces de saize sols et monnoie, pour ladite
somme de six mille livres ledit sieur Malherbe la dellaisse es mains dudict
sieur de la Garenne en faveur de l'amitié et parenté d'entre eux jusques
à comprins le jour de St Jean Baptiste prochain venant auquel temps
icelluy sieur de la Garenne s'est submis et obligé paier icelle somme audict
sieur Malherbe en ceste ville de Caen pour garantye et asseurance de
laquelle présente vente ledict sieur vendeur a par spécialle hipotèque
obligé et affecté le corps principal de la somme de cinq cens livres de
rente à luy deue et constituée au denier quatorze par deffunct Pierre
Malherbe vivant esc^r s^r de la Pigacière pour raison de la vente et alliénation qu'il luy avoit faicte de plusieurs héritages scis en la paroisse de
Missy et aux environs. Recours au contract de ce faict dont ledict sieur
vendeur baillera copie audict sieur acquéreur qui sera appellé à l'admortissement de ladite rente pour y garder son intérest et sera tenu ledict s^r
acquéreur de paier et acquitter à l'advenir cent solz de rente deu par
ledict sieur vendeur à l'esglise de St Estienne de Caen et trésor dudict lieu
en deux parties de la nature qu'elle est deue parce que ledit sieur de la
Garenne demeurera surrogé aux droits que ledit sieur Malherbe a en
ladite église en la chapelle St Jacques pour le droit de banc et sépulture
promettant outre ledit sieur vendeur faire ratiffier et avoir ce pour

agréable à ladite damoiselle sa femme et audict sieur son fils qui par icelle s'obligeront avec luy ung chacun pour le tout sans division ny ordre de discussion comme principaux vendeurs garands et respondans de ladicte présente vente et en dellivrer contract en forme probante audict sieur de la Garenne dans six mois de ce jour pour annexer à ce présent avec lesdicts actes dudict vingt-cinq⁹ jour de may dernier, dont ledict sieur de la Garenne a esté présentement saisy par ledict sieur Malherbe partant s'est dessaisy de la présente vente et en a saisy ledict sieur de la Garenne pour en prendre possession au jour de Noël prochain jusques auquel jour ledict sieur Malherbe en a retenu la jouissance ou fermage promettant garantir icelle vente vers touttes personnes franche et quitte fors de ce que dict est renonceant jamais y rien prétendre fors ladicte somme de six mil livres à quoy elle demeure spéciallement obligée et affecte sans déroger à la généralle obligation des autres biens dudict sieur de la Garenne dont lesdictes parties furent contents. Et à ce tenir s'obligèrent respectivement biens..... Présents nobles hommes Me Jacques Bénard, sr de Routot, conser du Roy au siège présidial de Caen, François Malherbe sr du Bouillon procureur pour sa Maiesté audit siège présidial et Guillaume de la Saussaie demeurant audict Caen. Ce fut notiffié et controller.

Fr. Malerbe (av. par.)	Le Coustellier (av. par.)
Malerbe (av. par.)	Bénard (av. par.)
Delalonde (av. par.)	De la Sosée (av. par.)
Lesueur (av. par.)	

2° — Cinquante sept iesme Registre hérédital du controlle de la Ville et Viconté de Caen (1621).

(Archives du Calvados, B).

Du mercredy avant midy quinzième jour de septembre mil six cens vingt et ung.

Malherbe.
Lecoustelier.
A tous ceux qui ces lettres verront Thomas Morant chevalier seigneur et baron du Mesnil Garnier consiler du Roy en ses conseils d'Estat et

privé grand trésorier de ses ordres trésorier de son espargne et garde
hérédital des sceaux des obligations de la viconté de Caen salut. Sçavoir
faisons que par devant Mathieu Delalonde et Michel Lesueur son adjoint
tabellions royaux audict Caen fut présent François Malherbe escuier
gentilhomme ordinaire de la Chambre du Roy de présent estant en ceste
ville de Caen lequel suivant et conformément au contenu de deux actes
ou contractz passés en la ville d'Aix en Provence par devant le notaire
royal de la sénéchaussée dudict lieu certifiiéz et attestéz pour véritables
par Me Adam Bonfilz conseiller du Roy et lieutenant général en ladite
sénéchaussée et par son greffier ordinaire et scellier du sceau royal le
tout en dable du vingt cinquiesme jour de may dernier l'ung desdicts
actes du faict de Dam^{lle} Magdalaine Cariollis femme dudict sieur Malherbe, et l'autre de Marie Antoine Malherbe esc^r son seul filz et présomptif héritier confessa avoir vendu quitté et délaissé affin d'héritage à
noble homme Jean le Coustelier sieur de la Garenne demeurant audict
Caen présent et acceptant pour luy et ses hoirs, c'est assavoir plusieurs
corps et combles de maisons court jardin estables moitoyenneté de puis
et tout ce qui en deppend assis en la parroisse de St-Estienne de Caen
audict sieur Malherbe venues et eschenes de la succession du feu sieur
de Digny son père qui en estoit propriétaire et jouissant lors de son
decedz et dont icelluy sieur Malherbe est encor jouissant comprins les
veues yssues droictures dignitez et libertez en'dépendant sans aucune
réservation jouxte à l'intégrité du tout Simon Froger filz Jean d'une
part et Gilles Poupinel à cause de sa femme et la Rue Costé chacun en
partie d'autre butte d'ung bout sur ledict Poupinel et d'autre sur la
Grande Rue dudict lieu de St-Estienne au franc alleu du Roy et bourgeoisie dudict Caen. Et fut la présente vente faicte par et moiennant le
prix et somme de six mil livres tournois de principal et quatre cents
livres tournois ledict vin payé présentement contant par ledict sieur
acquéreur audict sieur vendeur en pièces de saize sols de monnoie et
pour ladicte somme de six mille livres ledict sieur Malherbe l'a délaissée
es mains dudict sieur de la Garenne en faveur de l'amitié de parenté
d'entre eux jusques et comprins le jour St Jean Baptiste prochain venant
auquel temps icelluy sieur de la Garenne s'est submis et obligé paier
icelle somme audict sieur Malherbe en ceste ville de Caen pour garantie
et asseurance de laquelle présente vente ledict sieur vendeur a par spécialle hipotèque obligé et affecté le corps principal de la somme de cinq
cens livres de rente à luy deubs et constituées au denier quatorze par
delffunct Pierre Malherbe vivant escuier sieur de la Pigacière pour raison
de la vente et alliénation qu'il luy auroit faictes de plusieurs héritages
scis en la parroisse de Missy et aux environs. Recours au contract et
acte dont ledit sieur vendeur baillera coppie audict sieur acquéreur pour
y garder son intérest et sera tenu ledict sieur acquéreur de paier et

acquitter à l'advenir cent solz de rente deubs par ledict sieur vendeur à l'église St-Estienne de Caen et trésor dudit lieu en deux parties de la nature qu'elle est deube parce que ledit sieur de la Garenne demeurera subrogé aux droictz que ledict sieur Malherbe a en ladicte église en la chappelle Sainct Jacques pour le droict de banc et sépulture promettant outre ledict sieur vendeur faire rattiffier et avoir ce présent agréable à la dicte damoiselle sa femme et audict sieur son filz qui par icelle s'obligeront avec luy ung chacun pour le tout et sans division ny ordre de discussion comme principaux vendeurs garantz et respondantz de ladicte présente vente et en délivrer contract en forme probante audict sieur de la Garenne dans six mois de ce jour pour annexer à ce présent avec lesdicts actes dudict vingt cinq iesme jour de may dernier dont ledict sieur de la Garenne a esté présentement saisy par ledict sieur Malherbe partant s'est dessaisy de la présente vente et en a saisy ledict sieur de la Garenne pour en prendre possession au jour de Noel prochain jusques auquel jour ledict sieur Malherbe en a retenu la jouissance ou fermage promettant garantir icelle vente vers touttes personnes franche et quitte fors de ce que dict est renonceant jamais y rien prétendre fors ladicte somme de six mil livres à quoy elle demeure spécialement obligée à affecter sans déroger à la générale obligation des autres biens dudict sieur de la Garenne dont lesdictes parties furent contens. Et à ce tenir obligèrent respectivement tous leurs biens meubles et héritages présents et advenir à prendre et vendre d'office de justice sans exécution de procez.

En tesmoing de ce ces lettres scellées dudict scel sauf autruy droict ce fut faict et passé audict lieu le lundy après midy traiziesme jour de septembre mil six cents vingt et ung par devant nobles hommes Mᵉ Jacques Bénard sieur de Routot conseiller du Roy au siège présidial de Caen, François Malherbe sieur du Bouillon procureur pour Sa Majesté audict siège présidial et Guillaume de la Saussaye demeurant audict Caen tesmoins qui ont avec lesdictes parties et tabellions signé à la minutte de ce présent. Nottifié le faire controller suivant l'édict. Signéz Delalonde et Lesueur chascun ung paraphe controllé et registré ce faict rendu.

Mourdain

(av. par.)

3º — Registre du Tabellionage de Caen

Héritages, septembre et octobre 1621.

(Archives de Me Moisy, notaire).

Du jeudy avant midy dernier jour de septembre mil six cens vingt et ung à Caen devant Delalonde et le Sueur son adjoint tabellions.

Comme ainsy soit que par contract passé en ce tabellionage le traiziesme jour de ce présent mois et an François Malherbe escuier gentilhomme ordinaire de la Chambre du Roy eust faict vente affin d'héritage à noble homme Jean le Coustellier sieur de la Garenne de plusieurs corps et combles de maisons court et jardin estables moitoienneté de puis et tout ce qui en deppend assis en la parroisse St Estienne de Caen par le prix et somme de six mille livres tournois de principal et quatre centz livres de vin lequel vin fut lors payé contant et pour ladite somme principalle ledict sieur Malherbe luy avoit donné en faveur de l'amitié et parenté d'entre eux le tout sellon que plus à plain il est porté par ledict contract et que à présent damoiselle Marie Lambert veufve de feu Me Eléazar Malherbe vivant escuier conseiller du Roy au siège présidial de Caen eust en non et comme tutrice des enfants soubsagés dudict deffunct et d'elle proches parents et lignagers dudict sieur Malherbe intention de retirer ladicte vente à laquelle fin elle avait pr. intenté clameur contre ledict sieur de la Garenne par rellation de Germain Champion, sergeant royal à Louvigny, exerceant à Caen le vingt septiesme jour de ce présent mois et an et que pour parvenir à l'effect d'icelle clameur, ladicte damoiselle se feust retirée vers ledict sieur Malherbe et le prie de l'accepter et l'arrester à elle pour le payement desdictes six mil livres et en descharger ledict sieur de la Garenne à quoy ledict sieur Malherbe ayant bien voullu entendre en considération de l'amitié et proche parenté d'entre luy, ladicte damoiselle et lesdits soubsagés. Sçavoir faisons que par devant lesdicts tabellions fut présent ledict sieur Malherbe lequel de sa bonne vollonté a déclaré et déclare s'arrester à ladicte damoiselle en son nom privé et comme tutrice desdicts soubsagés pour le payement desdictes six mille livres et en a deschargé et descharge au cas susdit ledict sieur de la Garenne consentant que la minutte dudict contract de vente soit émargée de ce présent et que le duplex que ledict sieur Malherbe a délivré dudict contract soit rendu comme quitte et vuide d'effect audict sieur de la Garenne à laquelle fin ledict sieur Malherbe a présentement baillé ledict duplex à ladicte damoiselle laquelle en son nom privé et comme tutrice desdicts soubsagés a promis et s'est obligée payer lesdictes six mil livres en franc demy franc pièces de saize sols et autre monnoye d'argent à l'édict et ordonnance du Roy dans ledict jour S¹ Jean Baptiste prochain venant audict Caen. A quoy elle a obligé et oblige tous ses biens et ceux de sesdicts enfants, meubles et héritages sans en faire aucune réservation, et spéciallement lesdictes maisons qu'elle prétend retirer sans que la spéciallité desroge à la générallité ni au contenu. Le tout sans desroger en l'outreplus du contenu audict contract de vente. A ce présents noble homme Estienne Laisné sieur du lieu gendre de ladicte damoiselle demeurant à Caen lequel du payement desdictes six mil livres, sur ce et ainsy que dict est, a plégé et cautionné ladicte damoiselle et s'en est avec elle obligé, comme principal débiteur, garantir et respondre, eux, chacun d'eux et un seul pour le tout, et sans division ni ordre de discussion aucune, tous ses biens meubles et héritages parce que ladicte damoiselle en son non et en ladicte quallité a promis audict sieur Laisné son gendre de sur pareille obligation générale et spéciale..... Et à ce tenir en obligea ledict sieur Malherbe en son faict tous ses biens présents meubles héritages. Mᵉ Jean de Guernon docteur aux droicts en l'Université de Caen, Jean Chrestien, Lesueur, Meurdrac tesmoins nottifié et controllé.

<table>
<tr><td>Fr. Malherbe
(av. par.)</td><td></td><td>de Guernon
(av. par.)</td></tr>
<tr><td>Marie Lambert</td><td></td><td>Meurdrac
(av. par.)</td></tr>
<tr><td>Delalonde
(av. par.)</td><td>Laisné
(av. par.)</td><td>Lesueur
(av. par.)</td></tr>
</table>

4⁰ — REGISTRE DU TABELLIONAGE DE CAEN.

HÉRITAGES, SEPTEMBRE ET OCTOBRE 1621.

(Archives de Mᵉ Moisy, notaire).

Dudict jour jeudy apprés midy dernier jour de septembre mil six cent vingt et ung à Caen devant Delalonde et Lesueur son adjoint tabellions.

Fut présent noble homme Jean le Coustellier sieur de la Garenne lequel rendit affin d'héritage à damoiselle Marie Lambert veuve de feu noble homme Eléazar Malherbe vivant conseiller du Roy au siège présidial de Caen à ce présente et acceptant en non comme tutrice des enfants soubsagés dudict deffunct et d'elle. C'est assavoir plusieurs corps et combles de maisons court jardin estables moitoienneté de puis et tout ce qui en dépend assis en la parroisse Sainct Estienne de Caen jouxte Simon Froger filz Jean d'une part et Gilles le Poupinel et la rue Costé chacun en partie d'autre le tout plus à plain borné spécifié et déclaré au contract d'acquest en faict par ledict sieur de la Garenne de François Malherbe escuier gentilhomme ordinaire de la Chambre du Roy oncle desdicts soubsagés par contract passé en ce tabellionage le traiziesme jour de ce présent mois et an le duplex duquel délivré par ledict sieur de la Garenne il a présentement baillé à ladicte damoiselle tutrice ainsy que auroit faict ou peu faire ledict sieur de la Garende cessant la présente rendition qui a esté faicte en obéissant audict droict de sang à la clameur que avoit pour ce intentée ladicte damoiselle par rellation de Champion, sergent à Caen, le vingt septiesme jour de ce présent mois et an et moiennant le renbours présentement faict par ladicte damoiselle tutrice audict sieur de la Garende de la somme de quatre centz livres en vin partie pour le vin dudict contract d'acquest payé lors d'icelluy par ledict sieur de la Garende et de la somme de neuf livres estant pour la façon sceau controlle et anvoiement dudict contract le tout en pièces de saize sols de mounoye et pour les six mil livres de principal contenus audict contract ledict sieur Malherbe à ce présent a déclaré s'arrester à s'en faire payer sur ladicte damoiselle et en a deschargé et descharge ledict sieur de la Garende promettant qu'il ne luy en sera jamais rien demandé suivant qu'il l'auroit ja ainsy déclaré par contract à part ce jourd'huy faire entre luy et ladicte damoiselle en ce tabellionage auquel il n'entend desroger consentant comme il l'a faict par ledict contract que la minutte dudict contract d'aquest soit émargé dudict acquest et descharge à laquelle fin le duplex que avoit délivré ledict sieur Malherbe dudict contract d'aquest a esté présentement rendu audict sieur de la Garende quitté cassé et vuide d'effect promettant de sa part ladicte damoiselle tant en son non privé qu'en ladicte qualité de tutrice que de ladite somme de six mil livres ledict sieur de la Garende n'en sera inquiecté promettant outre l'aquitter et descharger tant des cens solz de rente dont il estoit chargé par ledict contract d'acquest que de tout ce qu'on luy pourroit demander à cause d'icelluy dont du tout lesdictes parties furent contentz, renonçant partant ledict sieur de la Garende audict acquest jamais rien prétendre, et à ce tenir en obligèrent lesdictes parties chacune en son faict sur tous leurs biens. Et sera ladicte damoiselle tenue et obligée délivrer autant de à présent audict sieur de la Garende avec extraict dudict contract à part cejourd'huy faict entre elle et ledict sieur Malherbe, le tout aux fins de sa descharge. Présents Jean Crestien et Charles Meurdrac.

<table>
<tr><td>Fr. Malherbe
(av. par.)
Marie Lambert</td><td>Meurdrac
(av. par.)
Chrestien
(av. par.)</td></tr>
<tr><td>Lecoustellier
(av. par.)
Delalonde
(av. par.)</td><td>Lesueur
(av. par.)</td></tr>
</table>

5° — Registre du Tabellionage de Caen.

Héritages, juillet et aout 1673.

(*Archives de Me Moisy, notaire*).

Du mardy vingt neuf^e jour d'aoust mil six cents soixante et traize à Caen devant Ollivier et Bougon tabellions.

Fut présent Me Pierre Malherbe escuier sieur du Désert demeurant à Caen parroisse St-Estienne lequel confessa avoir vendu quitté cédé et délaissé afin d'héritage à Mre Nicolas Claude Morant chevalier seigneur de Courseulles et d'Esterville demeurant ordinairement à Paris parroisse Sainct André des Arts de présent en cette ville de Caen à ce présent, c'est assavoir plusieurs corps et combles de maisons scituées en ladite parroisse de Sainct Estienne de Caen contenant sept corps de logis le premier contenant une cave grande et petite salle une et une petite chambre dessus lesdites salles et sur lesdites deux chambres autres deux chambres en galtas avec deux greniers l'un sur l'autre et la montée pour aller à l'intégrité dudict corps de logis. Le second corps de logis sur la porte entrante dans la grande cour consistant en quatre cabinets et le grenier de dessus. Le trois^e corps de logis consiste en une cuisine deux chambres l'une sur l'autre et le grenier de dessus. Le quatr^e consistant en une escurie latrines et le grenier dessus avec la remise de carosse estant dans ladicte grande cour et la moitoyenneté du puis et muraille qui faict séparation d'entre ledict sieur vendeur et les héritiers du feu sieur des Costils advocat. Le cinq^e corps de logis estant dans ladite cour consistant en une boutique et cuisine à costé et un cabinet avec les chambres cabinets et grenier de dessus. Le six^e contenant une boutique et arrière boutique sur lesquelles il y a quatre chambres et deux greniers l'un sur l'autre et le sept^e consistant en une escurie et un celier cabinet et les deux chambres et grenier de dessus jouxte à l'intégrité de tout ce que dessus la Grande Rue St Estienne d'une part et lesdicts représentants ledict sieur des Costils d'aultre butte d'un bout sur la rue Vindeau ou Ouldon et d'autre bout Guillaume Verrolles comprins en la présente vente les deux courts et tout ce qui peut compéter et appartenir audit sieur vendeur audict lieu de la succession de feu Me Eléazar Malherbe son père vivant escuier sieur d'Igny conseiller au présidial de Caen sans aucune réservation avec les veues issues entrées sortyes dignitez et libertez et autres droicts despendants, lesd. maisons franc alleu et bourgeoisie dudict Caen exemptes de touttes rentes et charges fors de celles qui seront cy après menommées. Et fut la présente vente et délaissance ainsy faicte moyennant le prix et somme de huict mil livres de prix principal avec deux cents livres de vin lequel vin a esté présentement payé comptant par ledict sieur acquéreur audit sieur vendeur en louis d'argent ayant cours... Et pour ladicte somme principalle elle est du consentement dudict sieur vendeur demeurée es mains dudict sieur acquéreur pour la payer à son acquit et descharge entre les mains des personnes cy après desnommées, assavoir la somme de sept cens livres pour le principal de cinquante livres de rente due au sieur Tiquiand médecin à Caen avec trois années d'arrérages de ladite rente ce montant à cent cinquante livres. Plus aux héritiers de feu Jacques Malherbe vivant escuier sieur d'Allemagne son frère la somme de sept cens livres pour le principal de cinquante livres de rente de retour de loi avec cinq années d'arrérages prochaines à escheoir. Plus aux représentants Jean Malherbe vivant escr sieur de la Rozière pareille somme de sept cens livres de rente avec cent cinquante livres pour trois années d'arrérages qui escherront au jour de St Michel prochain. Item la somme de deux cens quarante deux livres treize sols quatre deniers pour l'admortissement du principal de la tierce partye de cinquante deux livres de rente de l'obligation d'André Malherbe escuier sieur de la Pigacière, Pierre de Missy escuier sieur des Maresqz, et dudit sieur vendeur envers Michel le Gras sieur de la Marre avec la somme de cinquante deux livres pour trois années d'arrérages de ladite tierce partye de rente escheue au mois de juin dernier. Plus à Jean Languigneur bourgeois de Caen la somme de quatre cens cinquante livres pour le principal de trente deux livres deux sols dix deniers de rente à luy deues par ledit sieur vendeur et le prorata de ladite rente encouru depuis le dernier terme jusques au jour de St Michel prochain. Plus la somme de huit cents livres pour faire l'admortissement du principal de cinquante livres de rente au denier seize faisant moityé de cent livres de pareille rente. En quoy ledit sieur vendeur et ledit sieur des Maresqz cy

devant dénommés seroient intervenus pléges pour Augustin Malherbe
escuyer sieur d'Igny envers le feu sieur de Camilly Blouet avec tous les
arrérages qui peuvent estre deus desdictes cinquante livres de rente
payéz et advancéz par les deux fils dudit sieur des Marais entre les mains
du sieur le Breton banquier à Caen pour ledit sieur d'Igny de laquelle
rente en principal et arrérages advancés et de ceux qui en escherront à
l'advenir ledit sieur vendeur se réserve à poursuivre son recours et
récompense sur état des deniers qui proviendront du décret des héritages
dudit sieur d'Igny saisiz en décret ainsy qu'il advisera bien sans y appeller
ledit sieur acquéreur plus la somme de sept cens livres pour le principal
de cinquante livres de rente au denier quatorze deus aux religieux de
la Trinité de Lizieux de l'obligation dudict sieur d'Igny et vendeur et
dont ledit sieur Digny auroit baillé indemnité audit sieur vendeur avec
sept années d'arrérages de ladite rente et le prorata qui en sera encouru
sauf aussy la récompense dudit sieur vendeur de la totalité de ladite
rente en principal et arrérages sur ledit sieur d'Igny comme il a esté dit
cy dessus et à quoy il se réserve lesquelles rentes cy dessus ménommées
en principaux et arrérages baillées à acquitter audit sieur acquéreur par
ledict sieur vendeur ledit sieur vendeur a déclaré estre les plus assurées
debtes auxquelles ses biens peuvent estre hipotéqués et obligéz soit per-
sonnellement ou pour pleinnes. Et où il se trouveroit le contraire ledict
sieur vendeur demeure obligé sur les peines au cas appartenant de payer
et acquitter les antiennes debtes sy aucune se trouve deues pour purger
toute hypothèque sur le conquest dudict sieur acquéreur lequel demeure
libre et réserve de payer et acquitter lesdictes antiennes debtes sy aucunes
se trouvent deues autres que celles desnommées par le présent contract
sans avoir égard à la délégation qui en a esté faicte par iceluy tant en
principal qu'arrérages laquelle ne luy pourra préjudicier et enlever des
racquits Il se trouveroit davantage d'arrérages et prorata deus desdites
rentes que ceux cy devant esnommés ledict sieur acquéreur les payera
sur et en déduction du prix dudict acquit parce que l'inthérest du surplus qui sera deu audit sieur vendeur en sera diminué à proportion de
la somme qui sera payée et advancée par ledict sieur acquéreur pour
lesdicts arrérages ledict sieur vendeur y sera appellé par ledict sieur
acquéreur pour y estre présent sy fère le veult compter desdits arrérages
et prorata et y conserver les inthérests parce que lors desdits racquels
que ledict sieur acquéreur sera tenu faire touttes fois et quantes qu'il
advisera bien en sorte que ledict sieur vendeur n'en sera inquietté iceluy
sieur acquéreur demeurera subrogé aux droictz noms raisons actions et
hipotèques desdits créantiers des jours et dabtes de leurs contracts et
pièces qui luy seront mises à cette fin entre les mains par lesdits créantiers en leur entière force et vertu pour annexer à ce présent. Et pour
plus grande sécurité et garantye du présent conquest sans novation et

obligation et aprez le compte qui sera faict et arresté entre lesdits sieurs
acquéreur et vendeur et les créantiers des principaux arrérages et prorata
desdites rentes qui en seront deuz et escherront jusques au jour de
St Michel prochain et dont ledict sieur acquéreur se charge d'acquitter
ledit sieur vendeur par le présent contract le surplus de ladite somme
de huit mil livres demeurera entre les mains dudit sieur acquéreur dont
il luy en payera l'inthérest au denier vingt à commencer à courir comme
dudit jour de St Michel jusques à ce que ledict sieur vendeur ayt trouvé
un remplaçant bon et valable et partant ledit sieur vendeur s'est dessaisy
de la présente vente et en a présentement saisy ledit sieur acquéreur pour
en jouir et entrer en possession comme du jour de St Michel prochain à
l'advenir jusques auquel jour ledit sieur vendeur en recevra les fermages
des locataires auxquels ledit sieur acquéreur souffrira leur jouissance
ou s'en accommodera avec eux ainsy qu'il advisera bien sans y appeler
ledit sieur vendeur. Et en outre ce que dessus ledict sieur vendeur a
quitté et délaissé au bénéfice dudit sieur acquéreur son droit de séance
et sépulture dans la chapelle de l'ange gardien qui est au hault de l'esle
du costé de l'épistre de l'esglise de St-Estienne le Vieil de Caen à la
charge par ledit sieur acquéreur de payer et acquitter au lieu et place
dudit sieur vendeur quarante solz de rente deus au trésor de ladite
parroisse de St Estienne de Caen comme en dernier terme à l'advenir
promettant ledit sieur vendeur garantir la présente vente envers tous
franche et quitte fors ce que dict est. Et à ce tenir ils en obligèrent respectivement biens... ledit sieur acquéreur spéciallement le présent
conquest sans que la spécialité et la qualité desrogent, etc. Présents
François du Celier et Estienne Caval dudit Caen.

de Malherbe	Morant
(av. par.)	(av. par.)
Bougon	Ducelier
(av. par.)	(av. par.)
Ollivier	Caval
(av. par.)	(av. par.)

XVIII

Soixante deux iesme Registre hérédital
du controlle des titres
de la ville et viconté de Caen, 1623.
(Archives du Calvados).

Dudict jour de vendredi dix sept^{iesme} jour de febvrier mil six cent vingt trois.

Onfroy.
Malherbe.

A tous ceulx qui ces lettres verront Thomas Morant chevallier seigneur et baron du Mesnil Garnier conseiller du Roy en ses conseils d'estat et privé grand trésorier de ses ordres trésorier de son espargne garde hérédital des sceaux des obligations de la viconté de Caen salut. Sçavoir faisóns que par devant Mathieu Delalonde et Michel Lesueur son adjoint tabellions royaux audict Caen furent présents noble homme M° Anne Onfroy sieur et baron de Lesbizey conseiller du Roy et procureur pour sa maiesté au bailliage et siége présidial de Caen, M° Charles de Lalongny chevalier seigneur d'Urville Grainville le Mesnil Touffray et autres terres demeurant audict lieu de Mesnil Touffray viconte de Fallaize, et honneste homme Guillaume Garnier bourgeois de Sainct Estienne de Caen lesquels ensemblement et présentement vendirent, à fin d'héritage pour eux et leurs hoirs, à noble homme François Malherbe, sieur du Bouillon, conseiller du Roy et trésorier général de France au bureau des finances establi à Caen, à ce présent et à ses hoirs ce acceptant, la somme de deux cents livres tournois de rente hipotéque qu'ils assirent et créèrent à avoir et prendre par chacun an au terme du vingt quatriesme jour de janvier sur tous leurs biens meubles et immeubles présents et advenir sans par eux en faire aucune réservation paiable et rendue audict Caen en la maison dudict sieur du Bouillon premier paiement du jourd'huy en ung an et ainsy d'an en an à l'advenir et fut ceste vente et constitution faicte par et moyennant la somme de deux mil huict centz livres tournois payés présentement contant devant lesdits tabellions par ledict sieur du Bouillon auxdicts sieurs vendeurs en pièces de saize sols et autre monnoie dont ils furent contens promettant garantir ladicte rente vers et contre tous et icelle faire paier et rendre ainsi et au terme que dict est sur l'obligation eux et chacun d'eux l'ung seul pour le tout sans division ny ordre de discussion aucune de tous leurs biens meubles et héritages présents et advenir à prendre et vendre sans procez à condition de pourvoir par eux ou l'ung d'eux franchir et admortir ladite rente toutes fois et quantes en rendant ladite somme de deux mil huict centz livres tournois et paiant les arrérages et prorata qui en seront lors deubs. En tesmoing de ce ces lettres sont scellées dudict scel sauf autruy droict. Ce fut faict et passé audict Caen le mardy avant midy vingt quatre iesme jour de janvier mil six centz vingt trois, présents François de la Porte et Jean Chrestien dudict Caen tesmoins qui ont avec lesdictes parties et tabellions signé à la minutte de ce présent. Nottiffié le faire controller suivant l'édict. Signéz Delalonde et Lesueur chacun un paraphe. Controllé et registré ce faict rendu.

> Mourdain
> (av. par.)

XIX

HISTOIRE LITTÉRAIRE DE LA NORMANDIE.

(Ms. in-fol. 146 de la Bibliothèque de Caen) (1).

Messieurs,

Le 13 frimaire M. Hébert m'envoia la note suivante dans une lettre qu'il m'écrivait :

« M. de la Rue dans la dernière séance de l'Académie où il fut question de Malherbe annonça avoir vu dans un exemplaire des Origines de Caen qui est à la Bibliothèque nationale et qui est chargé des notes originales de M. Huet qui en préparoit une nouvelle édition, cete note : *M. Malherbe est enterré à St Germain l'Auxerrois.* Comme Malherbe est mort vers le 25 d'Octobre 1628, quelques jours avant la prise de la Rochelle par Louis 13, l'Académie qui désire avoir une date certaine de la naissance ou de la mort de ce poète, m'a chargé de vous écrire et de vous prier de prendre tous les renseignements pour constater le fait. »

J'allai à la Bibliothèque nationale avec une lettre du citoïen Coquille qui prioit les conservateurs de me confier l'exemplaire des Origines de Caen chargé des notes de l'auteur. M. Caperonnier me le donna et je l'ai eu quinze jours à ma disposition. Je me proposois de faire copier les notes, mais la majeure partie a été insérée par M. Huet lui-même dans sa seconde édition et les autres ne méritent pas beaucoup d'attention. Elles sont sur un exemplaire de la première édition de 1702, entre les feuilles duquel on a mis du papier blanc, ce qui forme deux gros volumes in-8°. Car cette édition imprimée en gros caractères est d'un

(1) P. 35-38.

tiers plus grosse que celle de 1706, quoique cette dernière soit ... (1) ment augmentée. Il y a vingt quatre articles ... (2) ns les vies des hommes remarquables que Caen a produits.

Je me suis attaché à l'article de Malherbe qui étoit l'objet de ma recherche. Voici les deux notes qui sont sur le papier qui y répond; il n'y a rien à la marge.

« Jean Malherbe, 17ᵉ registre des domaines de Caen en 1548, communiqué par le sʳ Morin apoticaire, page 23. »

« Mémoire du P. Martin de 9ᵇʳᵉ 1703. J'ai un petit recueil de quelques poésies de Malherbe qui ne se trouvent point dans l'édition de Paris in-4º 1630 chez Chapelain, où se trouve celle qui a pour titre : *Consolation funèbre à un de ses amis sur la mort de sa fille.* »

« Le même dans sa lettre du 6 décembre 1703, le recueil des œuvres de Malherbe, imprimées à Paris in-4º chez Chapelain 1630, je n'y vois point *les larmes de St Pierre*, ni *Consolation funèbre sur la mort de sa fille* qui commence *ta douleur Cléophore*, etc. »

Il résulte trois choses de ces notes écrites à un mois de date l'une de l'autre;

1º Que le P. Martin est en contradiction avec lui-même puisqu'il dit dans la dernière que l'on ne trouve pas dans l'édition de Chapelain la *Consolation funèbre*, tandis qu'il assure dans la première qu'elle s'y trouve.

2º Que l'édition de Chapelain faite deux ans après la mort de l'auteur, a été bien négligée par l'éditeur, puisqu'il a passé deux des plus belles odes de Malherbe; la seconde surtout, qui est un des plus beaux morceaux de la poésie françoise. Cette consolation à du Perrier sur la mort de sa fille présente une variante considérable. Le P. Martin dit qu'elle commence : *Ta douleur Cléophore.* Celui de Malherbe est ainsi :

Ta douleur, du Perrier, sera donc éternelle.

Je n'ai pas eu le temps de vérifier ce changement à Paris et je n'ai pas vérifié ici les anciennes éditions de Malherbe.

3º M. Huet a sans doute jugé ces notes peu importantes, puisqu'elles sont de 1703, et qu'il n'en a pas profité pour l'édition de 1706.

Il n'en est pas de même d'une autre petite note qui est à la page suivante vers la fin de l'article.

M. Huet a écrit : Montagne, liv. 1ᵉʳ, chap. 36, p. 385 :

Nous avons bien plus de poètes que de juges et interprètes de poésie : il est plus aisé de la faire que de la connaître.

Dans l'édition de 1702, M. Huet en parlant de Corneille qui lui avouoit, non sans quelque honte, qu'il préféroit Lucain à Virgile, dit : *Ce qui*

(1) Le mot est à moitié déchiré.
(2) Le mot est à peu près illisible.

vérifie ce que j'ai avancé ailleurs que les grands connaisseurs en poésie sont plus rares que les grands poètes ; il a profité dans l'édition de 1706 de sa citation de la manière suivante : *ce qui vérifie ce que j'ai avancé ailleurs (et ce que j'ai trouvé depuis confirmé par le suffrage de Montagne) que les grands connaisseurs en poésie sont plus rares que les grands poètes.*

J'ai lu ou j'ai entendu que c'est l'abbé de Longuerue qui a dit que Malherbe a été enterré à St Germain l'Auxerrois. Pour M. Huet il ne me paraît pas qu'il en ait parlé nulle part. M. l'abbé Gouget, dans sa Bibliothèque Françoise dit qu'il fut enterré dans l'église de St Germain l'Auxerrois.

Pour obéir à vos ordres j'ai été à l'ancien hôtel de ville où tous les registres des paroisses de Paris ont été transférés et où ils sont conservés dans le meilleur ordre. Lorsque le chef du Bureau m'eut entendu, il me dit que la datte de la mort de Malherbe n'étoit point sur les registres, que la famille en avoit fait vainement la demande et que plusieurs particuliers avoient aussi fait depuis peu des recherches inutiles. Il m'ouvrit les registres de 1628 et de 1629. Les tables y sont avec le renvoi aux pages, mais les actes n'y sont plus. Il n'y a point de Malherbe dans l'année 1628, on y en trouve un en 1629, mais le nom de baptême n'y est pas et comme il est environ aux trois quarts de la table qui n'est pas alphabétique mais chronologique, il s'ensuit que ce Malherbe, quelqu'il soit, y a été enterré vers le mois d'octobre 1629.

Samedi 23 frimaire.

M. l'abbé de la Rue s'est trompé sur l'exemplaire des Origines de Caen chargé des notes de l'auteur. C'est tout bonnement la première édition que M. Huet a emploiée pour celle de 1706. J'ai emprunté cet exemplaire à la Bibliothèque nationale dans l'intention de faire copier les notes, mais je me suis convaincu qu'elles sont toutes refondues dans la dernière édition. J'ai remis l'exemplaire à M. Coquille qui le renverra à M. Capperonnier. Les notes de M. Huet sont presque toutes tirées des lettres du P. Martin. Il n'y a rien à l'article de Malherbe qui le concerne. Il n'y a qu'une citation de Montagne sur la difficulté de bien juger les poètes. Il n'est question ni de St Germain l'Auxerrois ni de rien qui ait rapport à Malherbe. J'ai copié la note. Les papiers de la paroisse de St Germain sont à l'hôtel de ville et je n'ai pas encore eu le temps d'y aller. Les jours sont si courts...

Signé : Moysant.

en suscription : Monsieur Hébert
Maison de Mr Desmorteux
rue St Jean,
à Caen, département du Calvados.

NOTE RECTIFICATIVE

Nous avons découvert au dernier moment, et alors que cette Etude sur la Vie Normande de Malherbe allait paraître, un nouveau document qui nous oblige à faire une rectification.

Nous avons écrit, après beaucoup d'autres, à la page 26e de ce livre que le poète, dans une lettre à son cousin du Bouillon, en date du 2 août 1618, parlait en ces termes de son oncle Guillaume de Malherbe : « Il me souvient qu'autrefois un de mes oncles religieux de Saint-Etienne, etc. » Or, ce n'est pas à Guillaume de Malherbe, religieux de l'abbaye de *Saint-Etienne de Fontenay*, près de Caen, que le poète faisait allusion, mais bien à un autre de ses oncles, que ne nomment point les généalogies, et dont l'existence nous a été révélée à la lecture d'un manuscrit de la Bibliothèque de Caen. Nous lisons, en effet, dans le ms. in-folio 126 : *Recueil de pièces relatives à l'abbaye de Saint-Etienne de Caen*, t. II, p. 102 : « *Dom Robert Malherbe*, de la paroisse de Missy..... fut scelerier, et prieur de Saint-Léonard (de Vains)..... Il avoit un frère religieux en l'abbaye de Fontenay, et un qui estoit cons^{ler} en ceste ville qui s'appelloit Monsieur Digny, et un qui s'appelloit Monsieur de la Pigacière..... portoit d'hermines à six roses de gueules... » (Cfr. tome 1er du même ms., p. 162).

M. Hippeau, dans sa *Monographie de l'abbaye de Saint-Etienne de Caen (1066-1790)*, parle bien (p. 194 et p. 203 du tome xxiie des *Mémoires des Antiquaires de Normandie*) de ce Robert de Malherbe, mais sans indiquer les liens de parenté qui l'unissaient au poète. Bien plus, il commet une grave erreur (pages 360-361) lorsqu'il écrit : « Notre poète Malherbe, qui visita l'abbaye en 1621, écrivait, à la date du 8 juillet, qu'il venait de voir la salle des armoiries, qui étaient visibles encore et bien conservées. Un de ses oncles, moine de l'abbaye, (c'était Jean Malherbe, fils

17.

d'Eléazar, mort le 22 octobre 1625), lui avait parlé, etc. » Donner comme oncle du poète Malherbe un de ses neveux, c'est faire preuve de la plus grande irréflexion, pour ne pas dire davantage.

Robert de Malherbe vivait encore en 1603. Dans les *Registres de l'Université de Caen, D. 220. (1586-1587)*, il est fait allusion à ce religieux : « Dom[us] Robertus Malherbe, religiosus abbatiæ S. Stephani in suburbiis S[ti] Nicolai. VII s. VI d. »

Robert de Malherbe exerça, peut-être lui aussi, une influence salutaire sur l'âme de son frère François pour le ramener à la religion catholique. Cette influence fut même sans doute plus puissante et plus directe que celle qui vint de Guillaume, mort dès 1573, en pleine période des guerres de religion (Cfr. p. 61e de cette Etude).

TABLE DES MATIÈRES

Pages.

Introduction 3
Chapitre I. Noblesse d'ancienne race du poète. 6
Chapitre II. La religion du père de Malherbe 40
Chapitre III. Malherbe et sa famille. 70
Chapitre IV. Malherbe échevin de la ville de Caen (1594-1595). 122
Chapitre V. Dernier séjour de Malherbe à Caen (juin-décem-
       bre 1621). 150
Chapitre VI. Tristesses et mort de Malherbe 165
Chapitre VII. Poésies inédites de Malherbe 192

    Pièces justificatives 197
    I. Catalogue alphabétique des personnes de Normandie
       qui ont été anoblies, etc., par Ch. de Quens, avocat à
       Caen, et disciple du P. André. (*Ms. in-4° 111 de la
       Bibliothèque de Caen*) 197
    II. Suite généalogique rédigée par les différents mem-
       bres de la famille de Malherbe, depuis 1520 jusqu'à
       1771. (*Ms. sur parchemin, Archives du château de
       Juvigny*). 202
    III. Registre des minutes du Tabellionage de Caen, depuis
       le 1er juillet jusqu'au 1er octobre 1612. (*Archives du
       Calvados*). 204
    IV. Registre du Tabellionage de Caen. (Héritages, 1591).
       (*Archives de M° Moisy, notaire*) 206
    V. Pièces originales. (1816° volume. — N° 41,954). (*Biblio-
       thèque nationale*). 206
    VI. Carrés de d'Hozier. (Volume 405, pièce 90, original en
       parchemin. (*Bibliothèque nationale*). 208
    VII. De certain arrêt donné par M^{rs} les Maîtres des Requê-
       tes ordinaires de l'hôtel du Roy, le 19° jour de sep-
       tembre 1645, au bénéfice des Malherbe, et été extraict
       ce qui s'ensuit. (*Archives du château de Juvigny*). . 210

VIII. 1er registre des baptesmes et mariages administrés et célébrés à Caen par moy Vincent Le Bas soussigné ministre de la parole de Dieu audict lieu. (*Archives du Calvados, C. 1565*). 212

2me registre des baptesmes faicts en l'église réformée de ceste ville de Caen, commençant le premier jour d'octobre 1563. (*Archives du Calvados, C. 1566*). 212

3me registre des baptesmes faicts en l'église réformée de ceste ville de Caen, commençant le premier jour de mars 1567 suyvant l'édict du Roy nostre se. (*Archives du Calvados, C. 1567*). 214

4me registre des baptesmes commençans de janvier 1590 jusques en juillet 1596. (*Archives du Calvados, C. 1571*) 215

5me registre des baptesmes à partir de 1596 jusq. à 1607. (*Archives du Calvados. C. 1572*) 215

IX. 1o — Registre de la paroisse de St-Estienne-le-Vieil. Règlement pour la réduction du nombre des prêtres obittiers à six comprins le curé. (*Archives du Calvados, G.*) 216

2o — Mémoire des rentes deubz au trésor de l'église de Sainct-Estienne-le-Vieil de Caen tant en argent et bley, de quoy les noms des personnes qui les doibvent ensuyvent (*Ms. 45 de la Bibliothèque Mancel*) 217

3o — Ancien inventaire et état des titres du trésor Sainct-Estienne. (*Archives du Calvados, G.*). 217

4o — Registre du Tabellionage de Caen. Héritages, juillet 1589. (*Archives de Me Moisy, notaire*). 218

5o — Registre du Tabellionage de Caen. Héritages, juillet 1589. (*Archives de Me Moïsy, notaire*). 219

6o — Ancien inventaire et état des titres du trésor St-Etienne. (*Archives du Calvados, G.*) 220

7o — Inventaire des titres et papiers du trésor de St-Etienne. (*Archives du Calvados, G.*) 220

8o — Registre paroissial de St-Estienne-le-Vieil de Caen. (*Bibliothèque de M. l'abbé Bréard, ms. actuellement aux archives de la fabrique de Saint-Etienne*). 221

X. Registre du Tabellionage de Caen. Héritages, janvier 1595. (*Archives de Me Moisy, notaire*). 221

XI. Hermant (Jean). Histoire du diocèse de Bayeux (tome IIIe, p. 164). (*Ms. in-fol. 70 de la Bibliothèque de Caen*) 222

XII. Registre du Tabellionage de Caen. Héritages, 1586. (*Archives de M⁰ Moisy, notaire*) 223

XIII. Registre du Tabellionage de Caen. Héritages, octobre 1589. (*Archives de M⁰ Moisy, notaire*) 225

XIV. Registre du Tabellionage de Caen. Héritages, janvier 1595. (*Archives de M⁰ Moisy, notaire*) 228

XV. Registre du Tabellionage de Caen. Héritages, juin, juillet 1606. (*Archives de M⁰ Moisy, notaire*) 230

XVI. Registre hérédital du controlle des Titres de la ville et viconté de Caen commencé le 5 juillet 1611 et fini le 18 8ᵇʳᵉ 1611. (*Archives du Calvados, B.*) 236

XVII. 1⁰ — Registre du Tabellionage de Caen. Héritages, septembre et octobre 1621. (*Archives de M⁰ Moisy. notaire*) 240

2⁰ — Cinquante sept iesme Registre hérédital du controlle de la ville et viconté de Caen (1621). (*Archives du Calvados, B.*) 242

3⁰ — Registre du Tabellionage de Caen. Héritages, septembre et octobre 1621. (*Archives de M⁰ Moisy, notaire*) 245

4⁰ — Registre du Tabellionage de Caen. Héritages, septembre et octobre 1621. (*Archives de M⁰ Moisy, notaire*) 246

5⁰ — Registre du Tabellionage de Caen. Héritages, juillet et août 1673. (*Archives de M⁰ Moisy, notaire*). 248

XVIII. Soixante deux iesme Registre hérédital du controlle des titres de la ville et viconté de Caen, 1623. (*Archives du Calvados*) 252

XIX. Histoire littéraire de la Normandie. (*Ms. in-fol. 146 de la Bibliothèque de Caen*). 253

Note rectificative. 257

ERRATA

—

Pages

18 ligne 10, au lieu de écuyer sieur lisez, écuyez, sieur
20 note (2) ligne 3, au lieu de *commissaires a ce*, lisez *commissaires à ce*
30 note (1) ligne 7, au lieu de Et plus ioin lisez Et plus loin
32 ligne 21, au lieu de le dessein des armes lisez le dessin des armes
34 ligne 16, au lieu de Malherbe (2) lisez Malherbe (1)
ligne 29, au lieu de l'héritier (1) lisez l'héritier (2)
ligne 32, au lieu de ou mal intentionnés (2) lisez ou mal intentionnés (3)
note (3) ligne 4, au lieu de *Registre du tabellionnage* lisez *Registre du Tabellionage*
37 ligne 11, au lieu de avec *de* et sans *h* : *Fr. de Malherbe* lisez avec *de* et sans *h* : *Fr. de Malerbe* (La note (3) V. *Pièces justificatives*, xv, doit être placée ici et non à la ligne 19)
ligne 21, au lieu de encore *Fr. de Malherbe* lisez encore *Fr. deMalherbe*
43 ligne 4, au lieu de de Vauquelin lisez Vauquelin
note (2) ligne 1, au lieu de Cfr. *Athenœ* lisez Cfr. *Athenæ*
même note ligne 2, au lieu de de là Biblothèque lisez de la Bibliothèque
51 ligne 17, au lieu de et aures procédures lisez et autres procédures
ligne 20, au lieu de et en partie cité lisez est en partie cité
56 ligne 7, au lieu de scavoir est lisez sçavoir est
ligne 26, au lieu de après Pâques incompréhensible : lisez après Pâques : incompréhensible
ligne 35, au lieu de datée, du 18 mai lisez datée du 18 mai,
60 ligne 17, au lieu de veritablement lisez véritablement
79 ligne 30, au lieu de était de retour lisez de retour
80 ligne 16, au lieu de Malherbe lisez Malherbe
86 ligne 14, au lieu de Malberbe lisez Malherbe
88 note (1) ligne 1, au lieu de Malherbe lisez Malherbe
89 ligne 5, au lieu de *Marie, Louise, Eléazar, Augustin, Jacques* lisez *Louise, Marie, Eléazar, Jacques, Augustin*

90 ligne 20, au lieu de it fît lisez il fît
94 ligne 31, au lieu de de ce que je suis signé lisez de ce que je
    me suis signé
100 ligne 3, au lieu de cependaut lisez cependant
102 note (dernière signature), au lieu de Fr. Malherbe lisez Fr.
    Malherbe
109 ligne 8, au lieu de baillage lisez bailliage
    note (1), au lieu de p. 37-38 lisez p. 356-365
    note (2), au lieu de Ibid., p. 38-39 lisez Ibid., iv, p. 35-36
    note (3), au lieu de Ibid., i, p. xxxii lisez Ibid., p. 36-37
    note (4), au lieu de Ibid., p. 356-365 lisez Ibid., p. 37-38
110 note (1), au lieu de iii, p. 36-37 lisez iv, p. 38-39
    note (2), au lieu de Ibid., iv, p. 36-36 lisez Ibid., i, p. xxxii
117 note (1), au lieu de 10 février 16 5 lisez 10 février 1605
118 note (2) ligne 3, au lieu de baillage lisez bailliage
122 ligne 18, au lieu de le 15 février 1894 lisez le 15 février 1594
136 note (1) ligne 16, au lieu de conséqueuce lisez conséquence
147 note (7), au lieu de Reg. 50e, fos 138, 139, 140 lisez Reg. 33e,
    fo 137
    note (8), au lieu de Ibid., fo 143 lisez Reg. 50e, fos 138, 139, 140
148 note (1), au lieu de Reg. 33e, fo 137 lisez Reg. 50e, fo 143
    note (2), au lieu de Ibid., fos lisez Reg. 33e, fos
151 note (3), au lieu de p. 537-549 lisez p. 537-539
172 ligne 21, au lieu de consin lisez cousin
173 ligne 4, au lieu de *meurbriers* lisez *meurtriers*
175 ligne 19, au lieu de vérite lisez vérité
176 ligne 4, au lieu de mème lisez même
    ligne 29, au lieu de *temps de passé* lisez *de temps passé*
177 ligne 25, lieu, au lieu de je voudrais laisser lisez je voudrais
    leur laisser
178 ligne 36, au lieu de privausté lisez privauté
211 ligne 9, au lieu de Rivère lisez Rivière
235 ligne 41, au lieu de E. Malherbe lisez E. Malerbe
253 ligne 15, au lieu de frimalre lisez frimaire
    ligne 20, au lieu de cete note lisez cette note

Evreux. — Imprimerie de l'Eure, L. ODIEUVRE, 4 bis, rue du Meilet.